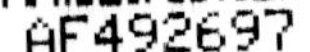

AF492697

9 789948 355762

ذَاكرةُ النَّص

قِراءاتٌ في شِعْرِيَّةِ القصيدةِ الجاهليَّةِ

د. شريف بشير أحمد

ذَاكرةُ النَّص

قِراءاتٌ في شِعْريَّةِ القصيدةِ الجاهليَّةِ

إصدارات دائرة الثّقافة، حكومة الشارقة 2022 م

الناشر: دائرة الثقافة ــ حكومة الشارقة ــ دولة الإمارات العربية المتحدة

هاتف: 5123333 9716+

بـرّاق: 5123303 9716+

بريد إليكتروني: sdc@sdc.gov.ae

تصميم الغلاف: زينب الملا

____

811.1

أ ش. ذ أحمد، شريف بشير

ذاكرة النص: قراءات في شعرية القصيدة الجاهلية/ شريف بشير أحمد ـ الشارقة، الإمارات العربية المتحدة: دائرة الثقافة، 2022.

246 ص.؛ 14x21 سم.

يشتمل على إرجاعات ببليوجرافية.

1. الشعر العربي – تاريخ ونقد – العصر الجاهلي

2. الشعر العربي – دواوين وقصائد

أ. العنوان

ISBN: 9789948355762

بينَ يدَي النَّص

(أطيافُ الَّذاكرةِ: رؤيةٌ ومنهجٌ وسياقٌ)

بسم الله الرحمن الرحيم

الحمـدُ للهِ الذي خَلَق الإنسـانَ، وكرَّمهُ، ونعَّمهُ، وأسبغَ عليه نِعمةً العقلِ والبيانِ، وفصاحةَ اللسانِ، والصَّلاةُ والسَّلامُ على الرَّسولِ الكريم، والنَّبيِّ الأمين، والمعلِّم الرشيدِ سيِّدنا محمدٍ الهَادي إلى الحقِّ المبين.

أمَّا بعذُ، فأقولُ:

حظيَ الشِّعرُ الجاهليُّ بدراساتٍ ناضجةٍ نقديّاً وفكريّاً وجماليّاً، ومازالَ نصُّـهُ يحتوي مغاوِرَ جماليّة غائصة في مستـوياتِه العميقةِ، تستحقُّ المغامرةَ ولذةَ الكشفِ، ومتعةَ التأويلِ، إذ تكتنـزُ القصيدةُ الجاهليةُ آفاقَ التجليِّ، وفضاءَ الإشراقِ اللغويِّ، وتبعث على التفكيكِ والتفكيرِ والتمعُّن، وتنشطُ فعاليةُ القراءةِ النصيةِ والنَّسقية حين يكتشفُ القارِئ أنها ذاكرةٌ حيَّةٌ، وبنيةٌ، ونظامٌ، ونسقٌ، ونمطٌ، وتجربةٌ إنسانية تمظهرتْ باللغةِ آلـةً، وبالفكرِ منهجاً وحركيَّةً، وبالوعـي تفاعلاً؛

وأضمرتْ عوالمَ كثيفةَ الدلالةِ، كثيرةَ الخبايَا والخفايَا تحفِّزُ على توليدِ الرُّؤى، وإنتاجِها بالقراءةِ النقديَّةِ المُعمقة عبرَ مساربَ دلاليةٍ مسكوت عنها يُسجِّلُها البناءُ اللغويُّ بالصُّورِ والتراكيبِ.

إنَّ القصيدةَ الجاهليةَ تجربةٌ فكريةٌ واقعيةٌ جماليةٌ ومُتخيلةٌ، تبعثُ في القارئ أدواراً مُتَشعبةً من الشخصياتِ والقرائنِ في بناءٍ لغويٍّ متناسقٍ متتابعٍ، يمثلُ صراعاً بين الأنا والآخر، وجدلاً بين الواقع والخيالِ، وتجاذباً سلوكيّاً بين المجردِ والمحسوسِ، ومناورةً سياقيةً بين الكبْتِ الذي تركمُهُ النظمُ القبليةُ السائدةُ والتعبيرِ الذي يُعلنهُ الخيالُ الشعريُّ، والوعي بالعالمِ الموضوعيِّ. إنها عالمٌ لغويٌّ ينفتحُ على الموارَدةِ والمواربةِ والتشظي، ويقبلُ المناظرةَ والمحاورةَ والتأويلَ، تتبلورُ فيه الدلالاتُ الموضوعيةُ التي تتخللُ المرجعياتِ المعرفية للشاعرِ الجاهليِّ، وتتواشجُ فيه القيمُ المرتحِلةُ من الوعي الجمعيِّ إلى الوعي الذاتيِّ؛ حتى تستقرَّ في سياقٍ متناسلٍ لا تنفصلُ فيه الفكرةُ عن الفعلِ، وتركيبٍ مُتجاورٍ لا تهجرهُ القيمةُ المعرفيَّةُ، ولا يغيبُ عنه العالمُ الماديُّ والآخرُ المُتحركُ والساكنُ معاً.

وتبدو القصائدُ الجاهلياتُ مُتناظرةً، أو مُتماثلةً، أو مُتشابهةً؛ لكنها في الحقيقةِ المختَبرةِ موضوعيّاً وفنيّاً متغايرةٌ ومتخالفةٌ في الأنساقِ والأنماطِ والرؤية الجماليةِ؛ لأنها تتكونُ من أصولٍ ورموزٍ وإشاراتٍ لغويةٍ تخضعُ للتأملِ، وتحتملُ التأويلَ عبر حوارٍ تواصليٍّ بين فكرَين غير متزامنينِ: فكرٌ تتغلغلُ فيه الأخيلةُ المنفلتةُ من قيودِ الواقع، والعقلِ والمنطقِ، وتنسجُ سياقاتِه رؤيةٌ تتسللُ إليها مرجعياتٌ متراكمةٌ؛ وفكرٌ تُسيرهُ المعرفةُ العقلانيةُ، والضوابطُ المنهجيةُ،

وتحركهُ سلسلةٌ من العلاقاتِ والروابطِ التي تخترقُ أقنعةَ (القصيدة الجاهلية) بما تمتلكُهُ من طاقةٍ موّارةٍ بالحركةِ، ومخزونٍ فكريٍّ متوازنٍ يُعطيها قيمتَها الموضوعية؛ فتتحركُ الكوامنُ الفكريةُ باللغةِ، وتتجددُ الحياةُ بالقراءة؛ إذ تعرّضَ الشاعرُ الجاهليُّ في حياتهِ الواقعيةِ إلى مؤثراتٍ بيئيةٍ ومجتمعيةٍ متباينةٍ أسهمتْ في صياغةِ موضوعاتهِ، وتكوينِ موقفهِ من الحياةِ والوجودِ والعالمِ. وتكادُ الصلةُ تكونُ وشيجةً بين القصيدةِ الجاهليةِ والمؤثراتِ الواقعيةِ، بعمقِ الحسِّ والوجدانِ والفكرِ والعقلِ، في صياغةِ وحداتٍ لغويةٍ تجمعُ أشتاتَ ذاكرةِ التشكيلِ والتركيبِ ذاتِ الخصوصيةِ النفسيةِ والشعوريةِ والدلاليةِ التي تُوحِّدُ بين الداخلِ النفسيِّ والخارجِ المتخيَّلِ، والحضورِ والغيابِ، والشكِّ واليقينِ، وتُجانسُ بين الفعلِ والشعورِ معاً تجانساً يكشفُ خفايا الرؤيةِ وجمالياتِ التشكيلِ، وتناغمَ الأفكارِ، وتناسقَ الدلالاتِ، وتفاعلَ السياقاتِ، وتناظرَ الأنساقِ.

ويُحوِّلُ الوعي النقديُّ المعاصرُ وجودَ القصيدةِ الجاهليةِ تحولاً جدليّاً؛ من وجودٍ ساكنٍ بالكتابةِ والأثـرِ، إلى وجودٍ مُتحركٍ بالقراءةِ الفاحصةِ؛ التي تتعاضدُ فيها فلسفةُ التأويلِ مع جمالياتِ التشكيلِ؛ إذ يتحركُ في عالمٍ يعتصرُ فاعليةً ذهنيةً تتوزعُ المقاطعَ اللغوية فـي (القصيدة) التي تُوحي بوحدةِ الموضوعِ والتركيبِ، والتجانسِ اللفظيِّ؛ لتحقيقِ غائيةٍ نوعيةٍ تراكميةٍ تتخلَّصُ من نزعاتِ الذاتِ المغلقةِ التي تحصرُ التجربةَ الشعريةَ بنسقٍ فرديٍّ/ أحاديٍّ، ولا تُبرِزُ الحقـلَ الدلاليَّ، وتحولاتِ التجربةِ التي تسوّغُ العلاقـةَ الجدليةَ بين المحسوسِ والمجردِ. ويدركُ القارئ الخبيرُ أنَّ الوعيَ النقديَّ لا يحللُ

(القصيدة) الجاهليةَ بأنماطٍ مسبقةٍ، وتصنيفاتٍ جاهزةٍ تحكمها وصايا تقويميةٌ؛ بـل يحاورُ (النصَّ) بعد أن تقرَّرَ وجودُه بدلالاتهِ التي تكوِّنُ بنيتَه اللغويةَ؛ فيبثُّ فيه لغةً تتوالدُ علاقاتٍ غيابيةً؛ تتساكنُ في الشبكةِ التوزيعيةِ للعلاقاتِ الحضوريةِ، ويؤسسُ عالماً يعكسُ العالمَ الموجودَ بديناميكيةٍ لغويةٍ، ترفضُ الثباتَ والسكونيةَ.

ويكشفُ النقدُ التطبيقيُّ ـ السياقيُّ توهجَ النصِّ الجاهليِّ، وتدفقَ التجربةِ فيه؛ لتصبحَ العلاقةُ بينهما علاقةً حواريةً ـ جدليةً، تقيمُ عالماً مُتحولاً مُتكوناً مُمسرحاً؛ لأن الشاعرَ الجاهليَّ قد جمعَ بين أشياءَ غيـر مألوفةٍ، وأقام علاقـاتٍ جديدةً بين عوالمَ متغايرةٍ/ مُتخالفةٍ في اللغةِ؛ فإذا بالنقدِ المنهجيِّ الذي يستندُ إلى مرجعياتٍ فلسفيةٍ يكتشفُ خصوصيةَ تبديلِ العلاقاتِ، ويستخرجُ من طبقاتِ النصِّ الجاهليِّ بناءَ المختفيـةَ التي تتحركُ في سياقيةٍ ظاهرةٍ؛ ليستوعبَ فاعلية التحولِ الدلاليِّ في أنظمتهِ وأنساقهِ التي تُمثلُ الحضورَ/ الوجودَ باللغةِ.

إنّ (ذاكـرة النَّص) رؤيةٌ منهجيةٌ ـ تأويليةٌ للقصيدةِ الجاهليةِ التي تتموضعُ فيها المدلولاتُ التي تنتجُ الرؤية بعلاقاتها المتشـابكةِ، وبما تضخُّهُ على المستويينِ الأفقيِّ والعموديِّ، وتشعُّ رؤىً تُمظهرُها الدوال بوجودٍ لغويٍّ، يحتوي المضمونَ الشعوريَّ؛ الذي تتساربُ فيه حركيةُ الوعي والتشـكيلِ. إنَّها محاورةٌ نقديةٌ تهجرُ عواملَ التحيزِ والتطرفِ والتعصبِ، وتنطوي على أطيافٍ من الأفكارِ والمعاني والانزياحاتِ والمفاجآتِ، وتختلطُ فيها الألسنُ والأعرافُ والثقافاتُ في التشكيلِ الشعريِّ، وتتنوعُ فيها المصادرُ الجماليةُ للذاتِ، والموضوع والرؤية بنمـطٍ بنيـويٍّ تتهيكلُ فيه الأفعالُ، وتترابطُ وظيفيّاً بمنطقٍ يتطاوعُ

للكشـفِ؛ وبذلك تتحوَّلُ (ذاكرةُ النَّصِّ) إلى منظومةٍ من المرجعياتِ، وسلسلةٍ من الأنساقِ التأويليةِ التي صِيغتْ صياغةً موضوعيةً تغوصُ في أغـوارِ (القصيدة الجاهليةِ) التي تتسـمُ بحركـةٍ مفتوحةٍ، وحريةٍ مُتناميةٍ في التعبيرِ، والتشكيلِ الصُّوريِّ الذي يحتوي مُفارقاتٍ دلاليَّةً، ويُحيلُ على مرجعياتٍ مخبّأةٍ، ونُظُمٍ ثقافيَّةٍ؛ إذ تتحرَّكُ (ذاكرةُ النصِّ) في نسـيجٍ لغويٍّ أنتجَـه العصرُ الجاهليُّ، وتنهجُ نهجَ القراءةِ الأفقيةِ في تجلياتٍ عموديةٍ تمزجُ المعرفة بالخبرةِ، والإبداعَ بالتطبيقِ؛ الذي يُصَيِّرُ القولَ اللغويَّ المكثَّفَ منطوقاً يتسعُ عالماً تتداعَى فيه الأزمنةُ، وتُتناقَـلُ الأحـداثُ التي ترصدُ حركـةً تغيُّرِ الموجـوداتِ التي تمتلكُ مُحايثةً نوعيةً، وتمرئياً مؤثَّلاً.

ولا يقـدِّمُ منهجُ (ذاكـرة النَّص) تقاليدَ نقدية صارمةً، بل يؤسسُ لقراءةٍ نصيَّةٍ تستنطقُ القيمَ الجماليةَ والفنيةَ والموضوعيةَ في القصيدةِ الجاهليَّةِ عبرَ فكِّ سلاسلِ رموزِها وأنساقِها بمرجعياتٍ تكشفُ أغوارَ التجربةِ الذاتيةِ للشاعرِ الجاهليِّ، وتوظِّفُ مستوياتٍ تحليليةً : (أسلوبيةً ـ دلاليةً، وسرديةً ـ إيقاعيةً) لها طُقوسٌ تطبيقيةٌ. وبذلك تظهرُ (ذاكرةُ النَّص) مشـحونةً بالدلالـةِ والعلامـةِ والفكرةِ، والفلسفةِ، والوجودِ، وتتجسَّـدُ أفكاراً في أحداثٍ، وأحداثاً في شخصياتٍ، وشخصياتٍ في أنساقٍ لغويةٍ، ومرجعيات ثقافيةٍ.

الدكتور/شريف بشير أحمد

كلية الآداب ـجامعة الموصل- العراق

يَومِيَّاتُ عنترةَ في معلَّقتهِ

(رُهابُ السَّيفِ، وغوايةُ القصِّ)

لن أسـردَ سـيرةَ (عنترةَ بنِ شـدّادٍ العبسيِّ) التي تـروقُ الرواةَ والمؤرِّخيـنَ، وتَنضوي في شِـعـابِ البطولةِ رايـةً تعلو، وفي دهاليزِ الفروسـيَّةِ هَرَماً يزهو. ولن أعرضَ نسبَه الذي لوَّثَتْه أمُّه بعبوديتها[1] مـن غيرِ ذنـبٍ، أو إرادةٍ نافـذةٍ منها، أو لونَه الأسـودَ الـذي أصابَه بالصِّغـارِ، وأثقَله بالضَّعَـة، أو عبوديَّتَه التي ألجمَه بها والدُهُ المأمولُ دهـراً كريتـاً؛ فألحقَه بجموعِ عبيدِه وخدَّامِـه، وحَجَـب عنه حرية الوجودِ، وبريقَ النَّسبِ؛ فتبلْوَرَت في دواخِلِه المسجورةِ عقدةٌ كأداءُ، يرغبُ في وأدِها؛ فأقامَه الحالمونَ رمزاً للحرية. وسأُغفلُ سيرتَه التي تكثَّفَتْ ظلالُ الخيالِ فيها؛ حتى كادتْ خُيوطُ الواقعِ الوهميةُ، وشآبيبُ الحقيقةِ الأدبيةِ، تذوبُ في طياتها؛ فتتلاشَـى. ولن أخوضَ في صورةِ عنترةَ بن شدّاد في السيرةِ الشعبيةِ التي جعلته بطلاً يهيجُ إليه الوجدانُ العربـيَّ[2] بعد أنْ عَبَر من التأريخ إلى الأسـطورةِ، ومن الكائنِ إلى الرمزِ، وعُدَّت سيرتُه أنموذجاً فريداً للفروسيةِ العربية[3]، وأصبحَ في عقولِ المظلومينَ ثائراً ومحرِّضاً.

----

1 - ينظر: الشعراء السود وخصائصهم في الشعر العربي: عبده بدوي، الهيئة المصرية العامة للكتاب، القاهرة، 1973م ص 30.

2- ينظر بشأن ذلك: عنترة بين الواقع والأسطورة: د. عفيف عبد الرحمن، مجلة الأقلام (بغداد)، العدد الحادي عشر، السنة الحادية عشرة، آب، 1976م، ص80 - 85.

3 - ينظر: الحرب في شعر عنترة: مبروك المناعي، حوليات الجامعة التونسية، العدد (26)، لسنة (1987)، تونس، ص 144.

ولـن أحكيَ تَهويماتِ القصَّاصينَ بغرامِهِ الأزليِّ الموهوم في (عبلة)، التـي أغرتْ قلوباً رقراقةً بالعذريَّـةِ الخياليةِ، والعذوبةِ التي لا تَبلـى أطنابُها، ولا تتفتَّـقُ هوادِجُها؛ فتناثرتْ أخبارُهما المنحولةُ في مسـالكِ الروايةِ. ولن أحاولَ الكشفَ عن تجربةِ عنترةَ بن شداد العاطفيّـة مـن خلال مجموعـةِ العلاقاتِ بيـن الصُّـورِ والألفاظ في المعلَّقةِ(4). ولن أردِّدَ بصوتٍ جَهورٍ أو خفوتٍ فروسيَّتَه التي ترسَّخت فـي أذهانِ الصِّغـارِ والكبارِ قمراً ألِقـاً. ولن أُعلنَ بطولةً أسطوريةً ينتظرُ الواهمون من الضُّعفاءِ نشورَها.

ولن أردِّدَ: إني بسيفِكَ مزهوٌّ ومُنْبَهِرُ!!

ولا يظننَّ أحدٌ أنني سأسْقِطُ (عنترةَ بنَ شدّاد العبسيَّ) عن صهوةِ جـوادِه (الأبجر)، أو أحطِّم رمحَه الخطيَّ الأسمَر الذي يخترقُ صفّاً من الأجسـادِ بطعنةٍ نافذةٍ، أو أكسرَ سـيفَه المهنَّدَ الصّارمَ الصّمصامَ الـذي يطيحُ بجمعٍ من الرؤوسِ المشـرئبَّةِ بضربـةٍ وامضةٍ. وأجدُني شَغوفاً في معلَّقته، أقتنصُ شواردَها المُتناثرة، وأجمعُ آثارها الخافية؛ لأجعلَها (يوميّاتٍ) تثرَى، بعد أن تناثرتْ، وتبعثرتْ؛ فجذَبْتُها، وقادَتْني الرؤيـةُ الذهنيةُ إلـى بواطنِها؛ فأدركتُ أنَّها مذكـراتٌ في أيّامٍ خَوالٍ، ويوميّاتٌ في دهرٍ تقلَّبت به الدَّواهي والحوادثُ؛ فإذا بي أصيدُ الدّلالة من المفردةِ النّاصَّةِ، وأضعُ العنوانَ من الإشارةِ؛ فتكشَّفت الأعماقُ يوميّاتٍ في أيامٍ لها ما بعدَها. أسلمتني قيادَها، فدوَّنتُها.

<hr>

4 - ينظر بهذا الشأن: قراءة جديدة في معلقة عنترة بن شداد العبسي: أنور عليان أبو سويلم، مجلة كلية الآداب، جامعة الملك سعود، المجلد 15، العدد 1، لسنة 1408هـ - 1988م، ص 45 - 70.

إنّ الأيّامَ -كما رأيتُها- شواخصُ، تخترقُ مجاهيلَ الشخصيّةِ المقاتلةِ، وخصوصيّاتٌ منضويةٌ تحت جاذبيةِ أفعالٍ لها تجلّياتُها في الميدانِ؛ فإذا بها أنساقٌ مشحونةٌ بالرؤيةِ الموضوعيّةِ، في سياقِ بنيةٍ لغويةٍ، ونظامٍ ثقافيٍّ، يتجاوزُ مستوياتِ الوعي البطيء أو السّاكنِ؛ إلى التواصُلِ الفوريِّ المُتحرّكِ مع السّاردِ والمتلقي، ومغامراتٌ في مغاورَ تنضوي على طُرُقٍ، تَستدعي مُتخيّلاً يفضي إلى مُتمحورٍ، يعتنقُ المجازفةَ والمُغامرةَ في لحظاتٍ من القوةِ والتميُّزِ، والحُزُونة والسُّهُولة.

أما (اليومُ) فمشهدٌ قتاليٌّ خاطفٌ، وفعلٌ من أفعالِ الحربِ بقوةِ السلاحِ، غنيٌّ بالوصفِ المكثّفِ، ثريٌّ بالمشاهِدِ المُختزَلة، ولقطةٌ سريعةٌ، تُصوّرُ حدثاً صاخباً، تفجّر شُعَباً من التيهِ والخيلاءِ والنرجسيةِ، بحركاتٍ وألفاظٍ تتجسّدُ فيها أطوارُ الشخصيّةِ التي لا تلتمسُ مُعيناً؛ بل قارئاً يظلُّ مشدوداً للمتنِ المسرودِ؛ ليتعرّفَ إلى أنماطِهِ وسيرورتِه في فضاءٍ حكائيٍّ يقودُ إلى غياهبِ الواقعةِ المرتَقَبةِ، أو المنْجَزَة، في (اليـوم) الذي يضجُّ بالحركةِ المزدَوَجةِ: حركةٍ جاذبةٍ تَهوي بها الشخوصُ بقفَزاتٍ فجائيةٍ من مكانٍ لآخـرَ، وحركةٍ نابذةٍ تنفصلُ بها الكينونةُ عن الظُّهورِ بسلطويّةِ السّيفِ، أو تنتصرُ بها رغائبيّة الظهورِ في مواجَهةٍ جدليةٍ مع الوجودِ، تُوهمُ المروي له بواقعيةِ الحدثِ الذي تكوّنُه دوالٌّ مُستَحدثةٌ موصولةٌ.

أمّا (اليومياتُ) فأنشطةٌ قتاليةٌ وسلوكيةٌ وأحداث لسانية أنجزها عنترةُ في الحياةِ والميدانِ في أيّـامٍ ← حروبٍ ← وقائعَ خاضَ غمارَها من أجلِ السّلمِ والوجودِ والذّاتِ، وأحداثٌ مُتسلسلةٌ مُتتابعةٌ، تندرجُ في سياقِ علاقةٍ مشروعةٍ بين الكائنِ والدلالةِ في فُسحةٍ تتقابلُ

فيها الإشاراتُ، ولا تتقاطعُ الدلالاتُ، تحدوها متتالياتٌ من الأفعالِ والأقوالِ، تقومُ بها وشيجةٌ تطوريّةٌ في عالمٍ يتشظَّى تداعياتٍ ومشاهدَ في أُفُقٍ شعريٍّ تراءت ليَ (اليومياتُ) فيه محاكاةً بين الواقعِ والأشياءِ والكلماتِ المنطوقةِ، وعلاقاتٍ مشـتركةً بيــن الصُّورةِ في العالمِ الخارجيِّ، والتفكيرِ باللغةِ في العالمِ الموضوعيِّ بأنساقٍ متداخلةٍ، لا تخضعُ للتوالي الزمنيِّ في الحدوثِ. وليست لديَّ أدلةٌ تُشيرُ إلى التـدرُّج فـي الظُّهورِ؛ فدخلتُ فـي إهابِ (اليومياتِ) في المعلَّقةِ من غيرِ قناعةٍ تقيدُ التأويلَ، أو معرفةٍ مُسبقةٍ بالترتيبِ والتوافقِ الزمنيِّ بين (الأيامِ)؛ فمنحتُ نفسيَ حريةً مفترضةً للقراءةِ والتأويلِ وتنسيقِ (الأبياتِ)؛ وصولاً إلى رؤيةٍ مُتواترةٍ تتخللُها مُنحنياتٌ مُقعرةٌ ومُحدبةٌ في أنساقٍ مُتشابكةٍ ومُتجاورةٍ.

لقد أدركتُ بداهةً: أنَّ (عنترةَ بنَ شدّاد) ثنائيةٌ ممتزجةٌ في شخصيّةٍ أحاديةِ الوجودِ؛ فَشطرتُها إلى أصلَيْنِ مُتناظرَيْنِ في الماهيّةِ، مختلِفَيْنِ في الوظيفة: (عنترة الشـاعر)، و(عنتـرة المقاتل)؛ لكي تظهرَ كفاءةُ الأوّلِ في اللغةِ، وتتجسَّدَ كفاءةُ الآخَرِ في الميـدانِ. يضطلعُ عنترةُ (الشـاعرُ) المُصـوِّرُ بوظيفـةِ تسـجيلِ تفاصيلِ (يومياتِ) عنترةَ (المقاتـل) البئيس؛ بالكلمةِ والصُّورةِ الشِّعريّةِ، ويتتبَّعُ مراحلَ ظَفَرِهِ العنيـدِ بخصومِهِ لحظةً بلحظةٍ، ويرغبُ فـي أن ينظرَ القارئ بعينَيْ عنتـرة (المقاتل)، ويشاهدَ الوقائعَ؛ وإن لم يَشْـهَدْهَا في زمانِهَا. إنَّه العينُ الباصرةُ التي تَرى النُّظُمَ القتاليةَ التي يخوضُها عنترةُ (المقاتلُ)، والناطقُ الحيُّ الذي يحكي، ويتكلَّمُ بلسانِهِ عنها؛ حتى يُشْـبِعَ رغبتَه المكبوتةَ والمُعلنةَ في السيطرةِ والتسيُّد بالتحرُّرِ والحريةِ، ويحققَ له الذاتَ الفصيحةَ بأفعالٍ مُصوَّرةٍ بالحريةِ ناطقةٍ بالفعلِ.

1 ـ يومُ الثَّناءِ والنَّشوة

أَثْنـي علــيَّ بمــا علِمْـتِ فإنَّنـي

سَـمْحٌ مُخالَقَتـي إذا لـم أُظلَـمِ

فـإذا ظُلِمْـتُ فـإنَّ ظُلميَ باسِـلٌ

مُــرٌّ مَذاقَتُــهُ كطعْمِ العَلْقَـمِ

ولقد شـرِبْتُ من المُدامـةِ بعدَمَا

ركـدَ الهواجرُ في المَشوفِ المُعْلَمِ

بزجاجـةٍ صفراءَ ذاتِ أَسِـرَّةٍ

قُرِنَـتْ بأزهرَ في الشَّـمَالِ مُفَدَّمِ

فـإذا شـرِبْتُ فإنني مُسْـتهلِكٌ

مَالـي وعِرضِـي وافرٌ لـم يُكْلَـمِ

وإذا صَحوتُ فما أقصِّرُ عن ندى

وكمـا علِمْتِ شَـمائِلي وتكرُّمـي

يرسُمُ (عنترةُ) الشاعرُ صورةً نموذجيَّةً لذاتِه المقاتِلةِ بملامحَ تحتضنُ مجموعةً من النماذجِ المشاعيَّةِ، ويُحيلُ على نفسِه بأحداثٍ وسلوكياتٍ، تعودُ ضمائرُها على شخصِه. إنـه لا يَبني عوالَم خارقـةً، وأجواءً غرائبيَّةً؛ بل يتعمَّقُ في القصِّ، ويضعُ الأشياءَ في مواطِنها، ولا ينزعُ

عنها إطارهَا، ولا يُغلِّفها بالغموض. إذ يعكسُ حضورُ الذاتِ وإثباتُها، والتكرارُ الملفوظُ لضميرِ المتكلِّم، وتضخُّمُ الأنـا؛ يعكسُ صراحةً ذاتاً واقعيةً برؤيةٍ مَعيشـةٍ، تقومُ بـأدوارٍ مُتناظرةٍ في مواقفَ مختلفةٍ، وتتعرَّضُ لموضوعاتٍ متحرِّكـةٍ، لا تكفُّ فيها عن الحركةِ والتحوُّلِ الفكريِّ في تكوين شخصيةٍ شعريةٍ، تلتصقُ بالعالم.

ويرفضُ (عنترةُ) المقاتِلُ أن يكونَ أرضاً مُستويةً مُستباحَةً لكلِّ واطــئٍ، ومطيَّةً لكلِّ راكبٍ، ونهباً لكلِّ يدٍ. فإذا ظُلِمَ، وأُهدرتْ حقوقُه، وبُخِـسَ حظوظَهُ؛ فإنه سـلاحٌ هدّارٌ في القِـراعِ والدِّفاعِ؛ حتى صارَ جانبُـهُ لا يُـرامُ، وحِماهُ لا يُضامُ؛ لأنَّ التوانيَ و التكاسُـلَ يُصَيِّرُه إلى أسـقاطِ الناس وأراذِلِهم. ويبدو أن الفعـلَ (أُظْلَم) فعلٌ مخادعٌ مقطوعٌ عن الواقعِ، لا يستندُ إلى مؤثِّراتٍ فكريةٍ أو موضوعيةٍ؛ يدفعُ به عنترةُ عن ذاتِه الجبروتَ والقسـوةَ. ويُصورُ نفسَـه «أبيّاً لا يقبلُ الضَّيْمَ ولا الظُّلـم بأيِّ لونٍ من ألوانهِ، بل لا يُطيقهما، فـإنْ ظُلِمَ أصبحَ كالبركانِ الثائـرِ، يردُّ على الظُّلم بظلمٍ مريرٍ لا يُبقي ولا يذر... يقتحمُ المعاركَ ويَصْلـى نارهَا مُطيحاً برؤوس الشـجعانِ كأنَّه القضــاءُ النازلُ»[5]. وأسـتطيعُ أن أقرأ الفعلَ قراءةً مُغايرةً تجعلُه موصولاً بسياقهِ؛ فأقول فيه (أُظْلَمِ! أَظْلِمِ) إذ أستبدلُ الضمةَ التي تُحيلُ بناءَ الفعلِ على مجهولٍ يقبع في عالمٍ غيبيٍّ ووجودٍ خياليٍّ؛ أستبدلُها بالفتحةِ التي تتجذَّرُ فيها

---

5 - البطولة في الشعر العربي: د. شوقي ضيف، دار المعارف، القاهرة، مصر، ط2، 1984م، ص 28.

الشـخصيةُ طاغيةٌ ـ نرجسيةٌ، لا تعرفُ الصمتَ أو الهدوء. ويكونُ الفعـلُ (ظُلِمـتُ) بمخزونـهِ الدلالـيِّ نقيصةً؛ إذا لـم نَسْتَبْدِلْهُ بالفعلِ (ظَلَمْـتُ)، الذي يكشـفُ البـركانَ الثّائرَ في دواخلِ عنترةَ (الشـاعر والمقاتل). لكنّه في الوجهِ الآخرِ (سَـمْحُ المخالقة) وافرُ العقلِ، يستديمُ حظوتَه بلوحاتٍ تعتني بشـخصهِ، تتناوبُ فيها صورٌ تتعلَّقُ بفرديته القائمةِ بذاتِها في سلاسلَ زمنيةٍ مُترابطةٍ. إنّ حياتَه الماديةَ يتقاسَمُها زمنانِ مُتعارضانِ، ينمازُ كلٌّ منها بسلوكٍ لا يُشبه الآخر، ولا يوَالِفُهُ. وفعلُه القوليُّ، يتنازعُهُ فضاءان: فضاءُ السـماحةِ والمسالَمةِ، وفضاءُ المصاوَلَةِ والمنافَحَةِ. يتنقَّلُ من حالٍ إلى حالٍ مضادّةٍ؛ ليعودَ إلى نقطةِ البدايةِ في سلسـلةٍ من الصُّورِ الشـخصيةِ. كأنّ (عنترةَ) يتماهى في طَوْرَي (السّـماحة والظّلم) مع الملكِ (النعمانِ بن المنذر) في يوْمَيه: يوم سَـعْدِه إذ يُقبِلُ عليه الآخرُ؛ فيلقاهُ ببشاشـةٍ وهشاشـةٍ، ويومِ نحسِه الـذي يفرُّ فيه الآخرُ منه، ويُدبِرُ ولا يُقبِلُ. وإذا ما أقبلَ ظالماً لنفسـهِ؛ فيلقى فيه ثبوراً، ويصليه من بطشهِ تنكيلاً وتقتيلاً.

وينتقـي عنترةُ الفعلَ (أُثْنـي)، ويقبلُهُ بإرادتِه النافـذةِ التي لا تقبلُ بديلَـه في القـولِ المُعْلنِ، أو تتصوَّرُ نقيضَه في الصُّـورةِ المتحرِّكةِ التي يبتغيها لنفسه، وتمتدُّ من المرئيِّ إلى غيرِ المرئي بالكلمةِ البارقةِ والطاقةِ المضيئة. كأنَّه يصدرُ عنه بلسـانِ الآخرِ. إنه فعلٌ (قسريٌّ) يسـتعرضُ به (عنترةُ) قوّته، وشخصيَّته المتفرِّدة في مسرحٍ مُتنقِّلٍ مُضاءٍ، يلتحمُ فيه الخيالُ بالظلِّ، والحلمُ بالشّبح، والأيقونةُ بالغواية.

19

وتغلفُ نشوةَ الخمرةِ المترَفةِ حقولٌ من الذكرياتِ؛ بوصفها وسيلةً للسُّلوانِ والشَّجَنِ، تحملُ ظُنوناً بالخَوَرِ. لكنّ خمرةَ (عنترةَ) فيها مُباهاةٌ/مُفاخرةٌ، تُثيرُ تجلياتٍ تتجاورُ على ضِفافِ المألوفِ. وتبدو صورةُ (عنترةَ) شاربِ الخمرةِ مثاليةً نبيلةً، يغلِّفها الصفاءُ، ويتغلغلُ فيها النقاءُ؛ إلا أنها لا تُضلُّه، ولا تُغويه؛ بل تُغريه بالحياة، وتوحِّدُه مع الوجودِ، وتُثيرُ فيه إحساساً بالحيويةِ والنشاطِ دون الخمولِ واللِّيونة، وتبعثُ فيه نشوةَ الحركةِ لا هذيانَ العقلِ والخطلِ، ورُعاشَ اليدِ. إنه «صاحبُ شرابٍ دون الإفراطِ إلى إفسادِ الخُلُقِ والمروءة، وصاحبُ صَحْوٍ دون أن ينتَهي به الصَّحو إلى التقصير عمّا ينبغي للرجلِ الكريمِ من العطاءِ»[6]. يدفعُ بالخمرةِ عن نفسهِ غائلةَ الموتِ المعنويِّ، وفناءَ الوجودِ القميءِ، وهشاشةَ النشوةِ العابرةِ؛ فتكتملُ بالخمرة مروءتُهُ التي تقترنُ بتوازنهِ العقليِّ والسلوكيِّ، والتوقُّدِ الفكريِّ؛ فلا يتحوّلُ بها إلى ماجنٍ عربيدٍ.

ويتحرَّكُ (عنترةُ) المقاتلُ في العالمِ الخارجيِّ عبر نسقٍ ثلاثيِّ الأفعال (ظَلَمتُ! شَربتُ! صَحوتُ)؛ ليتشابكَ في نسيجِ الواقعة التي تُوقظُ في نفسهِ كوامنَ التحوّلِ والتكوين، بممارساتٍ تعتمدُ أساليبَ مشوِّقةً وألواناً من المهاراتِ، يقودُ بها الآخرَ إلى شِعابِ شخصيّتِه، بموجِّهاتٍ ذهنيةٍ (بما علمتِ!كما علمتِ) في صعيدِ أزمنةٍ مموَّهةٍ وأمكنةٍ مُبهمةٍ؛ ليقولَ الآخرُ بلسانِه عن لسانِه: إنه مُتجدِّدٌ مُتغيرٌ، وليس بمسْتَنْسَخٍ متكررٍ، ومتحرِّكٌ غيرُ ساكنٍ، وناطقٌ فصيحٌ غيرُ عييٍّ.

* * * *

---

6 - حديث الأربعاء: د. طه حسين، دار المعارف، القاهرة، مصر، ط2، 151/1.

20

2 - يومُ الوقيعةِ

هـلا سـألْتِ الخيـلَ يا ابنـةَ مالكٍ

إنْ كنـتِ جاهلـةً بمـا لـم تَعْلَمـي

إذ لا أزالُ علـى رِحالـةِ سـابحٍ

نَهْـدٍ تعاورُهُ الكُمـاةُ مكلَّـم

طـوراً يُجَـرَّدُ للطِعـانِ، وتـارةً

يأوِي إلـى حَصِـدِ القِسِـيِّ عَرَمْرَم

يُخْبِـرْكِ مَنْ شَـهِدَ الوقيعـةَ أنني

أغشَـى الوغـى وأعفُّ عند المغْنَم

ليس السّؤالُ في فلسفةِ الوجودِ والكونِ والكائنِ؛ بل تحوّلٌ نفسيٌّ من الخصوصِ إلى العمومِ، وغوصٌ إراديٌّ في عالمِ المعرفةِ المستترِ. إنه سؤالٌ يتجاوزُ حدودَ الزمانِ والمكانِ؛ ليسهمَ في الكشفِ الصُّوَريِّ عن اللامرئيِّ والمجهولِ، وليبدعَ طاقةً تنفلتُ من عوائقِ الواقعِ إلى معانَقةِ الكونِ الخفيِّ، وينطلقُ بالقارئ؛ لردمِ الفجوةِ بيـن الجهلِ المفتَرض والوعـي المعرفيِّ المرتَقَب؛ حتى لا تصيرَ الفجـوةُ قطعيةً، ولا يقبع المسكوتُ عنه في ذاكرةِ النسيانِ؛ بل في ذاكرةِ النصِّ.

ونُدركُ أن الوقيعة محشوّةٌ بالخبايا والأسرارِ التي تتعالَقُ فيها النوايا والمقاصدُ، وأنها فعلٌ حركيٌّ دؤوبٌ، يتحوّلُ به (عنترةُ) من الغيابِ المكروهِ إلى الحضورِ المرجوّ، ومن الهدوءِ إلى الصَّخب، ومن الجَزْرِ البعيدِ إلى المدّ المُرتفع؛ في محاولةٍ لتحقيقِ الذاتِ أمامَ الآخرينَ في لحظاتِ الطُّوفانِ والطُّغيانِ.

والشاهدُ/الخيلُ ساردٌ يقصُّ باللغةِ الناصةِ مادةً حكائيةً، يلتقي في متنِها الواقعيُّ والتخييليُّ، وتتجلَّى فيها تنويعاتٌ تعترفُ بكائنٍ قد تبلورَ، وتتجاهلُ غيره. إذ يقدّمُ (الشاهدُ ← الخيلُ ← الفرسان) لعنترة متعةً نرجسيّةً، تُعرّفُهُ صورتَه في المرآةِ؛ حتى تتوقَّدَ في ذاتِه (الأنا المتخيّلة) مع (الأنا الواقعيّة)؛ فتكون الصورةُ المشهديّةُ ظاهرةً واقعيةً مقبولةً. ويبدو أنّ (عنترةَ) يريدُ من الشاهدِ أن يبوحَ بأشياء، يقولُها صراحةً، ولا يُؤثرُ السكوتَ الآنيَّ، أو الصَّمتَ المستقبليَّ. كأنَّه حاضرٌ في الأزمنةِ والأمكنةِ كافةً، وشاهدٌ في الوقائعِ ← الحروبِ ← الأيّام كلِّها؛ حتى يمزجَ في (قصِّه) المشاهَدةَ والرؤيـة، والرائي والمرئي، والفعلَ والصورةَ، ويقدّمَ تفصيلاتٍ تتحوّلُ بها الذاتُ المعرفيّةُ إلى ذاتٍ نرجسيّةٍ، تُصبحُ معها الذاتُ المُقاتلةُ أسطورةً، تغلّفها الأشباحُ والأوهامُ، وتسري بها الفرديةُ أوداجَ الليلِ، وأضواءَ النهار.

ولـم ينتظرْ (عنترةُ) من الشاهِدِ أن يسردَ رؤاهُ وخواطره؛ بل تبادلَ معه الأدوارَ؛ فتحوّلَ في ذاتِه إلى شاهِدٍ وساردٍ وفاعلٍ. وتجاهلَ بقصديَّةٍ واعيةٍ الوجودَ اللغويَّ للشاهدِ، وأضاءَ مسرحَ (الوقيعة)

بجملةٍ تتجسَّدُ بحدثٍ منظورٍ، وتستحضرُ تفاصيلَ غائبة، تتماسَكُ عبر الزمانِ والمكانِ، في سياقٍ من القوةِ الخيلائيةِ (أغْشى الوغى، وأعفُّ عند المغْنَمِ). كأنَّ الفاعلَ في الفعلِ (أغْشى) كرّارٌ هدّارٌ زآرٌ صخّابٌ حتى باتَ يـومُ الوقيعةِ في (الوغـى) يقبعُ في ذاكرتِه، فـلا يفارقُها، وتوحَّـدَ معه، فـلا يُعـرفُ إلا به. أمّا الفاعلُ في الفعـلِ (أعفُّ) فزاهدٌ بالمادّيـات، يأنفُ أن يغنَمها لمروءتِه وتفاهتها. لكنّه يغنمُ حياةَ الآخرِ؛ فيغشاهُ، فيسلبُهُ إيّاها والوجودَ. يغنمُ الحياةَ والبقاءَ بالسّيف. ولا يُعتقدُ أن الفاعلَيْـن مختلفـان، بل هما فاعلٌ واحدٌ قـام بدورَيْن في آنٍ واحدٍ؛ كأنّه يلفتُنا إلى أن نحكيَ ما نسمعُ منه بذاتِه، وأن نقصَّ ما رآه بنفسهِ، وما يفعلُه بسيفهِ ورمحهِ؛ وإن كانت مشاهدتُهُ خطاباً يقومُ على العيانِ، وما نحكيه، يُبنى على الخبرِ المنقول، والسَّردِ المؤوِّلِ.

والمدهـشُ أنَّ الساردَ/الشـاهدَ قد ذكـر (الخيلَ والكُمـاةَ) بصيغةِ الجمعِ في سياقٍ قتاليٍّ ونسقٍ ثنائـيٍّ الأضلاعِ، تتجسَّـدُ فيه الوقيعةُ حاميةَ الوطيس، شـكَّلتْ فيها (الخيلُ) الشاهِدةُ والمشـاهَدةَ قوة قتاليةً مدمِّرةً، وحملَتْ أشباح المنايا طاقة قدريَّة خفية تتجسد في (الموت) بقـوةٍ مرجفـةٍ مهلكةٍ لها تأثيرُهـا في نفوس الأعداء، تنقـلُ لهم الفناء والهلاكَ؛ إذ وظَّفَ عنترةُ الشـاعرُ (الطِّعانَ)؛ لتصويرِ الحدثِ القتاليِّ في (يـومِ الوقيعةِ)؛ بوصفه مصدراً للفعل (طَاعَـنَ مُطَاعَنَةً وطِعاناً) لإبرازِ المشـاركة في (الطِّعنِ) بالتناوبِ أو التقابلِ، وعدلَ عن الفعلِ (طعنَ طعْناً) الذي لا يحيلُ على المشاركةِ في الفعل ذاتِهِ في الميدانِ،

بـل يُفيدُ أُحاديَّة الطَّعنِ التي لا تتحقـقُ فيها الموازنةُ بالفروسيةِ، والمواجهـةُ في النِّزالِ، كأن الفارسَ يطعنُ في الهواءِ وحدَه في عالمٍ ضبابيٍّ مجهولٍ. وبذلك يكشـفُ (الطِّعـانُ) جبروتَ (عنترةَ المقاتلِ) الـذي يواجـهُ كُمـاةً عتـاةً.

ثم يظهرُ (عنترةُ) المقاتلُ مُمتطياً جواداً يسبقُ الريحَ؛ بعد أن أدركَ أنّ الحصانَ من لوازمِ القتالِ ومن عدّة الحربِ، ومن مُتمماتِ الفروسيةِ في الميـدانِ؛ فأمَّنَ «صداقةَ فرسِـهِ، واطمأنّ إلى وفائهِ؛ فهو أنيسُـهُ في المغامرةِ وصاحبُهُ في السُّرَى، ورفيقُهُ فـي الحلِّ والترحال»(7). ليكـونَ قوةً ضاربةً ـ ماحقةً تدحرُ الجموعَ إذا أزفت الآزفةُ. إذ يفخِّمُ عنترةُ (الشـاعرُ) الأنا التي يتحرّكُ بها عنترةُ (المقاتلُ) مفتخراً بنفسهِ التي تشـعُّ بالحيويـة والبهجة، مُعْجَباً بمآثرهِ، وقوَّةِ شـكيمتهِ وصلابةِ عودهِ، في صورةٍ تُغلِّفُها ضراوةُ القتالِ؛ يرسمُ بها مشهداً شعريّاً للخيل فـي المُيـدان؛ تحملُ أحاسيسَ متأزِّمةً من الكرهِ والغضب، ويُظهرُ حركتَها ورشـاقتَها في سـياقٍ من التوافق بين التعبيرِ والواقعِ والحلمِ والحقيقة. والغريبُ أنّ (الكُماةَ/الخصومَ) يُصيبُونَ جوادَ عنترةَ بجراحٍ ثقـالٍ، وينتصبُ مُمتطيهِ عفريتاً من الجنِّ سـليماً بلا خُدوش. ويجوزُ القـولُ: إن عنترةَ (الشـاعرَ) يخجـلُ أن يُعلنَ أن عنترـةَ (المقاتلَ) قد أَثْقَلَتْه طَعناتُ الكُماةِ، وأسـالت دماءَه رماحُ الخُصُومِ؛ فجعلَ الحصانَ مكلوماً، وأوكلَ إلى فارسهِ أن يثأرَ لنفسهِ، وله، منهم.

<hr>

7 ـ الفُروسية في الشِّعر الجّاهلي: د. نوري حمودي القيسي، عالم الكتب، مكتبة النهضة العربية، بيروت، ط 2، 1984م، ص 156.

إنَّ عنترةَ (المقاتلَ) في الميدانِ، يَطعنُ، ويُطْعَنُ. يَجرَحُ، ويُجْرَحُ. يَقتُلُ، ولا يُقْتَلُ. إنه أسطورةُ طائرِ الفينيقِ الذي ينتفضُ من ركامِ الرمادِ بركاناً من الغضب، لأنَّ جِراحَ الفارس ← البطل ← الحُرِّ في الميدانِ أوسِمةُ فخارٍ، أمَّا جِراحُ العبدِ الأسود ← عنترة ؛ ففيها من الشَّماتةِ والتنكيلِ والتقريعِ ما يُذهبُ عنها المباهاةَ.

كان عنترةُ (الشـاعرُ) في يوم الوقيعةِ «يتشبَّثُ بالمحسوس وقلَّما يفارقُه، وإن علا عليه ظلَّ بصرُه مشدوداً إليه، وإن ابتعدَ عنه فلمسافةٍ قريبــةٍ»[8]؛ إذ أدركَ أنَّ الحواس قناةُ تواصُلٍ وتفاعُلٍ؛ فلم يخرجْ عن «جمالِ الحواسِّ من مرئيَّاتٍ ومحسوسـاتٍ وملموساتٍ ومسموعاتٍ، وهـو إذا مـا خرجَ من عالمِ الحسِّ يدخلُ في عالمِ التجريدِ الذي يرتبطُ بأعماقِ النفس»[9]. فإذا بالفعل (يُخبركِ) موصولٌ بالذاكرةِ والمشاهَدةِ، ومرتبطٌ بالوقيعةِ المسـتَدْعَاةِ عبر الزمنِ، يَسْتَحْضِرُ به (الفاعلُ) القوةَ والمروءة في آنٍ معاً.

* * * *

---

8 - الرحلة في القصيدة الجاهلية: وهب رومية، مطبوعات اتحاد الكتّاب والصحفيين الفلسطينيين، ط 2، 1975م، ص 63.

9 - الأبعاد الفنية للصورة التشبيهية في الشعر الجاهلي: الأخضر عيكوس، مجلة جامعة قسطنطينة، الجزائر، العدد (5)، 1994م، ص 6.

3 - يومُ النِّزال

ومُدَجَّجٍ كَرِهَ الكُمــاةُ نِزالَـه

لا مُمْعِـنٍ هَرَبـاً، ولا مُسْتَسلِمِ

لمَّـا رآنـي قـد نزلْـتُ أُريـدُه

أبـدَى نواجِذَه لغيـرِ تَبَسُّمِ

فشَـكَكْتُ بالرمـحِ الأصمِّ ثيابَـه

ليـس الكريـمُ على القَنـا بمُحـرَّمِ

جَـادَتْ لـه كفِّـي بعاجِـل طَعنـةٍ

بمثقَّـفٍ صَـدْقِ الكعوبِ مُقـوَّمِ

فتركتُـهُ جَـزَر السِّــباع يَنُشْـنَهُ

يقضمْنَ حُسْـنَ بنانِـه والمِعْصَـم

عـرض (عنترةُ) في (يـومِ النِّـزال) العالَم الموضوعيَّ في صورةٍ قتاليَّةٍ، تتراكُم شظاياها المتكسِّـرةُ كائنـاتٍ حيَّةً. وتختـزلُ المنازلـةُ مسافةَ التوتُّرِ، وتُخلخِلُ بنيةَ التوقُّعاتِ في مكانٍ مفتوح وزمنٍ غامضٍ، وتصـوِّرُ صراعـاً أزليّـاً بين الحقائـقِ والظِّلالِ، و الحيـاةِ المعنويةِ والحياةِ الماديّةِ. بين الحقيقةِ في العالَمِ الواقعيِّ والوهمِ في عالمِ الخيـال.

وينطـوي (المدجَّـجُ) على مشـاعرِ العُدوانِ والشَّراسـةِ والبأسِ، وعلامـاتُهـا باديةٌ على مظهرِهِ ومحيّاهُ. إنه حَـذِرٌ يَقِظٌ. يعرضُ سـلطةَ القوةِ بطرائق فعَّالةٍ. يملكُ قلباً يصولُ فيه صولةً صاعقةً، يمارسُ بها

التسلُّطَ في الحياةِ والميدان. يعرفهُ الكُمـاةُ؛ فلا يَقربونَه في (النِّزالِ). يُميزُ الفرسـانَ؛ فَيهوي عليهم طيراً أبابيل. يظهرُ في الوغى يقتلُ من يختـرقُ حومتَهُ، أو يتسـللُ إليهـا. ويهبطُ (عنترةُ) في يـومِ (النِّزال) إلى الميدانِ. لا يَعلوه صَغارٌ، ولا تُسـربلُه أطمارٌ. يدعو السَّيفَ إلى الضَّرْبِ؛ فيجيبُه. ويأمـرُ الرمحَ بالطَّعنِ؛ فيطيعُهُ. رجلٌ في الحروب بئيـسٌ، يدعوهَا فتجيبُهُ. وقُطْبٌ فـي الوطيسِ غيرُ أنيسٍ. تعرفُهُ البلادُ وحصونُها، والأوديةُ وبطونُها، والخيلُ وظهورُها، والأيّامُ وخُطوبُها. إنّ رُمحَه غَشـومٌ غيرُ شَفوقٍ. وسيفهُ يكسرُ حُضورَ القلبِ. بهما يقسو على الآخر النِّدِّ في نسيجٍ شـعريٍّ يُغَيِّبُ سمةَ الرحمةِ والعفوِ؛ فتسيحُ على الأرضِ دماءٌ، وتتناثرُ جُثثٌ، و تسيلُ دموعٌ، تشكو الفزعَ، وتَشِي بالفجيعةِ والفراقِ الأبديِّ.

إنّ عنترةَ الشـاعرَ، يصفُ المُدجَّجَ بموضوعيـةٍ، ويُنصفهُ بحنكةٍ ودهاءٍ، ولا يَسـتصغره عن جهالةٍ، ولا يَستخف بوجودِه الواقعيِّ عن عُجالـةٍ وحماقـةٍ، ويُدركُ أنه يتحـدَّثُ عن كائنٍ إنسانيٍّ واعٍ، وبطلٍ بئيسٍ ضروسٍ من أبطالِ المعاركِ، تركَ بصمتَه في سُـوحها، وأثره في نفوسِ فرسانها؛ فصوَّره في صورةٍ عابسةٍ مُتجهِّمةٍ مُمتلئةٍ غَضباً وثورةً بعد أن أيقنَ أنّ نزالَه «هو في حقيقتِه لقاءٌ مع الموتِ إذ لا يحملُ الفـارسُ إلا الموت»[10]. وحيـن يحاولُ (عنترةُ) أن يبيِّـن لنا بطولةَ الفـارس المُدجَّجِ «فإنّـه لا يفعلُ ذلـكَ مدحاً لهذا الخصمِ؛ بل ليسبغَ ويخلـعَ تلك الصفاتِ على ذاته هو. إنـه يقصدُها صفاتٍ له حين يبيِّنُ

---

10 - الزمن في الشعر الجاهلي: د. عبد العزيز محمد شحادة، إربد، الأردن، 1995، ص 195.

أنــه قاهرُها»(11)، وقاهرُهُ بها في الميدانِ أمــامَ الكُماةِ. إذ تفنَّن (عنترةُ الشــاعرُ) في وصْفِ المُدجَّجِ وصْفاً واقعيّاً ونفسيّاً؛ بوصفه أنموذجاً للبطولةِ الأسطوريةِ الخارقةِ، والفروسيةِ الناشِطةِ القاهرةِ؛ بما يمتلكُهُ من قوةِ الصَّدمةِ، وشـدَّة الصَّرعةِ باستعمالِ البُنى الصَّرفيةِ الاسميةِ التي تنفي السَّببيَّةَ من الفعلِ، وتؤكِّدُ الثباتَ في الزمنِ القتاليِّ بديمومتِه:

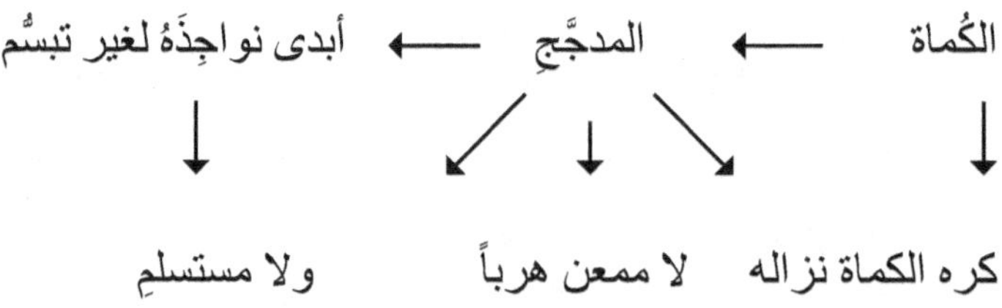

لقد تناقَضتْ رغباتُ الفارسَيْن في يـوم (النِّزال)، وتصادَمَت مع العالمِ المحيطِ بهما. وأحسَّ كلٌّ منهما بالتهديدِ الذي يُحيطُ به، والأغلالَ التـي تُطوِّقه، والأوهـام التي تـكادُ تُضعفُ هيبتَه؛ بمحدودية الحياة والقلقِ الوجودي. إنَّ المتنازِلَيْنِ مختلفان في الرؤيةِ والعلاقةِ مع الآخر والجماعةِ؛ وإن تتابَعَت أفعالُهُما، وتآلفت السـياقاتُ الوظيفيةُ لهما في الميدان. ويكمنُ التخالُفُ في الرغبة في بقاء الأنا ومَحْو الآخر. وعلاقةُ التشابه بينهما شائكةٌ شائقةٌ موحيةٌ بالوجودِ والفناءِ معاً.

ويحتجـنُ الفعلُ (كَـرِهَ) جبروتَ الخصمِ ← المدجَّج، وإرادتَه

---

11 - مقالات في الشعر الجاهليّ: يوسف اليوسف، دار الحقائق للطباعة والنشر والتوزيع، بيروت، لبنان، ط 3، 1983م ص 26 - 27.

النافـذةَ في القتلِ والتغييبِ، ويعكسُ قَلقاً مُتصاعِداً في نفوسِ الكُماةِ منه، وشعورَهم بالضآلةِ والإقصاءِ أمامه. نشعرُ بصفاتِه المتعالية (لا مُممعـن هرباً، ولا مُسْتَسْـلم) لنسـتَيقِنَ أنه فارسٌ ينازلُ حتى الموتَ، مـن أجل (أنـاهُ) في الحياة. كأني بعنترةَ (الشاعِر) يقولُ: إنّ المدجَّج طُوفانٌ هادرٌ هائجٌ يجتاحُ النفوسَ الرخوةِ، والأرضينَ المُنخفضةَ، ولا يقمعُه إلا سَـدٌّ منيعٌ حصينٌ يتجسَّدُ في عنترةَ (المقاتِل)؛ ليقهرَ طغيانَه الموهومَ، ويُطَهِّر الوجودَ من قسـاوتِه وغلظتِه وفسـادِه المُتخيلِ؛ فقامَ بثلاثةِ أفعالٍ نرجسيةٍ، تفترقُ فيها البدايةُ عن النهايةِ في نسقٍ متصاعدٍ، تفوحُ منه رائحةُ القتلِ العَمْدِ:

(نزلتُ ← شككتُ ← تركتُ) في مواجهةٍ ثنائيةٍ مشهديةٍ مُتقابلةٍ بفعلَين متناقِضَين(أريدُه ⇄ أبدَى)، ومتواليةٍ من الأحداثِ يتسـارعُ فيها الزمنُ، وتتشخصُ الأبصارُ، وتغورُ الأمنياتُ في لجَّةٍ مِن الطَّعناتِ الخِطَافِ، والضَّرَباتِ الخِفَاف ـ الثِّقال:

(نزلتُ ⇄ رآني ← أريدُه ← أبدَى ⇄ شككتُ ← تركتُ).

لقـد نازلَ عنترةُ المقاتلُ أبطـالَ القبائلِ فُرادَى، وجُموعَ العشـائرِ جَمعاً جَمعاً، «وحاربَ بالكلمةِ المكتوبةِ والمرتَجلةِ كما حاربَ بالسيفِ والرمحِ والجسـدِ. وأحـرزَ النصَر في كل الأحـوالِ. وكان تدرُّجُه في النصَرِ المـاديِّ يُوازي تدرّجه في اكتمالِ المعرفةِ بنفسـه ومَنْ حوله، واكتمـالِ معرفةِ الآخرينَ بهِ في الوقت نفسِـه»[12]. إنـه فارسُ الكلمةِ الناطقةِ في المُعلقةِ، وفارسُ السيفِ القاطعِ، والرمح الخارقِ في الميدانِ.

---

12 ـ غواية التراث: د. جابر عصفور، الكويت، كتاب العربي، العدد (62)، ط 1، 2005م، ص 54 ـ 55.

وتتجذَّرُ النهايةُ المأساويةُ في الفعلِ (تركتُه). كأنَّ الخصمَ أسمالٌ باليةٌ، وكومةٌ من الأنقاضِ. لقد تُرِكَ (المدجَّجُ) طعاماً للسِّباعِ (ينشْنَه + يقضمْنَـه) بعد أن أفقَدَه عنترةُ (المقاتلُ) حركتَه وجبروتَه وخيلاءَه. وتكمـنُ الغرابـةُ وخيبةُ التوقُّـعِ، في الفعلِ (جادَتْ) الذي نشعـرُ معه بأنَّ عنتـرةَ (المقاتلَ) يُكـرِمُ خصمَه، ويجودُ عليه بالقتلِ العمدِ حينَ يُنَفِّـذُ قواعدَ (المنازلـةِ حتى الموتِ)؛ فلا يتـركُ خصمَه جريحاً ينوءُ بجراحِه، أو مهزوماً تسحقُه حَسَـراتُ الهزيمةِ، ولا يأسرُه؛ فتعذّبُه سـكراتُ الأسرِ، وذلُّ القَيْد. إنه يُكرمُه بطعنةٍ نافذةٍ، تتركُه جثةً هامدةً لا حَراكَ بها. وبغير ذلك تكونُ العبارةُ (ليس الكريمُ على القنا بمحَرَّمٍ) عبـارةً متهافتـةً، تُفْقِدُ السياقَ ترابطَه، والأفكارَ تناسقَها، والمنازلَة مصداقيَّتَها وواقعيَّتَها الأدبيَّة. إنَّ قتْلَ المدجَّج/الآخر وسيلةٌ لديمومةِ حياةِ عنترةَ المقاتل؛ الذي يخشى عبر حركةِ الزَّمنِ المتغيِّرِ أَنْ يتحوَّلَ مـن قاتلٍ إلى مقتـولٍ، أو من طاعنٍ إلى مطعونٍ، ومن ضاربٍ إلى مضروبٍ، لأنَّه يُدركُ هشاشةَ وجودِ الكائنِ الحيِّ في بوتقةِ الزمنِ التي تمتلكُ قوةً لا مرئيةً.

وتتحقـقُ فراسـةُ عنتـرةَ في قولِه عن نفسِه «كنتُ أُقْـدِمُ إذا رأيتُ الإقدامَ عزماً، وأُحجِمُ إذا رأيتُ الإحجامَ حزماً، ولا أدخلُ إلاّ مُوضعاً أرى لي منه مَخرجاً»(13)، وفي قولِه كِياسةٌ وفراسـةٌ ودهاءٌ، وخبرةٌ ودُربةٌ؛ لأن المسافةَ بين الإقدامِ والإحجامِ تتموضعُ في الإرادةِ، وقوةِ اللحظةِ، وسرعة البديهةِ.

---

13 - الأغاني: أبو الفرج علي بن الحسين الأصفهاني (ت 356هـ)، تحقيق: عبد الستار أحمد فراج، دار الثقافة، بيروت، 1955 - 1959م، 8/241 - 242.

4 - يومُ السَّابغَة

ومِشَـكٍّ سَـابغةٍ هتكْـتُ فُرُوجَـه

بالسَّيفِ عن حَامـي الحقيقـةِ مغْلم

بطـلٍ كأنّ ثيابَـه فـي سَـرحَةٍ

يُحَـذَى نِعـالَ السَّبْتِ ليـس بتـوأم

رَبِـذٍ يداهُ بالقِـداح إذا شَـتا

هتَّـاكِ غايـاتِ التِّجَـار مُلَـوَّم

فطعنْتُـهُ بالرمـح ثـم علوتُـه

بمهنَّـدٍ صَافـي الحَديدةِ مِخْـذم

عَهْـدي بـهِ مـدَّ النهـارِ كأنّمـا

خُضِـبَ البنـانُ ورأسُـه بالعظْلِـم

أدركَ (عنترةُ) في يومِ (السَّابغة) أنّ وجودَه مرهونٌ بوجودِ الخَصمِ في العالمِ الواقعيِّ أو الشِّـعريِّ، من حيث الحركـةُ واللغةُ والرؤيةُ؛ فـإذا به يُجري تحسيناتٍ معنويةً علـى شـخصيةِ (الخصـم)، ويُعظمُ مـن قَدْرها ومَهابتها؛ «ويعترفُ بقوةِ خصمِهِ، ويشـهدُ له بالثباتِ في المعركةِ، والصَّبرِ على مصائبها واحتمالِ عواقبها... ولا يذُمُّ الخصمَ بما ليس فيه، ولا يجرِّدُهُ من صفاتِ الفروسيةِ الحقَّةِ»[14] كأنه ينسخُ نفسَـه منها، ويُقيمُ تطابقاً معها بترسيخِ فكرةِ المشـاهدةِ والمحاورةِ. لكـنّ التقابلَ المرئيَّ بينهما تقابلٌ وحشـيٌّ جسـورٌ غشـومٌ، باتَ معه (الخصـمُ) ضرورةً واقعيةً وسـلوكيةً في جسـدِ العالمِ الموضوعيِّ،

---

14 - دراسات في الشعر الجاهلي: د. نوري حمودي القيسي، ص 104.

وتجسيداً شرّيراً لفكرةِ القتْلِ العَمْـد. لأنَّ عنترةَ المُقاتـلَ يتخيَّرُ من الأبطالِ «أشـرفَهم وأبسـلَهم وأتَمَّهم سـلاحاً يختلي به في موقعٍ بارزٍ من مشـهدِ المعركةِ»[15] ليبطشَ به بفعلٍ دامٍ مُرعبٍ مُخيفٍ. وتكمنُ المفارقـةُ فـي وصْفِ (الخصـمِ) بأنّه (بطلٌ ليس بتـوأم). لا نظيرَ له ولا قرينَ. كأنه مـاردٌ غضوبٌ فـي مملكةِ السِّـحر، أو مهرٌ حرونٌ فـي الفلاةِ، أو غولٌ تغـولَ في واضحةِ النهارِ؛ فإذا بـه تتهافتُ قواهُ، وتخـورُ عزائِمُهُ أمامَ عنترة (المقاتل). وأحسبُ أن الوصفَ يلتصقُ (بعنترةَ) أكثر من خصمِهِ؛ لكنّ الساردَ غيّرَ في شخصيةِ الموصوفِ؛ ليقنعَنـا بأنّ (عنترةَ) هو البطلُ الأوحـدُ في الميدانِ، وإن كان الخصمُ بطـلاً. والمدهـشُ أنّ (الخصمَ) في الحياةِ الواقعيةِ قُطْبٌ يُشِعُّ حركةً وقوةً ومـروءةً وفحولةً. وفي الميدانِ دُميةٌ جوفاءُ يعبثُ بها (عنترةُ)، ويمـارسُ عليها هواية الرمايةِ والقتل في ميدانٍ من ميادينِ التدريبِ على الطَّعْنِ. وهذا الفِصامُ بين صورَتَي (الخصمِ) في الواقعِ والميدانِ، شكَّله (عنترةُ) الشاعرُ باللغةِ قبل الفعلِ، ومسخَه بالقوّة. كأني بعنترةَ يُجَمِّلُ الخصمَ في الواقعِ؛ حتى يكتسبَ منه الجمالَ والمروءةَ والفحولةَ والحريةَ بعد أن يتخفّى خلفَه؛ لندركَ أنّ القوةَ الماحقةَ التي يمتلكها في الميدانِ ليست مَحْضَ خيالٍ أو خيلاءٍ.

لقـد أعلنَ (عنترةُ) المُقاتـلُ لنا أن قوَّتَه وسيفَه ورمحَه أدواتٌ للهيمنةِ، ووسـائلُ للسيطرةِ والسطوةِ؛ يريدُ بها أن يتوحَّدَ العالمُ معه فـي موقفِه وإرادتِه وحريتـهِ، لا أن يتوحَّدَ هو مع العالم. إذ يستخدمُ

15 ـ الحرب في شعر عنترة: مبروك المناعي، حوليات الجامعة التونسية، العدد (26)، لسنة (1987م)، تونس، ص 169.

السـيفَ والرمحَ، وهما سـلاحان هُجوميان في المعركة، ولم يستخدم السَّهمَ الذي هو سلاحٌ دفاعيٌّ. وأفعالُه المعلَنةُ (هتكتُ، طعنتُ، علوتُ) أيقوناتٌ متحرِّكةٌ يمارسُ بها النكايةَ بالعدوِّ برمحٍ مذهوبٍ به إلى القتلِ العَمْدِ، وسيفٍ تتجسَّدُ فيه قدرةٌ قاتلةٌ مُميتةٌ. إنه قتلٌ ملذوذٌ مُسْتَعْذَبٌ لـه. يعرضُ أحداثاً تطاولت ألماً ودماراً شـخصيّاً وموتاً للآخر، يحيا به، ونراهُ بعدسـتِه اللغويةِ لحظةَ معانقةِ السـيفِ للجسدِ، وهَتْكِ الرمحِ لمنابِـتِ النُّحُورِ، مزهواً يعلوهُ الفخارُ؛ لنفهم أنّ عنترةَ المقاتلَ «يحبُّ الحـربَ وينتظرُها فقد كانت فرصتَه الوحيـدةَ لِيَظْهَرَ ويَعرفَ الناسُ قَدْرَه، وكانت سـاحةُ المعركةِ المـكانَ الوحيدَ الذي لا يُجْهَلُ فيه»[16]. وبذلكَ ترسَّخَتْ صورتُه في الأذهانِ، وحفظتْها الذاكرةُ عبرَ الأزمانِ، ووضعتْهُ الأجيالُ مع الأحرارِ دون العبيدِ في قابلِ الأيام.

إنَّ لغةَ عنترةَ في يوم السَّابغةِ تضجُّ «بسـفكِ الدماء، وتمجيدِ القَتْلِ وخـوضِ الحروب، وتصوير مكارمِ الأخلاقِ كلها في طعنِ الفرسـانِ بالرمـاحِ وشـكِّ الرجالِ بالسِّـلاح، وجندلتهم في سُـوحِ الوغى، وتغنٍّ بمناظرِ الموتِ البشـعةِ، وتبجُّحَ بمشاهدِ الدماءِ، وهي تنزفُ من أجسادِ البشـرِ، وهم يتهاوونَ على الأرضِ صرعى لقىً كأجذاعِ النخلِ، بفعلِ الضَّرْبِ بالسـيوفِ، والطعنِ بالعوالي... فكأنَّ عنترةَ قاتلٌ محترفٌ... ومحاربٌ متخصِّصٌ في جندلةِ الأبطال»[17]. يستمتعُ بمنظرِ المقتولِ، وبمشاهدةِ الدِّماءِ تُخَضِّبُ أوصالَ خصمهِ، تحتَ ضوءِ الشمسِ في وَضَحِ

---

16 - الحرب في شعر عنترة: مبروك المناعي، حوليات الجامعة التونسية، العدد (26)، لسنة (1987)، تونس، ص 180.

17 - السبع المعلقات (مقاربة سيميائية أنتروبولوجية لنصوصها): د. عبد الملك مرتاض، منشورات اتحاد الكتّاب العرب، دمشق، 1998م، ص 173.

النهار. ونراهُ يعرضُ صورةً زاخرةً بالتشـبيهِ بإشارةٍ أسلوبيةٍ للمساواةِ اللونيةِ بين طَرَفَي التشـبيه (الـدم والحنّاء)، وليس للمفاضلةِ بينهما في التشكيلِ اللغويِّ للمتنِ الحكائيِّ. ويقدِّمُ خصمَه مخضوباً قرباناً للآلهةِ في العالمِ الآخرِ، في لحظةٍ من لحظاتِ الزهوِ والكبرياءِ والتطهيرِ.

وتُظهرُ الجملةُ الفعليةُ (طعنْتُه)، بمحمولاتِها الدلاليةِ والسـلوكيةِ، (عنترةَ) بطلاً تتساقطُ أمامَه الأبطالُ، وفارساً تتصاغرُ دونَه الفوارسُ، وشخصيةً أسطوريةً في ميدانٍ واقعيٍّ، تنظرُهُ الكلمةُ ويُعظِّمُه الخيالُ. كأنّ الكماةَ/الأبطالَ يَحُولُون بين (عنترة) ووجودِه الحقيقيِّ، ويُحَوِّلُون عالمَهُ إلـى عالمٍ يمتلئ بالصّراع والاغتـرابِ والعدوانيةِ، وسقوطُهم قتلى يُخَلِّصُه من قلقِه وعُبوديتِه؛ فلجأَ إلى الهَدْمِ والقضاءِ على الآخر؛ حتى ينقذَ نفسَـه، ويجمعَ شَـتاتَ ذَاتِه، ويتحرَّر من القيودِ، وينجوَ من السُّـقوطِ في دهاليزَ مُظلمةٍ يغيبُ فيها الوعي، ويتفتتُ الوجُود، وكأنَّ (عنتـرة) في هـذه اللحظةِ يُنافحُ عـن قبيلتِه أمامَ القبائـلِ الأُخريات، ويمكنُ القولُ: بنَجاتِه تَنْجُو القَبِيلةُ، وبمقتَلِه تَتَشثَّتُ، وتَفقدُ وجودَها.

* * * *

5 - يومُ الطَّعْنَةِ

وحَليـلِ غانيـةٍ تركْتُ مُجدَّلاً
تمكو فريصَتُـهُ كشِدْقِ الأعْلمِ

في حومةِ الحربِ التي لا تشتكي

غمراتِها الأبطالُ غيرَ تغمْغُمِ

سبقتْ يدايَ لـه بعاجلِ طعنةٍ

ورشاشِ نافذةٍ كلونِ العنْدمِ

فطعنْتُهُ بالرمحِ ثم علوتُهُ

بمُهَنَّدٍ صافي الحديدةِ مِخْذَمِ

فتركْتُهُ جَزَرَ السِّباعِ ينشْنَهُ

يقضمْنَ حُسْنَ بنانِه والمِعْصَمِ

إنّ الطَّعنـة حضـورٌ فعّالٌ بيـن قطْبَينِ، وحركةٌ خاطفةٌ سـريعةٌ، تثيرُ الدهشـةَ في عالمٍ تتلاقحُ فيه أشكالٌ متمايزةٌ من المثيراتِ الحسيَّةِ والبصريَّـةِ، رُئِيـتْ فيها الذاتُ الفاعلـةُ قاتلةً ناتئةً في أزمنةٍ دائريةٍ وأمكنـةٍ متعرِّجةٍ. ويعلنُ (عنترةُ) صراحةً أنّ (يدَه) قاتلةٌ مميتةٌ، تُنفذُ في الخصـمِ القدرَ المحتومَ. إنهـا موصولةٌ بالموتِ؛ إذ يُقدمُ خصمَه جسداً طَيِّعـاً لطعنتِه التي تختـرقُ أقطارَ المراهنـةِ، وتُقَوِّضُ أركانَ المغامرةِ في لحظةٍ تتهافتُ فيها الأوهامُ والأشـلاءُ. ويُصوِّرُ (عنترةُ) طعناتِه مُحكماتٍ مُبتكراتٍ، شديدةَ الوقْعِ، تقتلُ من تُوَجَّه إليه؛ وليست سفسافةً مُتراخيةً.

والخصـمُ في يـومِ (الطعنةِ) ناضجٌ فكريّاً وجسديّاً. تتجسّـد في شـخصيَّتِه مقوِّماتُ الرجولـةِ بمفهومها الماديِّ - الواقعـيِّ. له زوجةٌ

(غانيةٌ) تختالُ جمـالاً وأنوثةً وخصوبةً. لم يُظْهِرْ عـداوةً لعنترة، أو يكشـفْ عن سـاقٍ للحربِ معه. والسـؤالُ يدورُ، ويلتهـبُ: هل ينتقمُ عنتـرةُ من خصمهِ لمروءتهِ، ورجولتـهِ نكايةً بزوجتهِ؟ هل ينفِّسُ عن كراهيةٍ دفينةٍ في نفسهِ، تجعلُه يطيحُ بالأُكْفياءِ من الرجالِ؟ هل تتلبَّسُه عقدةُ القماءةِ والصِّغار لسوادِه؛ فلم يجدْ (غانيةً) ترتمي في أحضانهِ؛ فيرتوي، وتتراخَى بين ذراعَيْهِ؛ فينتشي؟ «إنَّه يُعاني عقدةَ الدونيةِ التي فجَّرتْ طاقاتِه الحربيةَ ونزعاتِه النرجسيةَ فتَضخَّمتْ ذاتُه، لتغطيةِ مركَّبِ النقصِ والتعويضِ عن عدمِ قبولِ الجماعـةِ لـه»[18]. ويعرفُ أنَّ (الزوجةَ) تبكي زوجَها القتيلَ، وتندبُ حظَّها فيهِ، وتشعرُ بضياعها المعنويِّ لفقدانِه. وأراهُ يَسْـتحلي عذابها، ويسـتعذبُ دموعَها، وتروقُ لـه نادبةً لاطمةً شعثاءَ غبـراءَ؛ فيذوبُ جمالُها، وتتحلَّـلُ أنوثتها. إنه يقتـلُ فيهـا النضَارةَ، والصَّبابـةَ والأنوثةَ بقلبٍ لا يـرقُّ، ويدٍ لا تلينُ، لحظـةً يقتلُ حليلَها/زوجها، ويفخرُ بذلك. وبقتلهِ لحليلها، يطمسُ جمالَ العالـمِ الموضوعيِّ، ويَخلقُ عتمةً ملبَّدةً بالفتنةِ والكراهةِ توازي ظُلمة عبوديتهِ، وسوادَ لونهِ. لقد خلَّفَه غارقاً بطوفانٍ من الدم بقتلهِ قتلاً جسديّاً، وخلَّفَها غارقةً بطوفانٍ من الدموع الكسـيرة؛ بقتْلِها قتلاً معنويّاً؛ لتقفَ فـي عذاباتِها عزلاءَ في مواجهـةِ الذاتِ والوجودِ. إننا نحسُّ في عنترةَ المقاتلِ رغبةً جامحةً في قتلِ حليلِ الغانيةِ قتلاً عمْداً «وكأنه يشـتفي من كلِّ زوجٍ حتى يكادَ يكون سلوكُه شذوذاً نفسياً أو عقدةً نفسيةً»[19]. يُقَتِّلُ الأبطالَ في غمراتِ الحروبِ، ويستبكي نساءَهم أبدَ الدهورِ في أخبيةٍ

---

18 - مقالات في الشعر الجاهلي، ص 32 - 33.
19 - قراءة جديدة في معلقة عنترة بن شداد العبسي، ص 60.

البيوتِ؛ لأنه لا بواكيَ له يبكينهُ في قابلِ أيامهِ؛ إن لم يتحررْ من عبوديةِ اللونِ والصفةِ بالفعلِ الحرِّ، والكلمةِ الحرةِ.

ويظهرُ (الخصمُ) في يومِ (الطَّعنة) وقوراً، ساقَه (عنترةُ) إلى مكانٍ لا وقارَ فيه، وإلى سِجالٍ لا وقارَ له، وإلى نهايةٍ لا تعرفُ الوقارَ. ويبدو عنترةُ (المقاتلُ) جوّابَ آفاقٍ، يجولُ العالَمَ، ويتطوَّفُ به؛ حتى تترسَّخَ قدمــاهُ في (حومةِ الحربِ)، وتتصلَّبَ يـداهُ في ميدانٍ قتاليٍّ، يُجهزُ فيه على خصمٍ مُفْتَرَضٍ - موهومٍ.

ويخيَّلُ للقارئ أن الخصمَ قد تجرَّأ على عنترةَ المُقاتلِ، ولم يَرْهَبْه؛ فبادَلـه طَعنةً بطعنةٍ، وضَربةً بضربةٍ، فـي صِـراعٍ وجوديٍّ يكونُ فيه المـوتُ مقدمـةً للحياةِ، وباعثاً مـن بواعثِ الظهور. وتأنفُ نرجسيَّةُ (عنـترةَ) مـن أن يسبقَه الخصمُ فـي أُحْدُوئَـةٍ، وتأبى ذاتُـه المتعاليةُ المُتغطرِسةُ أن يعلوَه في واقعةٍ؛ فيستدعي من أسوارِ اللغةِ الجُملة الفعليَّة (سبقَتْ يدايَ له بعاجلِ طعنةٍ) تظهرُ فيها النرجسِّيةُ التي أوقدتْ في عنترةَ (المقاتل) شعلةَ الأنا المستعلية التي تتوقُ إلى حُظوظٍ تقفزُ فوق الوهداتِ، وسُعُودٍ تمتطي النّجاد وصولاً إلى المأثرة. إذ يكشفُ الفعلُ (سبقَتْ) رؤيةً مضادةً بقنواتٍ إدراكيّةٍ حسيّةٍ، تتداخلُ فيها الأصواتُ والأشكالُ والألوانُ، وتتجاورُ في فضاءٍ محدودٍ، تبدأ فيه بحدوثِ صِدامٍ بئيسٍ، نفقدُ فيه القدرةَ على التمييزِ بين الواقعةِ الفعليّةِ والمتخيّلة.

* * * *

6 - يومُ الدَّعوة

لمـا رأيـتُ القـومَ أقبـلَ جمعُهـم

يتذامَـرون كَـرَرْتُ غيـرَ مُذمَّمِ

في حَوْمَةِ الحربِ التي لا تشْتكي

غمراتِهـا الأبطـالُ غيـرَ تغمْغُـم

يدعـونَ عنتـرَ والرِّمـاحُ كأنّها

أشـطانُ بئـرٍ فـي لبـانِ الأدهَـم

إذ لا أزالُ علـى رحالـةِ سابحٍ

نَهْـدٍ تعاورَهُ الكُمَـاةُ مُكلَّـم

مـا زلـتُ أرْميهـم بثغـرةِ نحرِه

ولبانِـه حتـى تسـرْبَلَ بالـدَّمِ

طـوراً يُجَـرَّدُ للطِّعـانِ وتارةً

يأوي إلـى حَصِـدِ القِسِـيِّ عرمْرمِ

فـازورَّ مـن وَقْـعِ القَنا بلبانِـه

وشـكا إلـيَّ بعبْـرةٍ وتحمْحُـم

إنّ (الدعوةَ) جماعيةٌ وليست فرديةً أحاديةَ النداءِ، و إحساسٌ تَملَّكَ الجماعـةَ بأنَّ كيانهـا الموحَّد تُزعزعُه الحـوادثُ، وتُضيعهُ النوازلُ؛ لكنّ الفَقْدَ فرديٌّ، ينبئ عن رؤيةٍ مأساويةٍ قلقةٍ للوجودِ والحياةِ. والدعاةُ

هم الأبطالُ/ الكُماةُ من صفوةِ قومهِ (بني عبسٍ)، وأجلدِهم في الطِّعان، وأصبرِهم في غَمراتِ الحربِ. والمدعوُّ (عنترةُ المُقاتلُ) المخلِّصُ الذي يواجهُ هشاشةَ الوجودِ من حولهِ، ويحاولُ التغلُّبَ عليه، ويقهرُه، ويعلنُ عن وجودهِ الجدليِّ، الذي يرومُ به صياغةَ العالمِ الموضوعيِّ من حولهِ، ويضعُ الكونَ في أُفقهِ، ويرسُمُه على وفق رؤاه. إنه البطلُ المنقِذُ الذي يُرتجى حين نزول الضائقة «تجـاوزَ الناسَ في صفاتِهِ، وسلكَ في مواجَهة الأحداثِ مسلكاً مثاليّاً، وجـاء بأعمالٍ عجزَ عن القيام بها أكثر البشرِ»[20]. والزمنُ مُخْتَزَلٌ بالقتالِ، يبدأ به، ولا ينتهي بنهايته؛ لأنّ (المدعوَّ) قبلَ الدعوةِ شيءٌ، وبعدَها شيءٌ غيره. والمكانُ فضاءٌ تُسوِّرُه (حومةُ الحربِ)، ينغلقُ على (الكُماة)؛ فتفوحُ منه رائحةُ النَّشوة، وطَعْمُ الموتِ. والفعلُ (يدعونَ) عبورٌ من الماضي البعيد إلى الحاضـر، ومن السَّـلْبِ المعنويِّ إلى الإيجابِ المـاديِّ، ومن الفراقِ الطبقيِّ إلى العِناق الاجتماعيِّ، وتحوُّلٌ من الأثـرةِ إلى الإيثارِ ومن الخصامِ القديمِ إلى الوئامِ الجديدِ.

يريـدُ (عنترةُ) أن يقولَ لنا في يومِ (الدَّعوةِ): إنّ ذاتَه الفاعلةَ في نُصـرَةِ الجماعـةِ التـي ترجو تآزره معهـا، وتأملُ معاضدةً تصدرُ عنـه؛ وإنْ لم تكن الجماعةُ فـي نصرتهِ؛ كأنّ وجودَ الجماعةِ قائمٌ به، تفنى بغيابهِ، وتنمو، وتشتـدُّ بظهوره. تتحرَّكُ به وإليه. إنّه يسخرُ من القـومِ المتذامِرين سخريةً مريرةً. يهـزأ بهم، ويكـادُ يصفُهم بالجُبْنِ والترَدُّد والتواكُلِ (يتذامرونَ)؛ ليقولَ لنا: إنّ الذاتَ الجماعية مهتوتةٌ/ متصدِّعةٌ، وإنّ ذاتَه الفردية متماسكةٌ قادرةٌ على رأبِ صدعِ الجماعة،

____

20 - الفروسية في الشعر الجاهلي، ص 126.

39

فيفقـدُ الزمنُ بُعْدَه الجماعيَّ/القَبَليَّ؛ ليصبحَ تجلِّياتٍ يؤسِّسُها المنطقُ الفرديُّ الذي يرى العالَم ناقصاً، لا يكتملُ إلا بذاتِه الفاعلةِ، وضعيفاً لا يقوى، ولا يشتدُّ إلا بذاتِه المقاتِلة الجريئة؛ وينظرُهُ مبعثراً، لا يتماسكُ إلا بوجودِه وسـيفِه وجوادِه. إنه قطبٌ يمـزجُ بين الحركةِ وأصدائها، ويبـوحُ بالصوتِ وظلالهِ. لكنَّ عنترةَ المقاتلَ لا يستطيعُ أنْ يعيشَ منفردا/منعـزلاً عن الجماعةِ، ومعزولاً عـن المجتمعِ، لكنّه لم يتوحَّدْ مع القبيلة لهوانهِ عليها سـابقاً، وظلَّ راغبـاً في أن تتوحَّد القبيلةُ معه لقوَّتِه لاحقاً؛ فأظهرَ ذاتَه حتى تَستظلَّ القبيلةُ به وبسيفِه الغشومِ. ولمَّا توحَّـدتْ به الجماعةُ قَدَّمَ ذاته قرباناً للجماعةِ، فأدركَ عنترةُ الشـاعرُ أنَّ التماهي بين عنترةَ المقاتِلِ والجماعةِ جعلهُما قوةً صلبةً تسـتعصي على القَتْلِ، وتتجاوزُ الضُّمورَ.

إنّ عنتـرةَ المقاتِـلَ قبـل الدعوةِ غريبٌ عن العالـمِ. غريبٌ عن نفسِهِ يقفُ على هامش الوجود ومَشـارفِ الضيَّاع. ينتابُهُ شعورٌ بأنَّ الجماعةَ فـي الماضي قد أهملتْهُ، وتولَّتْ عنه، لكنها الآن تدعوه إليها دعـوةً أزالـتْ عنه الهمَّ والقلقَ؛ فإذا به يمنـحُ ذاته المقاتلةَ خصوصيةً فرديةً تتمايزُ عن الجماعة، وإذا بعنترةَ الشّاعرِ يُسخِّرُ قدراتِه القوليَّةَ الإبداعيَّـة لخدمةِ عنترةَ المقاتلِ، كي يضمنَ له حُظوةً بين الجماعةِ، وحقوقـاً عنـد القبيلة. وبعـد الدعوةِ وجدَ نفسَه في عالمٍ مـن الجوارِ والجيـران مع النظراءِ، فتحوَّلَ مـن العزلةِ المُظلمةِ إلـى التواصلِ المُضـيء، وخرجَ من القيدِ إلى الفيض. كان قـدرُهُ أن ينتزعَ وجودَه بـأُوار الحـربِ «يقتحـمُ غمارَهَا فارساً شـجاعاً أمام قومـهِ؛ ليفوز

باعترافهـم بـه بطـلاً حـرّاً»[21]. إذ تَمكَّن عنتـرةُ (المقاتلُ) بمثابرتهِ في القتـالِ وإقدامهِ فـي الميدانِ في يومِ الدعوةِ من «قلبِ نظرةِ مُجتمعهِ إليـهِ من الهـوانِ والذلِّ إلى العزِّ والكرامـة»[22]. ولم يحاول الارتدادَ إلـى الماضي الذي يحتويـهِ التوتُّرُ، ولم يقفزْ إلى المستقبل، لأنَّ فيه المجهـول. تهيمنُ عليه اللحظةُ الحاضـرةُ متجاهلاً ما كان، ومتحرّكاً في مسالكِ الدعوةِ والعودةِ واقعيّاً وذهنيّاً.

إنّ الـذاتَ (الشاعرةَ) لم تكنْ تتحـدَّثُ عن همٍّ جماعيٍّ في (يومِ الدّعوة)، ولم تكن الذاتُ (المقاتلـةُ) مُنْدغمةً مع الذاتِ الجماعيّةِ، ولم تَشْعُرْ منـذ البدايةِ بأنّ الهمَّ المطروحَ في سياقاتِ النصِّ همٌّ جماعيٌّ ـ قَبليٌّ. لكنـنا ندركُ أنّ (عنترةَ المقاتلَ) غيرُ مُلتصقٍ بالجماعةِ؛ بل يرغبُهـا مُلتصقـةً بـه ليلتصقَ بها بالسيفِ والحربِ. غيـر أنَّ بقاءَه المـاديَّ فـي الواقعِ والحيـاةِ ووجودَه المعنـويَّ في الشِّعرِ والذاكرةِ مرهـونٌ بالجماعة. وعلينا أن نفهمَ أنّ وجودَ (عنترةَ) المُقاتل في يومِ (الدّعوة) مقترنٌ بفروسيتهِ في العالمِ الواقعيِّ والمتخيَّلِ؛ لأنّها تحققُ له رؤاهُ التي يتحوَّلُ بها إلى فاعلٍ في الجماعة، يخلقُ كينونتَه الإنسانية المشـتتةَ في المجتمعِ. والعلاقةُ بين الفارسِ وحصانِهِ علاقةُ وجودِ متكامـلٍ مُتفاعلٍ في عالمٍ له قيمتُه الحضوريةُ، ووعيٌّ حيويٌّ يتجاوزُ الحرفيّة، ويُلغيها؛ ليقيمَ مستوياتٍ مبطَّنةً بتفكيرٍ يرتسمُ فعالية قياديةً، تُثري التجربة الإنسانية، وتحملُ في طياتها تأريخاً مديداً متنوّعاً.

---

21 ـ البطولة في الشعر العربي قبل الإسلام: مؤيد اليوزبكي، دار الشؤون الثقافية العامة ـ بغداد، ط 1، 2008، ص 96.
22 ـ عاهات الشعراء في الجاهلية والإسلام (طبيعتها وأثرها في مستوى النص الشعري): عدنان عبد النبي البلداوي، مطبعة الشعب، بغداد، ط 1، 1977م، ص 11.

ويغوصُ (عنترةُ) في أعمـاقِ (الحصـانِ)، وينفثُ فيه من روحِهِ، ويُسـبغُ عليهِ إنسانيته القابعةَ في نفسه؛ بعد أن شكَّله على وفقِ رؤيتِهِ. ونراهُ يدركُ مأسـاةَ حصانهِ، وحراجةَ موقفهِ، وهو يُواجه صورةً من صـورِ الموتِ، ويحاولُ أن يمنحَـه بقاءَه وديمومتَه؛ وإن كان يعي أنَّ الزمنَ يحملُ في طياتِه الفناءَ والدمارَ؛ ليكشفَ عن علاقةٍ حميمةٍ مع (الحصانِ)، في حُلولٍ واتحادٍ يحملُ في جنباتِه القدرةَ على تحقيقِ الذاتِ والوجودِ، وحركةً حيويةً يخرجُ بها من طورِ الآنيّة إلى المستقبلِ الذي ينفتحُ على العالمِ في لحظةٍ قاهرةٍ. إنّ عنترةَ (المقاتل) يخترقُ بحصانهِ الكهـوفَ الكابوسـيَّة، والدهاليزَ المعتمةَ؛ ليخلَّفَها محرقةً تتناسلُ في رمادِها الوحشـةُ والخرابُ؛ لينتصبَ، تعلوه البهجةُ والأمانُ. ويفيضُ (الحصانُ) حركةً عنفوانيةً وضراوةً موصولةً بحاسَّة البصرِ، تُهيمنُ عليه ضائقةٌ جسديةٌ. لكنّ (عنترةَ) في يومِ (الدَّعوة) يُريدُنا أن ننظرَ إليـهِ، ونكلّمـهِ، كما ينظر إليـه الدعاةُ والحصانُ؛ وإن كان هو الذي ينظـرُ إلينا، ويكلّمنا والحصان، فـي مُبادلاتٍ بين الحضورِ والغيابِ، والوجـودِ واللاوجـودِ، والمرئيِّ واللامرئيِّ. «فالرماحُ مشـرعةٌ إلى صدرهِ وصدرِ حصانهِ، وهما في هذا الموقف يكوّنانِ جسـداً واحداً، فليس من الغريـبِ أن يخلعَ عليه شـعوراً بشـريّاً، وأن تبدو صورةُ الفـارس وصورةُ جـوادِهِ وكأنهما مختلطان»[23]، وفـي اللحظةِ التي يـزورُّ فيها الحصانُ عن مكانهِ في الميدان، وتتصاعدُ حمْحَماتُه من وتيرةِ السِّجالِ، وتُصيبهُ الرّماحُ في صدرهِ مُتسارعاتٍ، يُدركُ عنترةُ

23 - الصورة في الشعر العربي حتى آخر القرن الثاني الهجري: د. علي البطل، دار الأندلس للطباعة والنشر، بيروت، لبنان، ط 2، 1401هـ - 1981-م، ص 154.

المُقاتِلُ أنه في أزمةٍ وجوديةٍ حقيقيةٍ؛ وأن وجودهُ مرهونٌ بوعيهِ ورمحهِ وحصانهِ وصبرهِ معاً.

ولا ينظرُ (عنترةُ) إلى (الحصانِ) نظرةً خارجيةً مُحايدةً، كأنّه عالـمٌ منفصلٌ عنهُ، مستقلٌّ في الوجودِ بذاته؛ بـل كلاهما عالمٌ فاعلٌ نَشِـطٌ، ووعيٌّ منفعـلٌ، وحضورٌ متجاوبٌ تنطقُ به اللغةُ، في سياقٍ من الإدراكِ الشـعوريِّ، تتحطّمُ فيه الحواجزُ بين الكائناتِ، وتتجاوبُ مدركاتُهُ، وتتراسلُ معطياتُه الوجودية؛ لذلك يُسقطُ (عنترةُ) مشاعرَه علـى (الحصـانِ)، ويتحدُ معه، ويتخفّى خلفه فـي علاقةٍ من التماهي والتمايـزِ، والتقمُّص الوجدانيّ، تجعلُ من الـذاتِ موضوعاً للقراءةِ، ومـن الموضوع ذاتـاً للفعلِ، تحوّلَ بهمـا الكائنُ/الحصانُ إلى معادلٍ موضوعيٍّ لعنترةَ المقاتل، ومرآةً يتحركُ في داخلِها. لذلكَ لم يصفْ عنترةُ جوادَهُ وصفاً جماليّاً، لكنّه يحشدُ له الصِّفاتِ والصُّورَ المتصلة بالحربِ/القتالِ؛ لتماشيها مع رغبتهِ في إرهابِ الخصمِ/العدو[24].

لقـد توحَّـدَ عنترةُ مع الحصان؛ فمنحه قوةً جسديةً ونفسيةً فائقةً متوازنـةً، يتجاوزُ بها المزالـقَ والصِّعابَ في الميدان؛ فأنطقه بما في نفسِهِ، وأسقط عليه ما يعتملُ في خاطرهِ، ويتلجلجُ فـي دواخلهِ من مشـاعرَ وعواطفَ غائـرةٍ. كأنَّ عنترةَ يحاورُ ذاتـه بذاته، ويخاطبُ الآخر/الحصـانَ؛ وهو فـي الحقيقة يُعلنُ خفايا ذاته المستقلة الواعية وهي تواجه الموتَ في الميدان. فكان أنْ أغدقَ شـعورَه على حصانه ببراعةٍ توظيفية «لتفجير كلِّ طاقات المعاني المترسِّبة في الشـعورِ

<hr>

24 - ينظر: الحرب في شعر عنترة: مبروك المناعي، حوليات الجامعة التونسية، العدد (26)، لسنة (1987م)، تونس، ص 154.

واللاشـعور عن طريقِ الوجدان أو تكثيفِ الانفعـالِ الذي يَعملُ فكرُ المتلقي على محاولةِ إدراكهِ»[25]. إنّه يكظمُ مشاعرَه، ويُنطِقُ حصانَه بعد أن أسبغَ عليه وجودَه. يُصاولُ به الأخطارَ، ويدفعُ بـه عن نفسِه وعنـه غائلـة الحصـارِ والموت؛ فإذا بـه «يُحيلُ الظِّلالَ الشعورية المموَّهةَ إلى صورةٍ ذات شكلٍ وحدودٍ ومعنى، ممتلكةً الحسَّ الإنسانيَّ المرهفَ»[26]. لقـد أزعجتْهُ حراجـةُ الموقفِ في الميدانِ، فأسعفتْهُ اللغـةُ في المعلَّقةِ، وأنابَ عنه حصانَهُ، فحفظَ له جراحَهُ، أظْهرَهُ قيمةً وحضوراً ورؤيةً.

ويظهـرُ (الحصانُ) صنوَ (عنترة) في الحِلِّ والترحالِ، والتوحُّدِ والتمـرُّدِ، وصدىً لصوتِه الباطنيِّ المخبوءِ. إنه الوجهُ الآخرُ لعنترةَ الـذي لا يُظْهِرُه، ولا يَظْهَرُ به، ينطقُ بمشـاعرِه، ويتـأوّه آهته؛ لكنّ (عنتـرةَ) يشـعرُ بالأمـانِ، وهو يمتطي صهوةَ حصانـهِ، ويؤكِّدُ به الحضـورَ فـي مواجهـةِ المصيرِ المجهـولِ، ويحسّ إحساسـاً عميقاً بسـيطرتهِ على (الحصانِ) الذي بلغَ أوجاً عاطفيّاً إنسـانيّاً، وإحسَاساً بقيمةِ الحياةِ، وشُعاعِ الوجودِ، بشعورٍ مُفْعَمٍ بالألمِ والقلقِ بدلالةِ الفعلِ (ازورَّ) الذي يضجُّ بالحركةِ، وفعلِ الشِّكايةِ النفسيةِ والسُلوكيةِ (شَكا) والصَّوتِ المندفعِ من الأعماقِ الذي تجسدَ فـي (العبرةِ والحَمْحمةِ)، كأن الحصانَ إنسـانٌ ناطقٌ أثقلتـهُ الجراحُ، ويكادُ نزيـفُ الدَّم يقلقُهُ، ويُضعِفُ همَّتَهُ وحيويّتَهُ.

<hr>

25 ـ دراسة في لغة الشعر: د. رجاء عيد، مطبعة أطلس، القاهرة، (د.ت)، ص11.
26 ـ فن الوصف وتطوره في الشعر العربي: إيليا حاوي، دار الكتاب العربي، بيروت، دار الكتاب المصري، القاهرة، ط 3، 1980م، ص 14.

إنّ (القومَ) مرايا مقعَّرةٌ ومُحدَّبةٌ. وعنترةُ مرآةٌ مستويةٌ. و(الأبطالُ) أنواتٌ متفرّقةٌ منقسمةٌ. وعنترةُ (أناهُ) ناضجةٌ مكتملةٌ، يظهرُ بها العارفَ بكلِّ شيءٍ، والقادرَ على كلِّ شيءٍ في الميدانِ. يستطيعُ أن يُغَيِّرَ بقدرتِه حركةَ الجماعة، ومواقعَ الأفـرادِ، ويقدرُ أن يفعلَ ما لا يفعلون بيدهِ الباطشـةِ، وحضـورهِ القمعيِّ الذي يهبـط على الرِّقابِ؛ فينفي عنها الوجودَ، ويُلغي الحضورَ.

* * * *

الشاعرُ والمقاتلُ (التوحُّدُ والتشظّي)

يكتنفُ ثنائيةَ عنترة (الشـاعر) وعنترةَ (المقاتل) التوحُّدُ والتماهي، والتناسُلُ والتشظّي في سياقاتٍ تثيرُ الفضولَ، وتفجِّرُ الأسئلةَ بين حدودِ العالمِ الواقعيِّ، وتخومِ العالمِ الأدبيِّ واللغويِّ.

وأحسبُ بداهةً أنّ عنترةَ (المقاتل) يتحكَّمُ في سلوكِه وأفكارِه. يفرضُ وجودَه بالصِّـراعِ مع الآخرِ الذي يُلغيهِ بالقتلِ؛ ليعلنَ سُـلطويّتَه بقوّتِه وحركتهِ. ينقضُّ بلا عذابٍ. ينتفضُ بلا سـأمٍ غير مثقلٍ بالأحزانِ. يقفُ بأناةٍ وحزمٍ، لا يتخلَّله شعورٌ بالإثمِ أو التعاسةِ، ولا يتسللُ اليأسُ إليه. يعتقـدُ الصوابَ في رأيهِ وفعلهِ. يحاربُ (الآخر)؛ ويُمارسُ معه سننَ قطعِ الأطرافِ، وكسْرَ العظامِ؛ فيتيهُ (الخصمُ) مهزولاً منزوفاً مقتولاً.

وتغلبُنـي الجـرأةُ، فأقولُ: إنّ عنتـرةَ (المقاتل) جبروتٌ متسـلّطٌ، فيه قساوةٌ وشدّةٌ وغلظةٌ. تُركَ بصماتِه في الذاكرةِ والوجودِ، للحياةِ

45

والكونِ. أرعبَ النفوسَ حاضراً وغائباً في الرؤيةِ الوجوديَّة، وأرهبَ الرموزَ حيّاً وميتاً في تشكيلِ الذاتِ والموضوع بالفعلِ والممارسةِ. تراهُ في (يومِيّاتهِ) مهووساً بالسيطرةِ على العالمِ الواقعيِّ بالسيفِ والرمحِ وشــهوةِ القتلِ، راغباً في تكوينِ مجتمعٍ يحلــمُ به بالخبرةِ والتفكيرِ في الوعــي الفــرديِّ. يقدِّمُ مُثُلاً مُتعاليةً عن الآخريــن، أو مُفارِقةً لهم، في حركةٍ مُضادةٍ من الداخلِ النفسي إلى الخارجِ الواقِعي.

ويبدو عنترةُ (الشاعرُ) منافِحاً عن عنترةَ (المقاتل) في اللحظةِ التي يعتقــدُ فيها أنه يُعيدُ النقاءَ للحياةِ، ويخلِّصُ الكونَ من الفسادِ والغوايةِ والعبوديةِ؛ فيسوقُ صُوَرَه بمهارةٍ، ويستخدمُ لغةً متداولةً في الشعرِ المــرويِّ فــي زمانِه؛ ولا يُعيدُ صياغةَ سياقاتٍ مُسْـتَحدَثَةٍ؛ ليكسبَها الغرابــةَ؛ بل يثيرُ الدهشــةَ بألفــاظٍ يتطلّعُ بها إلــى التواصلِ مع عنترةَ (المقاتــل)؛ لتحطيــمِ (الآخر ⇄ الخصم)، والتآلفِ مع المتلقي. إنهُ توّاقٌ إلى السيطرةِ على العالمِ الفكــريِّ بالكلمةِ والصورةِ، والتلاعبِ بحريَّــةِ الحركةِ، والمشــاعرِ والحواسِ. وأراه يُنْتِجُ لعنتــرةَ (المقاتلِ) فُروسيةً مثاليةً؛ بأشكالٍ وصورٍ يتخلَّلها التخييلُ والتهويمُ وأحلامُ اليقظةِ، ويُحدثُ بينَها سلسلةً مــن الروابطِ بمنبهاتٍ سلوكيةٍ-واقعيةٍ منظورةٍ.

كأنّ (الآخرين ⇄ الخصوم) طفيليون، أو كائناتٌ هشَّةٌ في بنيةٍ معارضةٍ تختصُّ بصفاتٍ سيئةٍ.

ولا يصــوغُ عنترةُ (الشــاعرُ) موضوعة (الأيّــامِ) صياغةَ الرمزِ الــذي يَغْتني بالمعاني التي ينوبُ بها مرموزُه عنها، ولا يعرضُ الدالَّ

الـذي تتعـدَّدُ مدلولاتُه في الإشارةِ إلى مدلوله؛ لأنَّ تركيـزَه اللغويَّ - البنائـيَّ يؤكِّـدُ الحضورَ الفريدَ لعنترةَ (المقاتـل)، الذي يغادرُ تُخومَ الواقع، ويُشارفُ تُخومَ الأسطورة.

ويظهرُ عنترةُ (الشـاعرُ) سـارداً يحكي، ويروي، ويمارسُ كتابة السـيرةِ الذاتيةِ عبرَ (اليوميَّـات) لعنترةَ (المقاتـل)، ويعكسُ تواصلاً عميقاً بينهما وبين الذاتـيِّ والموضوعيِّ، والواقعيِّ والمتخيَّلِ. ويخيلُ للقارئِ أنّ السـاردَ يبتكـرُ خصوماً لعنترةَ (المقاتـل)، ويختبرُ له أدلةً تُمْتِـعُ المـرويَّ له خارج المتنِ الحكائيّ؛ فيصوِّره شخصيةً أحاديةً القطبيّة، تُنْجِزُ؛ فيتحوَّلُ إنجازُها إلى متنٍ مسرودٍ قابلٍ للقراءةِ، وأيام تُروى. لكنّ (السـاردَ   الشـاعر) يتغافلُ، أو يجهلُ البوتقة الحسيَّة للشخصيةِ، وتشظياتها المجزَّأة، ويبتعدُ عن رصدِ مشاعرِها وأفكارِها؛ فلا يُلملمُها؛ وإن كان متموضِعاً في السردِ، يقودُه إلى مبتغاه.

إنّ السَّاردَ عليمٌ بتفاصيلِ (اليوميَّات). يعرضُها برؤيةٍ شُعاعيّةٍ. يباشـرُ السردَ بثقةٍ. ويستمدُّ أفانينَه من اليوميَّاتِ المرتحِلة في الزمانِ والمكانِ لعنترةَ المقاتلِ. يرسمُ تأريخه بلغةٍ تتجاوزُ الكائنَ إلى الكونِ، وتَسري عبرَ الأسلوبِ والدلالاتِ من الكامنِ إلى المعْلَن، ومن التوْقِ إلـى التوقُّع، ومن الممكنِ إلى الشـروعِ. إننا ندركُ أنّ السـاردَ يَرقبُ تحوّلاتِ عنترةَ (المقاتل) في الميادينِ، عبر متوازياتٍ صُوريةٍ، تتحرَّكُ بين المتضاداتِ التي تضجُّ بها الأنواتُ الواقعةُ تحت سطوةِ السّلاح. وتكادُ الرؤيةُ تكونُ ثابتةً، تقدّمُ المواقفَ، والأحداثَ في (اليوميَّات) من منظورٍ سارِدٍ أحاديٍّ عن شخصيةٍ واحدةٍ، في مسارٍ خطيٍّ - أفقيٍّ، لا ينفذُ فيه إلى القِيم الشعوريَّةِ، أو المفهوماتِ الإدراكيّةِ للشخصيّة.

حركيّةُ الزمنِ

لا يقـومُ الزمنُ في (اليوميّات) علــى التتابُعِ والتراكمِ، ولا ينهضُ على التعقيبِ والترتيبِ. إنه زمنٌ موصولٌ بعنترةَ (المقاتل)، وما يصـدرُ عنه مـن فعلٍ. يتجـذَّرُ بالحدثِ الذي لـه بدايةٌ تُقيمها الذاتُ الفاعلةُ، ونهايةٌ تحكمُها القبضةُ الصّارعـة. إذ يواجه عنترةُ المقاتلُ الزمنَ بديمومةِ القتالِ في الوجود، ويتحرَّكُ في الحاضرِ الذي يَكسبُه ويكتسـبُ بـه قيمةً وجوديَّةً تمنحُه شـعوراً بالديمومـةِ والتواصلِ مع الحياةِ، ليبقيَه عنترةُ الشاعرُ محافظاً على ذاتِه التي أقصى عنها تسلُّلَ الزمـنِ إليهـا. كأنَّ الزمنَ يتركُ أثرَهُ في الآخـرِ دون عنترة، ويُحدثُ تغييراتٍ في العالم الخارجيّ، ولا يخترقُ حُجُبَ الذات الواعيةِ لعنترةَ الشاعرِ والمقاتلِ والإنسانِ.

ويغفلُ عنترةُ الشاعرُ آثارَ الزمنِ في شـخصيةِ عنتـرةَ المقاتلِ وصورتِه، ولم يُسَـجِّلْ علامةً مـن علاماتِه في هيئتِه. وإنْ كان عنترةُ المقاتلُ يخشـى الوَهَنَ في جسـدِه والشـيخوخةَ في عظامـهِ، ويعيشُ حاضـراً يتخـوَّفُ فيه من المسـتقبلِ المجهولِ، ويحسُّ بتغيُّرِ الزمنِ وحركيّتِـهِ، فإذا به دائمُ الحركة. كأنَّه مخلوقٌ يتحرَّكُ في الزمنِ إلاّ أنَّه يقعُ خارجَ الزَّمنِ، في مفارقةٍ وجوديَّةٍ تَظهرُ فيها عبثيَّهُ الزمنِ وقوتُهُ في الوجودِ والموجـودِ. لكنَّ حركيَّةَ الزمنِ فجَّرتْ إحساساً بالوجودِ والموت، أدركهُ عنترةُ المقاتلُ في الميدانِ، وأظهرهُ عنترةُ الشاعرُ قوةً تتجاوز الوعَي، وتفوقُ الإدراكَ تجاوزاً للحيرَة وخروجاً من القلقِ.

لقـد لفتتني الأيامُ المشـحونةُ بالجمـلِ الفعليّةِ إليها. فـلا يكادُ يخلو

شطرٌ من فعلٍ؛ في إشارةٍ دالَّةٍ على حركيّةٍ عنترةَ (المقاتل)، وفاعليتِه/ نشــاطِهِ. إذ تحتوي الأفعالُ الزمــنَ وصيرورتَه، وتُعطيه قيمةً دلاليّةً، ووظيفــةً فكريةً، يتحققُ بها الوجودُ الآنيُّ ـ المتجدّدُ لعنترةَ (المقاتل). كأني بالأفعالِ تنتقلُ من مستوىً حركيٍّ لحظويٍّ إلى صياغاتٍ وكياناتٍ تخترقُ الزمنَ؛ ليتمكَّن عنترةُ (الشاعرُ) من السردِ بالضميرِ المتصلِ؛ والتكلُّـمِ عن مشـهدٍ غائبٍ بالحضورِ المتواصلِ. إنــه الفاعلُ الحقيقيُّ الــذي يولِّـدُ حركةَ الزمــنِ في (الأيام) في أقصـى اللحظـاتِ، وأخْلكِ المواقـفِ. ويبرزُ ضميرُ المتكلّم الـذي يتقمَّصُه عنترةُ (الشاعرُ)، وتتوحَّدُ به شـخصيةُ الراوي (السارد) بالشخصيةِ المقاتلةِ، بتموجاتٍ أسلوبيةٍ تستوعبُ الأجواءَ النفسيَّةَ، والبُؤرَ السرديةَ؛ تجسيداً للآنيّةِ في الحدوثِ المستجدّ أو المكرورِ، وتعبيراً عن التصورِ الذهنيِّ، والتخيُّلِ الإراديِّ (لليوم) الذي يمرُّ عبر الزمن. ويتحققُ المشهدُ اللغويُّ بجملةٍ من التزامناتِ التركيبيةِ، التي توثِّقُ العلاقاتِ بين (الأيّام)، والحركاتِ فـي (اليـوم)، في ضـوءِ التفاعُلِ بين بنيــةِ المنطوقِ الشـعريِّ وبنيةِ المدلولِ الواقعيِّ للحدثِ.

ويبــدو لي أنّ عنتــرةَ (المقاتِلِ) لم يتطوَّر فكريـّـاً من خلالِ الزمنِ الــذي خاضَ غمارَ أيامِه فيه. ولم ينضج نضجاً عقليّاً ـ فكريّاً تدريجياً بالمتغيراتِ الشائكةِ التي أحاطَه بها الزمنُ. لقد وُجدَ عملاقاً بلا بِداياتٍ، وبلا نهاياتٍ عبرَ مراحلَ شائهةٍ عائقةٍ. ولم يكن الزمنُ الشعريُّ موازياً لزمــنِ الحدثِ الــذي يتحرَّكُ فيه عنترةُ (المقاتلُ)؛ بـل يظهرُ التناوب والتفاوتُ في حركتِهما عبر الصراعِ اليوميِّ، والصداماتِ العنيفةِ في أزمنةٍ محورُهـا الآنيُّ والراهنُ، وحركتُها نحـو الماضي المنصرمِ،

والآتي المنتظَر؛ لأن اليوميـاتِ مليئةٌ بالتفاصيلِ التي أظهرها عنترةُ (الشاعرُ)؛ فأطالَ في زمنِ السردِ وزمنِ الحدثِ معاً.

لقـد تابعَ عنترةُ (الشـاعرُ) في اليومياتِ صـورةَ عنترةَ (المقاتل) بالتنقيحِ والتثقيفِ والتهذيبِ. يَرُدُّ فيها نظره، ويُجيلُ فيها عقلَه، ويقلِّبُ فيهـا رأيَه. وبعـد أن رصَدَ نشـاطَه فيها، وتتبعَ حركته فـي أعقابِها، ونَظَـرَه فـي مضايقِها وغُصصِهـا؛ وُفِّقَ في مبتغاه، وهـو يحملُ لها المعاني، ويُفَصِّلُها بأحسـن وصفٍ، وأعذبِ لفظٍ؛ فجعله أسـداً زآراً، وسيلاً عَرِماً؛ ولم يجعلْه نُقَطَ عروسٍ تضمحلُّ.

وعنترةُ (الشـاعرُ) صوتٌ شعريٌّ مُتوحِّدٌ مع الـذاتِ، يتردَّدُ بين الأصداءِ في الأنساقِ. يتكلَّمُ عن (الأيامِ). يُحَلِّقُ في فضاءاتٍ، يُلَوِّنُها عنترةُ (المقاتل) بلونِ الدم في نسقٍ سلوكيٍّ، له تشظيّاتُهُ المتواليةُ التي تنشـدُ أفقاً فكرياً يدمِّـرُ العلائقَ المنطقيَّةَ بين الأشـياءِ. إنّه صوتٌ ذو نبرةٍ ذكوريةٍ، يحملُ في طياتِه القوةَ والصلابةَ والخشـونةَ والمغامرةَ والتَّعالـي. صوتٌ لا يعرفُ الضعفَ أو اللينَ أو المخاتلاتِ اللغويّةَ. يخترقُ فجاجَ الأرضِ ووحشةَ العالمِ. صوتٌ لا يعرفُ الصَّمتَ. يمتلئ بالرنينِ والضجيجِ والتناغُمِ مع الذَّاتِ والفعل.

ويبدو أنّ (عنترة) لا يصدرُ في سلوكهِ عن عقيدةٍ دينيةٍ، تلفتُهُ إلى المصيرِ والقدرِ، وتشـدُّ من أزرِهِ، أو تفسِّـرُ له حقيقةَ الموتِ والفناءِ؛ فتلبَّسَه شعورٌ مقيتٌ من الموتِ، الذي لا يستطيعُ تحاشيه؛ لأنّه لا يريدُ أن يعتـرفَ بأنّـه كائنٌ حيٌّ مخلوقٌ للحياةِ كي يموتَ، وأنّ الكونَ لن تتهاوى أركانُهُ عندما يُفارقُ الحياةَ بالموتِ، أو القَتْل؛ لذلك يبحثُ عن

خلودٍ معنويٌّ في فضاءِ الشـعرِ، حقَّقَه عنترةُ (الشاعرُ). والوجودُ في مخيّلة عنتـرةَ (المقاتل) مقترنٌ بالقتالِ، والمـكانُ متمحورٌ في فضاءِ الميدانِ، وشِعارُهُ في الحياةِ:

(أنا أطعنُ... أنا أقاتلُ... أنا أقتلُ؛ إذاً أنا موجودٌ...).

الخَنْساءُ

ونموذجيَّةُ صَخرٍ

كان موتُ صخرٍ حادثةً واقعيةً تأريخيةً تحوَّلتْ إلى طاقةٍ معنويةٍ مُغذيةٍ للشعرِ، تَتجدَّدُ مؤثِّراتُها، وتنشطُ جذورُها في ذاكرة الخنساءِ(27)؛ فتشــظَّتْ كوامنُ اللاشـعورِ في لحظةِ المفاجأةِ، وأصبح العقلُ أسيرَ العاطفةِ؛ فوظَّفت الخنساءُ شاعريتها خدمةً لصخرٍ، فإذا به يصيرُ من كائنٍ فقدَ مقوماتِ الحياةِ، وحريةَ الحركةِ والفعلِ؛ إلى ظاهرةٍ شـعريةٍ إنســانيةٍ، ويغدو عالماً متموجاً نراه، ولا نتمكنُ منــه، ونتخيلُه، ولا نتلمسُه، ونحلمُ به ولا نُدركهُ.

وأضفت الخنسـاءُ علــى صخرٍ عاطفتَها، ورؤيتَهــا؛ ولم تنقلْ في موقفها من الوجودِ وصخرٍ؛ الواقعَ بصورةٍ آليةٍ وثائقيةٍ؛ فكان موقفها فكريّـاً ينظمُه وعيُها الناضجُ الذي تمكنَ من خلقِ ما لم يكن موجوداً برؤيةٍ شعريةٍ ـ تصويريةٍ؛ وعقليةٍ ناميةٍ تجعلُ الواقع متسماً بالحركةِ التي تتراءى من خلالِ الأفكارِ. وتقودُها رغبتها في الخلودِ المعنوي، وإرادتُها في الحياةِ؛ إلى تشكيل شخصيةٍ نموذجيةٍ تتغلغلُ في الشعر، وتحتضنُ الفكـرةَ، والعاطفةَ، والموقفَ، وتتجـاذبُ فيه بين الصحوةِ والغفوةِ، وبين الواقعِ وأحلامِ اليقظة.

27 ـ تُنظر أخبار الخنساء، وترجمتها في: الشعر والشعراء: ابن قتيبة، تحقيق: أحمد محمد شاكر، دار المعارف ـ القاهرة، ص 301، الأغاني: أبو الفرج الاصفهاني، (ط بولاق)، 136/ 13، الأمالي: أبو علي القالي، ط دار الكتب المصرية، 2 /61، 1926، الأزمنة والأمكنة: المرزوقي، ط حيدر آباد الدكن، 2 /168.

ولم يعدْ صخرٌ في شعر الخنساءِ جزءاً من الموضوع خافتاً مُتخفياً؛ بل نبراساً يستحقُ الرؤيةَ الذهنية، والكشفَ التعبيريَّ؛ وتجلَّى في هيئةٍ مثاليةٍ بفاعلية خيالِ الخنساءِ، وخصوبةِ موهبتها الدافقة؛ فباتتْ تخاطبُ الإحساسَ، والمخيلة؛ وتجسمُ الأشياء والأفكار في أشكالٍ محسوسةٍ يمكنُ للعين الباصرةِ مشاهدتُها بعد أن أحالت الخنساء صخراً إلى صورٍ مرئيةٍ بصياغةٍ تثيرُ القارئ حتى يجدَ بالتأويلِ الدلاليِّ، في أثناءِ التحليلِ، مفارقاتٍ، ومقارباتٍ نقديةً.

وتذكرُ المصادرُ أنَّ الخنساءَ تزوجتْ من عبدالعزَّى بن عبدالله بن رواحة السُّلَمي، وكان سَيداً في قومِه، مُقامراً مِتلافاً؛ فأسرفَ في مالِه، حتى أنفذَه، ثم التفت إليها، فقال: إلى أين يا خنساءُ؟ فقالت: أقمْ، وأنا آتي صَخراً فأسـألُه. فأتياه، فقسمَ مالَه شَطرين، ثم خيرهُما في أحسنِ الشَّطرينِ، فرجعَا من عندهِ على حالٍ حسـنةٍ، فلم يزلْ زوجُها حتّى أذهَب جميعَه، ثم التفتَ إليها، فقال: إلى أين يا خنساءُ؟ فقالت: إلى أخي صخر، فرحلا إليه، فقسمَ ماله شَطرينِ. وخيَّرهُما في أفضلِ الشـطرينِ. وتتكرَّر المأساةُ، حتّى إذا كانت الرابعة؛ قالتْ لصخرٍ زوجتُهُ مُتبرِّمةً: أما كفاكَ أن تشاطرَهم مالكَ حتّى تخيرَهم بين الشطرينِ! فقال صخرٌ:

والله لا أمنحُها شِـرارَها

وهـي حَصَـانٌ قـد كَفَتْنـي عَارَها

ولـو أمـوتُ مَزّقـتْ خِمَارَها

وجَعلتْ مـن شَعَرٍ صِدارَها

فآلت الخنساءُ ألا يفارقَ الصِّدارُ جسدَها ما بقيتْ[28]. وكأنَّ صخراً يكوِّنُ مع الخنساءِ وحدةً وجوديةً مُتلازمةً غير مُنفصمةٍ في سياقٍ فكريٍّ، وشـعريٍّ يشـكلُ بـؤرةً دلاليـةً ـ مركزيةً، ينطلـقُ منها النقدُ النَّفسيُّ لفهمِ عناصرِ النص البنائيةِ في أثناءِ القراءةِ.

* * * *

النصُّ

قـذىً بعينـكِ أمْ بالعيـنِ عُـوَّارُ

أمْ ذرَّفتْ إذ خلـتْ من أهلَهـا الدّارُ

كأنّ عينـي لذكـراهُ إذا خَطَـرَتْ

فيضٌ يسـيلُ علـى الخدَّينِ مدرارُ

تبكي لصخرٍ هي العبرى وَقدْ وَلِهتْ

وَدونـهُ مـنْ جديـدِ التُّـرب أستارُ

تبكي خُنـاسُ فمـا تنفكُّ مَا عمرتْ

لهـا علَيْـهِ رَنيـنٌ وهيَ مِفْتـارُ

تبكي خُناسُ علَى صخرٍ وحُقَّ لَهَا

إذ رابهَا الدَّهـرُ إنَّ الدَّهـرَ ضرَّارُ

<hr>

28 ـ جمهرة أنساب العرب: ابن حزم، دار المعارف، القاهرة، ص 249، العقد الفريد: ابن عبد ربه الأندلسي، 1/ 22، الخنساء: بنت الشاطئ، دار المعارف، القاهرة، 1963، ص 21، ديوان الخنساء: دراسة وتحقيق: د. إبراهيم عوضين، القاهرة، ط 1، 1405هـ ـ 1985م، مقدمة المحقق.

57

لاَ بدَّ مـنْ ميتةٍ في صَرفهَا عبرٌ
وَالدَّهرُ فـي صَرفهِ حَـولٌ وَأطوارُ

قـدْ كانَ فيكمْ أبو عمرٍو يسودكمُ
نِعْـمَ الـمُعَمَّـمُ للدّاعيـنَ نَصّـارُ

صلـبُ النَّحيزةِ وَهّـابٌ إذا منعُوا
وفي الحُروبِ جريءُ الصّدرِ مِهصَارُ

يـا صَخْـرُ وَرّادَ مـاءٍ قد تَنـاذَرَهُ
أهـلُ الـمـواردِ مـا في وِرْدِهِ عارُ

مشَـى السّبَنْتى إلى هيجاءَ مُعْضِلَةٍ
لـهُ سِـلاحانِ: أنيـابٌ وأظفـارُ

ومـا عَجُولٌ علـى بَوٍّ تُطيفُ بِهِ
لهـا حَنينـانِ: إعْـلانٌ وإسـرارُ

تَرْتَعُ مـا رَتَعَتْ، حتى إذا ادّكرَتْ
فإنَّمـا هـيَ إقبـالٌ وإدبـارُ

لاَتسمنُ الدَّهرَ في أرضٍ وَإنْ رَبَعَتْ
فإنّمـا هـيَ تحنانٌ وَتسجَارُ

يوْمـاً بأوْجَـدَ منّـي يـوْمَ فارَقني
صخـرٌ وَللدَّهـرِ إحـلاءٌ وَإمرارُ

وإنّ صَخراً لَوالِنـا وسيّدُنا
وإنّ صَخْـراً إذا نَشْـتو لَنَحّـارُ

وإنّ صَخْراً لمِقْدامٌ إذا رَكِبوا

وإنّ صَخْراً إذا جاعوا لَعَقّارُ

أغرُّ أبلـجُ تَأْتَـمُّ الهُـداةُ بِـهِ

كَأنّـهُ عَلَـمٌ في رأسِـهِ نـارُ

جلدٌ جميلُ المحيّا كامـلٌ ورعٌ

وَللحـروبِ غـداةَ الـرَّوعِ مسـعارُ

حَمّـالُ ألويَـةٍ هَبّـاطُ أوديَـةٍ

شَـهّادُ أنْدِيَـةٍ للجَيـشِ جَـرّارُ

نَحّـارُ راغيـةٍ، مِلجَـاءُ طَاغيـةٍ

فَكّاكُ عَانيـةٍ، للعظـمِ جبّـارُ

فقلتُ لما رأيـتُ الدّهرَ ليسَ لَهُ

مُعاتَـبٌ وحدهُ يُسدي وَنيّـارُ

لقـدْ نعى ابنُ نُهيكٍ لي أخـا ثقةٍ

كانـتْ تُرَجّـمُ عنهُ قبـلُ أخبـارُ

فبتُّ ساهرة ـ للنّجـم أرقبهُ

حتّـى أتـى دونَ غَورِ النّجم أستـارُ

لم تَـرَهُ جارَةٌ يَمشي بسـاحَتِها

لريبـةٍ حينَ يُخلِـي بيتـهُ الجـارُ

ومـا تـراهُ وما في البيتِ يأكلهُ

لكنّـهُ بـارزٌ بالصّحـنِ مِهمـارُ

59

مثـلَ الرُّدينـيِّ لـمْ تنفذْ شبيبتهُ

كَأنَّـهُ تحـتَ طَـيّ البُـرْدِ أُسـوَارُ

جَهْمُ المُحَيَّاَ تُضيءُ اللَّيلَ صورَتُهُ

آبـاؤهُ مـن طِـوَالِ السَّـمْكِ أحرارُ

مُـورَّثُ المَجْـدِ مَيْمـونٌ نَقيبَتُـهُ

ضَخْمُ الدَّسـيعَةِ في العَزّاءِ مِغوَارُ

فـرعٌ لفـرعٍ كريمٍ غيرِ مؤتشِـبٍ

جلْـدُ المريرةِ عنـدَ الجمـعِ فخَّارُ

في جـوْفِ لحـدٍ مُقيمٌ قـد تَضَمّنَهُ

في رمسِـهِ مقمطـرَّاتٌ وَأحجـارُ

طَلْـقُ اليَدينِ لفِعْـلِ الخَيرِ ذو فَجَرٍ

ضَخْـمُ الدَّسـيعَةِ بالخَيـرَاتِ أمَّـارُ

ليَبْكِـهِ مُقْتِرٌ أفْنـى حريبَتَـهُ

دَهْـرٌ وحالَفَـهُ بـؤسٌ وإقْتـارُ

ورفقـةٌ حَـارَ حاديهـمْ بمهلكةٍ

كأنَّ ظُلْمَتَها فـي الطَّخْيَـةِ القارُ

قدْ كانَ خالصتي منْ كلِّ ذي نسبٍ

فقـدْ أُصيـبَ فمـا للعيـش أوطارُ

لا يَمْنَـعُ القَـوْمَ إنْ سـالُوهُ خُلْعَتَهُ

وَلاَ يجـاوِزُهُ باللَّيـلِ مُـرَّارُ⁽²⁹⁾

* * * *

29 - ديوان الخنساء، ص 298 - 310.

الخنساءُ والبكاءُ

تبكي الخنساءُ صخراً بألفاظٍ صريحةٍ ناصةٍ تحملُ الفكرةَ، والفاجِعَةَ، وتُصورها، وتنقلُ التجربةَ الشعريةَ الواقعيةَ التي تنبعُ من الـذاتِ، ولا تُستعارُ من الآخرين؛ وتحثُّ غيرها على البكاءِ معها بقيمةٍ تعبيريةٍ، وتحرضُ قومَها على مُشاركتها فيه بقيمةٍ موضوعيةٍ، وأداءٍ طقوسيٍّ. وبكاؤها المتواصل شعرياً يثيرُ أسئلةً نفسيةً تمتزج فيهـا الأفعالُ المليئةُ بالحركـةِ والحياةِ، وتتداخلُ مفاهيمها في سياقٍ دلاليٍّ تركيبي:

- هل تبكي الخنساء صخراً، أم تبكي نفسَها في صخرٍ؟
- هل بكاءُ الخنسـاء عجزٌ وضعفٌ؛ ووسيلةُ تعبيرٍ عاطفيٌّ - أنثويٌّ، يمنحُها شعوراً بالخنوع والهوانِ؟
- هل تكتسـبُ الخنساءُ بالبكاءِ قوةً نفسيةً تتغلبُ بها على الكارثة الإنسانيةِ؛ فيحتوي (البكاءُ) في أثناء التشكيل، والتحليل وظيفةً فكريةً؟

إنّ بـكاء الخنسـاء بكاءان ينطلقُ أحدهما مـن الآخرِ: بكاءٌ واقعي إنسـانيٌّ حقيقيٌّ، وبكاءٌ شعريٌّ مُتخيلٌ. وبكاؤها الواقعيُّ له بدايةٌ وله نهايةٌ؛ لأنّه مرتبطٌ بعاطفتِها التي تسكنُ جوانحَها، ووليدُ صدمةِ الموتِ؛ وغيـرُ موصولٍ، وغيرُ متواترٍ في حدوثِه، وإنْ تكثَّفَ، وتصاعدَ في لحظـةِ النعي المفاجىءِ؛ فإنّه يخفتُ، وتهبطُ ذروتُهُ شيئاً فشيئاً بفعلِ الزمنِ. أمّا البكاءُ الشعريُّ فبكاءٌ تتجدَّدُ جذوتُه بالقراءةِ، ويبدأ من حيث توقـفَ البكاءُ الواقعيُّ؛ لأنّه بكاءٌ ذهنيٌّ مُتخيلٌ، ويدومُ دوامَ الشعرِ،

ولا ينقطعُ، ولا يزولُ بقضاءِ قائلِته؛ لأنّه مرتبطٌ باللغةِ، والوعي، والعقلِ الذي يوجّه العاطفة دون أن يلغيَها؛ ويحتقبُ رؤيةً، وموقفاً من الحدثِ والشّـخصيةِ تتطهرُ به الخنساءُ من الضّعفِ الواقعيِّ، والبكاءِ الحقيقيِّ؛ حتى تتلّخصَ مـن تراكمِ الكبتِ القهريِّ والكآبةِ، وتسـتعيدَ بالشعرِ توازنها النفسيّ، وتطردَ ذهنيّاً وطأةَ الغيابِ القسريّ لصخرٍ.

وكان وجودُ الخنسـاءِ مرتبطـاً بوجودِ صخرٍ بوصفـه كائناً حيّاً، مُحرِّكاً نشيطاً، ومتحـرِّكاً فاعلاً؛ لكـنّ موتَه منحَها شعوراً طاغياً بفقـدانِ وجودِهـا الذي تتشـبّثُ به؛ فـأرادتْ بالبكاءِ الشـعريِّ إزاحةَ شـبحِ الفناءِ عن نفسِها؛ كأنّها تبكي ذاتَها، ووجودَها المهدّدَ بالتلاشي، وتمنح كينونَتها وجوداً شعريّاً بديلاً عن واقعيّتِها الماديةِ التي ستنتهي نهايةَ صخرٍ بالموتِ؛ إذ فقدت الخنساءُ بموتِ صخرٍ سبباً أساسيّاً من أسبابِ حياتِها؛ فإذا بها تموتُ بالبكاءِ موتاً معنويّـاً؛ فنقلتْ إلينا عاطفَتها المتصاعدةَ بصدقٍ شُعوريٍّ تفرغُ فيه شحناتِها الملتهبةَ التي تخترقُ الزمنَ بالشـعرِ، وباللغةِ الإيحائيةِ التي تستغلُّ القدراتِ الكامنة في الأصواتِ، والكلماتِ والتراكيبِ:

قـذىً بعينِكِ أم بالعيـنِ عـوّارُ

أمْ ذرَّفتْ إذ خلـتْ منْ أهلهَا الدّارُ

كأنّ عينـي لِذكـراهُ إذا خَطـرَتْ

فيضٌ يَسيلُ علَـى الخدّيـنِ مِدرارُ

تبكي لصخرٍ هي العبرَى وَقْد ولهتْ
وَدونـــهُ مـــنْ جديـــدِ التُّـــربِ أستارُ

تبكي خُنـــاسُ فمـــا تنفكُّ مَا عمرتْ
لهـــا علَيْـــهِ رَنيـــنٌ وهـــيَ مِفْتـــارُ

تبكي خُناسُ على صَخرٍ وحُقَّ لهَا
إذ رابهَـــا الدَّهـــرُ إنَّ الدَّهـــرَ ضرَّارُ

ليَبْكِـــهِ مُقْتِـــرٌ أفْنـــى حريبَتَـــهُ
دَهـــرٌ وحَالَفَـــهُ بـــؤسٌ وإقْتـــارُ

ورفقـــةٌ حـــارَ حَاديهـــمْ بمهلكةٍ
كأنَّ ظُلْمَتَهـــا فـــي الطُّخْيَـــةِ القـــارُ

إنّ عاطفةَ الخنســـاءِ في بكائها الواقعيِّ على صخرٍ لم تنفذْ؛ فبكتْ بكاءً شعريّاً بعد أن أدركتْ أنّ وجودَها مُلتصقٌ به، وأنّها تكادُ تقضي بقضائهِ؛ فلفظتْ آثارَ الصدمةِ المؤلمةِ واقعيّاً، حتى تنسابَ الفكرةُ، وتتجاوزَ الحدثَ الشخصيّ إلى الشعرِ، وحديثُ الخنساءِ مع عينيْها في رثاءِ صخرٍ فيه الحزنُ والبكاءُ والحسرةُ مـن جانبٍ، «ومدخلٌ للحماسةِ والفخرِ بأخيها صخرٍ بإظهارِ ما يتمتّعُ به من صفاتٍ قياديّةٍ للقبيلةِ حيث الفروسيَّةُ والنجدةُ والكرمُ والمروءةُ»[30] من جانبٍ ثانٍ. والبـــكاءُ فعلٌ ذاتيٌّ بعدَ زمنينِ متناقضَيْن يسـطو أحدُهما على الآخر:

30 - في رحاب الخنساء: فتحي الكواملة، دار الجليل، دمشق، ط 1، 1988، ص 136.

زمنُ اللقاءِ الأخوي، والوجودِ المتوازن بين الخنساءِ وصخرٍ، يشيعُ فيه الأمان؛ وزمنُ الفراقِ والغيابِ الذي تهدَّمتْ فيه عناصرُ التلاحم الأسري، والذي أنتجَ الشعرَ، وشكَّلَ النموذجَ باللغةِ والموهبةِ.

ويرتبطُ البكاءُ الشعريُّ بالذاكرةِ التي تتموضعُ فيها الحوادثُ والشخصيَّةُ. وذاكرةُ الخنساءِ تحتفظُ بصخرٍ حيّاً حياةً معنوية؛ فينثالُ بآليةِ التذكّرِ الإراديِّ في البيتِ الثاني شريطٌ من التداعياتِ الحيويةِ، والعلائقِ الإنسانيةِ تهتاجُ الخنساءُ بمؤثراتها من الماضي إلى الحاضرِ، ومن اللاشعورِ إلى الشعورِ، ومن غيابةِ الذاكرةِ إلى آفاقِ الآتي، حتى تستحضرَ صخراً كائناً شعوريّاً ووجوداً شعريّاً بالبكاءِ؛ فإذا بصخرٍ هو المثيرُ، والمحفّزُ على قرضِ الشعرِ؛ وإذا بموتهِ يُعلنُ مولدَ شاعرةٍ تمتحُ من ذاكرتها رؤىً شعريةً؛ لذلك يولدُ صخرٌ في قصائدِ الخنساءِ الأخر، ويُبعَثُ بالذاكرةِ والتذكّرِ؛ على وفق الدلائلِ الشعرية الآتية:

تذّكرتُ صَخـراً بُعَيْـدَ الهُـدوّ

فانْحـدَرَ الدّمـعُ منِّـي انْحـدارا[31]

إنّـي تَذكرتُـهُ، والليـلُ مُعتكِرٌ

ففي فؤاديَ صَدعٌ غيرُ مَشعوبٍ[32]

يُذكرني طُلـوعُ الشّـمسِ صخراً

وأذكُـرُهُ لـكلّ غُـروبِ شمسٍ[33]

---

31 - الديوان، ص 152. بعيد الهدو: أي بُعيد هدأة من الليل.

32 - الديوان، ص 239.

33 - الديوان، ص 252.

تشكّلُ الأفعالُ المُتناظرةُ دلالياً (تذكّرتُ، تذكرتُهُ، يُذكِّرني، أذكرُهُ) التي تنبثقُ من الجذرِ اللغويِّ (ذَكَرَ) حلْقةً دائريةً تنطلقُ من الذاكرةِ، وتنفتحُ على الآخرِ، ثم تنغلقُ على الذاتِ الشاعرةِ، وإن كانت تَتحرَّكُ في فضاءٍ شعريٍّ يحوِّلُ الذكرياتِ، بآليّةِ التَّذكرِ إلى صورٍ لها بواعثُها الواقعيةُ، ومغذياتُها النفسيةُ، تعبيراً عن حضورِ (الخنساءِ الشاعرة السَّاردة) حضـوراً فاعلاً فـي صناعةِ التنـوُّع الدلاليِّ فـي صياغةِ الأفعالِ، وعلاقاتِ الإسنادِ، بتحريرها من الضَّبابيةِ إلى الشَّفافيةِ، ومن الغُموضِ إلى الكشفِ باللغةِ سرداً وصوراً.

وربما تُلغي الخطابيةُ قدرةَ الخنسـاءِ على انتقاءِ الألفاظِ الموحيةِ، والموجـزةِ، والمصـورة من خـلالِ علائـق التكرارِ، فـي الأفعالِ، والأدواتِ، والمفـردات التـي تُحقـقُ التوازنَ بين نفسـيّةِ الشـاعرةِ، والموضوعِ، لكنّها تُرسخُ الأحْزانَ والفواجعَ.

وتجعلُ ذاكرةُ الخنساءِ الناشطةُ من الشخصيةِ المُنقضيةِ، والحدثِ الماضـويِّ؛ حقيقـةً حاضرةً ذهنيّـاً حتّى يلفظَ هذا الحضـورُ المتجدد باللغـةِ فعلَ البـكاءِ؛ الذي يتكررُ قياسـاً على آليةِ التذكّرِ التي تبعثُ صخـراً بالخيالِ دونَ الواقعِ. وفعلُ البـكاءِ الواقعيّ فعلٌ ماضٍ متناهٍ؛ والذاكرةُ تحوِّلُ ماضوية الحدثِ البكائيِّ إلى دلالةٍ آنيةٍ. كأنّ فعلَ البكاءِ له وظيفةٌ نفسـيةٌ تتكاملُ بها طقوسُ التأبينِ؛ فـلا يعودُ وحدةً مُعجميةً خاملةً مُنقضيةً؛ بل يتمظهرُ مُتجدِّداً في سياقٍ تكوينيٍّ - تشـكيليٍّ في جُلِّ شعرِ الخنساءِ في صخرٍ. ومن أمثلة ذلك:

أعينـيّ جُـودا، ولا تَجُمُـدا

ألا تبْكيـانِ لصخْـرِ النّـدى؟

ألا تبْكيـانِ الجريءَ الجميـلَ

ألا تبكيانِ الفَتـى السيّدا؟[34]

بَكَـتْ عَيْني، وعاوَدَهـا قَذاها

بعـوَّارٍ فمـا تقضـي كراهَـا

على صَخْـرٍ، وأيّ فتـىً كصَخْرٍ

إذا مـا النّــابُ لـم تَـرْأمْ طِلاهَـا[35]

والمباشـرةُ في الموضوعِ لا تقتربُ من التسطيحِ، ولا تميلُ إلى الغموضِ؛ وإن كانت اللغةُ غنيةً بالدلالةِ في أثناءِ التعبيرِ.

وترغبُ الخنساءُ في أن يبكي غيرُها صخراً، وأنْ يشاركهَا بعضُ قومِهـا مـن صحبهِ، واللائذينَ بـه حيّاً؛ في بكائها عليـه ميتاً، أو أنها تفتـرضُ آخرَ مُتَخَيَّـلاً يبكيهِ مَعها؛ حتّـى تتكاملَ احتفاليـةُ التكوينِ، ويتـواءمَ الفعلُ مـع الفكرةِ. وربّـما يكـونُ بكاؤها فرديّاً ذاتيّاً إلا أنّها تحـثُّ على البكاءِ مَنْ لقيها حتّى تتخففَ من عبْءِ الفجيعةِ، وتقيمَ بناءً نموذجيّاً باللغةِ الشعريةِ. وتُصرّحُ الخنساءُ بدعوةِ غيرِها للبكاءِ معها، ومثالُ ذلك:

34 ـ الديوان، ص 83. وقولها (الجميع): أي المجتمع القلب الذي لا يذهب قلبه شعاعاً من الفرق.

35 ـ الديوان، ص 200. الناب: الناقة المسنة، والطلا: ولد الناقة.

لِيَبْكِ الخَيرَ صَخراً مـن مَعَـدٍّ
وذوو أحـلامِهـا وذوو نُهاهَـا⁽³⁶⁾

لتبكِ عليكَ مـن سُـليمٍ عصابةٌ
فقد كنتَ بهلولاً، ومُحتضرَ القِدرِ⁽³⁷⁾

فبكُـوا لصخرٍ، ولا تَعْدِلـوا
سِـواهُ لِـكلّ فتـىً مَصـرعُ⁽³⁸⁾

وأقامت (الخنساءُ/الشاعرةُ) موازنةً سلوكيةً بين كينونتها الإنسانية التـي فَقدتْ أخاهـا صخراً، والناقة التي فقدتْ ولَدَها؛ فكلتاهما فقدتْ كائنـاً له وجودٌ حقيقيٌّ مُنقضٍ؛ إلا أنّ الذاتَ الواعيةَ غلّبت شُـعورها، الإنسانيَّ الحقيقيَّ:

وما عَجُـولٌ⁽³⁹⁾ على بَوٍّ تُطيفُ بِهِ
لهـا حَنينـانِ: إعـلانٌ وإسـرارُ

تَرْتَعُ مـا رَتَعَتْ، حتى إذا ادّكَرَتْ
فإنَّمـا هِـيَ إقبـالٌ وإدبـارُ

لاَتسمنُ الدّهرَ في أرضٍ وَإنْ رَبَعَتْ
فإنَّمـا هِـيَ تحنـانٌ وَتسجارُ

<hr>

36 - الديوان، ص 206.

37 - الديوان، ص 82.

38 - الديوان، ص 273.

39 - العجول: الناقة التي يموت ولدها صغيراً، سميت بذلك لعجلتها في مجيئها، وذهابها جزعاً، والبوّ: أن ينحر ولد الناقة، ويُحشى جلده تبناً، ويُدنى من أمه، فتدر عليه.

يوْماً بأوْجَدَ منّي يوْمَ فارَقني
صخرٌ وَللدَّهـرِ إحـلاءٌ وَإمـرارُ

وبذلك تقدمُ الخنساءُ بالموازنةِ الشِّعريةِ حدثاً مُشتركاً بين أنثيَيْن من جنسين مُختلفين؛ وتقيمُ مقابلةً تتفقُ في الصفةِ دون العمقِ العاطفيِّ، والتدفقِ الشعوريّ، وكفاءةِ التعبيرِ. إذ صُوِّرت الناقةُ التي فقدت وليدَها بجانبين حسّيّين: الجانبُ الحركيُّ المضطربُ القلقُ، الذي لا يستقرُّ على هدايةٍ (إقبالٌ وإدبارُ)؛ والجانبُ الصوتيُّ الذي تستدعي به الناقةُ وليدَها إليها، والذي تُعبرُ به عن لهفتِها عليه. ويتناوبُ الصوتُ بين الجهارةِ والخفوتِ، وبين القوةِ والشدةِ، والضعفِ والإرهاقِ: (إصغارٌ وإكبارُ، تحنانٌ وتسجارُ). وكأنّ الحركةَ المترجِّجةَ دائبةٌ، والصوتُ الوالهُ مُتواصلٌ، في ثنائيةٍ ضديةٍ تماثـلُ ضدية الأنثيين في الجنـس؛ وإن كان الضياعُ الوجوديُّ، والفنـاءُ الماديُّ جامعاً بين سـلوكَي الخنساء والناقة ببؤرةٍ ترتكزُ إلى فعلٍ نفسيٍّ - وجدانيٍّ فجّره فقدانُ كائنٍ لم يعدْ موجوداً.

وتدخـلُ الثنائيةُ الضِّديةُ في الأبياتِ في سـياقِ المُفاضَلةِ العاطفيةِ بين الخنسـاءِ والناقةِ؛ حتّى يشعرَ القارئ بمسافةٍ زمنيةٍ بين الجنسَين، والصوتَيـن، والحركتَيـن، والصفتَين في نسـقين مُتنافرين؛ أحدُهما أشـملُ من سواه، إذ يشتملُ النسقُ الثاني «نسقُ الناقةِ» (إكبار، إدبار، تسجار، إمرار) على النسقِ الأولِ؛ ويكادُ يُلغيه أو يحتويهِ أو يتماهى فيه (إصغار، إقبال، تحنان، إخلاء). وربما تخفَّت الخنساءُ في إهابِ الناقةِ. وتكشفُ المُوازنةُ أن الناقةَ فقدتْ وليدَها، والخنساء فقدتْ أخاها صخراً؛

والناقةُ لا تُفصحُ في وجودِها منطقاً أو في حركتِها جواباً مُتسقاً، إلا أنّ صوتَها وحركتها أبانَا شعورَها غير الموجّه عقليّاً؛ لكنّ الخنساءَ تمتلكُ قـدرةً لغويةً، وكفـاءةً تصويريةً، تعبرُ بهما عـن المكبوتِ، والمعلنِ؛ فتتفوقُ الإنسـانيةُ مقرونةً بالخنساءِ التي تمكنتْ من أنْ تحتويَ بعقلها الشعوريّ الحركةَ، والصوتَ بكثافةٍ وجدانيةٍ مخزونةٍ في دلالةِ (أفعل التفضيل: أوجدَ)؛ لترسّـخَ فجيعتَها، وتُضخّـمَ نكبتَها في (صخرٍ) في الفعـل (فارقني) الذي تقبعُ فيه حقيقةُ الموتِ في سياقِ وحدةٍ فكريةٍ تتخللُ الصياغةَ؛ ووحدةٍ موضوعيةٍ تنهضُ على حدثٍ واقعيّ يحتويه التـرابـطُ العضـويّ بين الفعلِ وردّ الفعلِ، لأنّ الخنسـاءَ لا تنتمي إلى مدرسـةٍ من مدارسِ صناعةِ الشعْرِ الجاهليّ،لكنها «تؤلفُ بمفردِها مدرسةً مهمةً هي مدرسةُ الشعرِ العاطفيّ»[40].

وأدركت الخنسـاءُ أنّ صخراً يجبُ أن يرتبطَ بالجماعةِ، وأن ترتبط الجماعةُ به، لا أنْ يكونَ مُنفصلاً عنها، كي لا تنفصلَ الجماعةُ عنه، وأنْ يقـفَ بينها وليس خارجَها؛ لكي تُحيطَ بـه، يحميها وتحميهِ، وأنّ البكاءَ الفرديّ أشـدُّ قسـاوةً على النفسِ من البكاءِ الجماعيّ؛ فأعادتْ صخراً إلـى الجماعةِ حتّـى يكونَ فعلُ البكاءِ والتطهيـرِ للجماعةِ، وربّما تكون الجماعةُ قد نسيتْ صخراً، ولم تعدْ تحتفظُ ذاكرتُها بصورتهِ وأفعالهِ:

قدْ كانَ فيكمْ أبو عمرٍو[41] يسودُكمُ

نِعْمَ المُعَمَّمُ للدّاعينَ نَصّـارُ

---

40 - عصر القرآن: محمد مهدي البصير، دار الرائد، بيروت، لبنان، ط 4، 1990، ص 101.

41 - أبو عمرو: إحدى كنى صخر، ومنها أبو أوفى، وأبو حسان.

ويُشعرُنا فعلُ الكينونةِ بنبرةٍ أليمةٍ تطفو بخيبةِ أملٍ فوقَ سياقِ التحفيزِ الجماعيّ الذي تسعى إليه الخنساءُ بدلالةِ الفعلِ (يسودُكم) الذي يُحيلنا على مرجعيةٍ تغوصُ في ماضٍ غابرٍ.

* * * *

الخنساءُ وصخر

نستطيعُ أن نقولَ برؤيةٍ نقديةٍ: إنّ صخراً في النصّ غيرُ صخرٍ في الواقعِ؛ فهما صخرانِ: صخرٌ الحقيقيّ، وصخرٌ الشعريّ. وليس الصخرانِ متفقَينِ في الوعي والسُّلوكِ، وليسا متشابهَينِ ومتكافئين في الخصائصِ والقسماتِ. ويختلفُ صخرٌ الشعريُّ عن صخرٍ الواقعيّ؛ لأنّ شاعريةَ الخنساءِ هي التي شكّلتْ ملامحَ صخرٍ في الشعر دونَ الواقع، وهي التي حوّلتْ صخراً إلى موضوعٍ شعريٍّ. ووعيُ الخنساءِ هو الذي جعل من صخرٍ أنموذجاً في الوجودِ، وكائناً قائماً في الشعرِ.

وإذا كانَ صخرٌ الحقيقيّ قد وُجدَ وجوداً ماديّاً في زمنٍ له بدايةٌ ونهايةٌ: بدايةُ الوجودِ بالولادةِ، ونهايتُهُ بالموتِ؛ فهو في الحقيقةِ الماديةِ مُنقضٍ، وغائبٌ غيبوبةً أبديةً بالموتِ. وصخرٌ الشعريّ لم يكنْ موجوداً في الواقعِ، ووُجدَ باللغةِ، والوعي، والخيالِ، وله بدايةٌ شعريةٌ تنطلقُ من نهايةِ صخرٍ الواقعيّ، ويتجدّدُ زمنُها بالقراءةِ. فأصبح صخرٌ الشعريّ بديلاً موضوعيّاً عن صخرٍ الواقعيّ الذي فَنيتْ ذاتُهُ، وكينونتهُ؛ فلم يعدْ يمتلكُ أسبابَ الحياةِ؛ فأبدلَتْه الخنساءُ بصخرٍ الشعريّ، الذي تغلغلَ في النصّ، وتجسّد، وتجسّم فيه، وأصبح بديلاً عنه في حلِّه وترحاله اللغويّ:

لقَدْ نعى ابنُ نُهيكٍ(42) لي أخا ثقةٍ

كانـــتْ تُرجَّـــمُ عنـــهُ قبـــلُ أخبـــارُ

في جـوْفِ لحْـدٍ مُقيمٌ قـد تَضَمَّـنَهُ

فـي رمسِـهِ مُقمطـرَّاتٌ وَأحجـارُ

قدْ كانَ خالصَتي منْ كلِّ ذي نسبٍ

فقـدْ أصيـبَ فمـا للعيـشِ أوطـارُ

ويعلنُ التتابعُ السرديّ في الوصفِ مـوتَ صخرٍ في الواقعِ بفعلٍ
ماضٍ مُنقضٍ (نعى)؛ بعد أن تحوّلَ تحولاً قسريّاً من الحركيةِ الشفاهيةِ
(تُرجّمُ) إلى السكونيةِ الواقعيةِ (مُقيمٌ). ويتوسّط الفعلُ (أصيبَ) بينهما؛
كما توسّط الناعي بين (الأخبارِ) و(الأحجارِ).

إنّ صخراً الشعريّ وليدُ فقدانِ صخرٍ الحقيقيّ، ووريثُه؛ وبموتِ
صخرٍ الحقيقيّ تشكّلَ صخرُ الشعريّ ناضجاً، واعيـاً، تقرُّ به عينُ
الخنسـاءِ الباكية؛ فإذا بها تنقلُ الحدثَ من الواقعيةِ إلى الشّعريةِ، ومن
الحقيقـةِ الوجوديةِ إلـى الخيالِ، والرؤيةِ. لكنّ صخراً الشعريّ ليس
نتاجَ صخرٍ الحقيقيّ، بل نتاجُ وعي الخنساءِ ذهنيّاً وفكريّاً. وإذا كان
صخرُ الحقيقيّ قد شكّل مَلامحَه بذاتِه، ووعيِه، وأسهمت بيئةُ المجتمعِ
الجاهليّ في بلورتِه كينونةً مستقلةً؛ فإنّ صخراً الشعريّ الذي شكّلته
الخنسـاءُ الشّـاعرةُ؛ يتركّبُ من عنصرَين، هُما: الوعيُ والواقعُ؛
وهذان العنصرانِ ليسـا مترادفَين، ووجودُهما غيـرُ مُتزامنٍ. وبذلك

42 - أبو نُهيك: رجل من بني سليم، نعى إلى الخنساء صخراً.

نكتشفُ فرقاً في الوجودِ، والكينونةِ بينهما؛ إذ رحلَ صخرٌ الواقعيُّ بالموتِ، وحضرَ صخرٌ الشعريُّ بالنصِّ المقروء حضوراً مُتجدِّداً مُتنوِّعاً بالقراءةِ، مُتصفاً بالمرونةِ الذهنيةِ في تفكيرِه، الذي يتغيرُ بما يتناسبُ مع الموقفِ، ويُنتجُ أفعالاً، وأفكاراً متعددةً حول مُشكلةٍ ما؛ ويمتلكُ نظرةً شموليةً عن العالمِ. وتتصفُ شخصيتُهُ بالحسّ الجماليّ، وبالرؤيـةِ المتفتحةِ التي يعيشُ بها حياةَ الجماعةِ، ويراها من الداخلِ؛ لأنّه تشكيلٌ صاغَتْه قدرةُ الخنساءِ الشاعرةِ، وتجربتُها التي تتشابكُ فيها العلائقُ والصّلاتُ في لحظةٍ من لحظاتِ التأملِ الكونيّ:

فبتُّ ساهرةً ۛ للنّجمِ أرقبُه

حتّى أتى دونَ غَورِ النّجمِ أستارُ

وربّما يكونُ النجمُ في علّوِهِ كنايـةً عن صخرٍ الواقعيّ في مهابتِهِ وهيبتِه؛ قبل أنْ تحجبَه أسـتارُ الموتِ؛ وتغوصَ به إلى العالم السـفليّ المجهـولِ. وإذا كانت العربُ في جاهليتِها تهتدي بالنجمِ في السُّرى؛ فإن صخراً يحتقبُ في شخصيتِهِ قيادةَ القومِ وهدايتَهم بحنكتِه وحكمتِه وشـجاعتِه. وكما يُضيء النجمُ في السماءِ تُضيء شخصيةُ صخرٍ في الأرضِ بقيمِهِ وفاعليتِه.

وتُصهـرُ الخنسـاءُ الموتَ والفناءَ والدمارَ المـاديَّ الذي أصابَ صخـراً في شخصيتِه الواقعيّةِ في بوتقةِ الدّهـرِ، وتُلْصِقُهُ به بوصفِه قاتِلاً خفيّاً لا يُرَى، وقاطعاً للأرحامِ لا يُقاوَمُ، ومفرّقاً للجماعاتِ:

تبكي خناسٌ على صخرٍ وحُقَّ لهَا

إذ رابَهَا الدّهـرُ إنَّ الدّهرَ ضرّارُ

لاَ بــدَّ مِنْ مِيتةٍ فـي صَرفهَا عبرُ

وَالدَّهــرُ في صرفِهِ حـولٌ وَأطوارُ

لاَ تسمنُ الدَّهرَ في أرضٍ وَإنْ رَبَعَتْ

فإنَّمـا هــيَ تحنـانٌ وَتسجارُ

يوْمـاً بأوْجَدَ منِّي يـوْمَ فارَقني

صخــرٌ وَللدَّهــرِ إحـلاءٌ وَإمرارُ

فقلـتُ لما رأيـتُ الدّهرَ ليـسَ لَهُ

مُعاتِبٌ وحْدهُ يُسدي وَنيَّـارُ

تعتقـدُ الخنسـاءُ أنّ الدهرَ هو المارِدُ الأسطوريّ المسؤولُ في الوجـودِ عن المـوتِ والفناءِ الماديّ، والمدبرُ لـكلّ ما أصابَ صخراً من نوازلَ، وكروبٍ، وتجزمُ أنّ الدهرَ قوةٌ خياليَّةٌ مُدّمرةٌ قاتلةٌ، خاليةٌ من الحكمةِ والعاطفةِ والشَّفقةِ. وتذمّ الدهرَ جرياً على عادةِ العربِ في الجاهليةِ، وتنسبُ إليه الفاعليةَ، والغَلبةَ، والقهرَ والغدرَ، وتُسبغُ عليه ظــلالَ البطشِ والجبـروتِ والقماءةِ. وتُعلنُ (الخنسـاءُ) أنّ الدهرَ هو القوةُ القاهرةُ لصخرٍ قَهْراً واقعيّاً، والمسيطرةُ على محوِ وجودِهِ بقَضْمِ حياتـهِ بالموتِ. وكأنّ مشـكلةَ (الخنسـاءِ) مع الدهرِ الـذي بدّدَ وجودَ صخـرٍ، وأثـارَ فجيعتَها فيه؛ بعـد أن كان ذاتاً عارفـةً فاعلةً، وكانت حياته خِصباً؛ فأمسى موتُهُ عُقماً وجذْباً.

وتتحدثُ الخنسـاءُ عن صخرٍ الشعريّ، وتُشـكّلهُ أنموذجاً للحياةِ والقيادةِ والمروءةِ، تُؤصِّلُ خصائصَه، وتؤسِّسُ مُقوماتهِ الشخصيةَ

باللغةِ الشعريةِ الناصّةِ؛ وتقدمُ له صورةً مثاليةً مأمولةً غير موجودةٍ في الواقع، لحظةَ تكوينِ النصّ. كأنّها ترجو أن يكونَ النموذج كائناً، وقائماً في الواقعِ والشعرِ معاً:

صلـبُ النَّحيزةِ وَهّــابٌ إذا منعُوا

وفي الحروبِ جريءُ الصّدرِ مِهصَارُ

وإنّ صَخراً لَوالينـا وسـيّدُنا

وإنّ صَخْـراً إذا نَشتو لَنَحَّارُ

وإنّ صَخْراً لمِقْدامٌ إذا رَكِبوا

وإنّ صَخْـراً إذا جاعـوا لَعَقّـارُ

أغرُّ أبلـجُ تَأتَـمُّ الهُداةُ بِـهِ

كَأنّـهُ عَلَمٌ في رأسِـهِ نَـارُ

جلـدٌ جميـلُ المحيّـا كامـلٌ وَرِعٌ

وَللحروبِ غـداةَ الـرّوعِ مِسْعَارُ

حَمّـالُ ألويَـةٍ هَبّــاطُ أوديَـةٍ

شَـهّادُ أنْديَـةٍ للجَيـشِ جَرّارُ

نَحّـارُ راغِيَـةٍ، مِلجاءُ طاغِيـةٍ

فكّاكُ عانيةٍ، للعظْـمِ جبّارُ

ومـا تـراهُ ومـا فـي البيتِ يأكلُهُ

لكنّـهُ بـارزٌ بالصّحـنِ مهمارُ

طَلْـقُ اليَدينِ لفِعْـلِ الخَيرِ ذو فَجَرٍ

ضَخْمُ الدّسِيعَةِ بالخَيـراتِ أمّـارُ

تشتملُ الأبياتُ على صورةِ صخرٍ الشعريّ بصفاتٍ نموذجيةٍ تتكاملُ أجزاؤها في السّلمِ والحربِ، وتتخلّلُها قدرتُه المتناميةُ على الحركةِ والحياةِ الواقعيةِ فكراً ناضجاً وسلوكاً هادفاً، في اللحظةِ التي يَقترنُ فيها النموذجُ بالخصبِ والحياةِ والحيويةِ، دونَ العقمِ والسكونِ والموتِ. فالنموذجُ مُتحرّكٌ، ومُحرّكٌ معاً. مُتحركٌ بذاته؛ لأنّه يمتلكُ إرادةَ الحركةِ، ومُحركٌ لسواه بوعيهِ وإرادتهِ؛ لأنّه يعرفُ كيف يُحركُ الجماعةَ بوعيهِ، وفعلهِ. وتوثّقُ الخنساءُ بالكلمةِ الدالةِ دورَ النموذج الفكريّ والأخلاقيّ في قيادة (القوم ←الجماعة ←القبيلة) وحمايتهم؛ قيادةً تنقلُهم من السّلبيةِ إلى الإيجابيةِ، ومن القحطِ إلى الخصبِ، ومن الفُرقةِ والشّتاتِ إلى التجمعِ والتكاتفِ، ومنَ الضعفِ إلى القوةِ، ومن اللينِ إلى الشدةِ، ومن القبحِ إلى الجمالِ؛ حتّى باتَ النموذجُ حلماً نحلمُ به، وتتجددُ حاجاتُنا إليه بعد أن تمكنت الخنساءُ من بثِّ الفضائلِ في المكوناتِ الجوهريةِ لصخرِ الشعريّ؛ فمنحتْهُ بقاءً معنويّاً.

ونكتشفُ في النصّ خصائصَ، وصفاتٍ تتواشجُ في شخصيةِ النموذجِ:

- الكرمُ الذي يقتلُ بـه النموذجُ الفقرَ بالخصبِ، ويمحقُ الجوعَ بالعطاءِ؛ ليصبحَ مصدراً من مصادرِ الحياةِ في الشتاءِ قرين القحطِ والجوعِ.

- القيادةُ المبدعةُ للجماعةِ سلماً وحرباً نحو الخيرِ، والفضيلةِ، والمجدِ، دون الرذيلةِ، والسّلبِ والنهبِ. وقيادتُه في الحربِ قيادةٌ شجاعةٌ جريئةٌ، تتصفُ بالتخطيطِ، والتنفيذِ، والإقدام، وقيادتُه في السّلمِ قيادةٌ حكيمةٌ تقترنُ بالعدالةِ والحلمِ، والعقلانيةِ.

- المروءةُ التي يلتصقُ بها النموذجُ بالواقعِ اليوميّ، والتاريخيّ، والنفسيّ في تيارٍ من القيمِ العضويةِ الملتحمةِ بالتكوينِ الشعائريّ القبليّ:

لم تَـرَهُ جـارَةٌ يَمشـي بسـاحَتِها
لريبـةٍ حيـنَ يُخلِـي بيتَـهُ الجارُ

- القوةُ الجسديةُ التي يتغلّبُ فيها النموذجُ على مصادرِ الضَّعف والخـذلانِ، ويتجاوزُ بها المُؤثراتِ السـلبيةَ للفعلِ المُتهافتِ والحركةِ الخائرةِ. فالنموذجُ قويٌّ شديدٌ صبورٌ لا تلينُ عريكتُهُ.
- جمـالُ القسـماتِ؛ كأنّ الجمـالَ قريـنُ النموذجِ حتّى تشعرَ الجماعةُ بمواصفاتِه الجماليةِ، وتكتسبَ إحساساً بالجمالِ. أي أنّ الجمالَ، والإحساسَ به؛ صفةٌ وظيفيةٌ في النموذجِ.

وتجمعُ الخنسـاءُ تلك الخصائصَ، والصُّورَ في صخرٍ الشـعريّ؛ وتُوزعُهـا بين الواقعِ، والطبيعةِ الإنسـانيةِ والفنِ، وتُظهرُ الصّلاتِ بينها من حيث التركيبُ، والبناءُ، والتشـابك. وتُخبرنُا (الخنسـاءُ) أنّ (صخراً) ليس شـخصيةً مُتعاليةً فوقَ الزمانِ والمكانِ والجماعة؛ بل شـخصية نموذجية ـ مركزية تؤدي وظيفةً مجتمعيةً لا يؤديها غيره؛ ويتوحّـدُ فيه ما هو شـخصيٌّ بمـا هـو جماعيٌّ كونيٌّ إنسـانيٌّ. وتعبرُ (الخنسـاءُ) في صورةِ صخرٍ الشـعريّ عن حالةٍ من الترابطِ الجدليّ بين الذاتِ والموضوعِ بإيجادِ علاقةٍ عضويةٍ نسيجيةٍ متينةٍ بين ما هو خاصٌّ، وما هو عامٌّ، وما هو فرديٌّ بما هو جماعيٌّ.

وتُرغّبنا الخنساءُ في صخرٍ الذي يُنجزُ أفعالاً لا يستطيعُ الإنسانُ العـاديُّ أن يقومَ بها؛ وتتدرجُ بالأفعالِ المنجزةِ ذهنيّاً من الإمكانِ إلى الواقعِ، وتشيـرُ إلى الاستمراريةِ؛ وكأنَّ صخراً شيخُ القبيلةِ، وقائدُها، وسيدُها الذي يتصفُ بالحلمِ والشجاعةِ والفروسية والكرم، ويشعرُ أنّه مسؤولٌ عن (قبيلته/جماعته).

ويلحُّ حضورُ الجماعةِ على وجدانِ الخنساءِ الشاعرةِ، فتنتقلُ بعضَ وجدانِهــا، وأفكارِها إلـى (القبيلة/ الجماعة) في موقـفٍ وجوديٍّ من المجتمـعِ والتاريخ والإنسـان، يحتقبُ تعبيراً عن موقفِ الجماعةِ، وإشــارةً إلى الحقيقة الإنسـانيةِ من خلال ضميرِ الجمْعِ في الوحداتِ الدلاليةِ (والينا، وسيدنَا) التي تحيلنا على طواعيةِ الجماعةِ للنموذجِ، ومـن خلال التفاعلِ مع الجماعةِ بالأفعالِ الناصّةِ (نشـتو، وجاعوا)، والسّمةِ القياديةِ المتجسّدةِ في الفعلِ المُتحركِ (ركبوا)، والخصيصةِ الأخلاقيّـةِ الكامنةِ في التراكيبِ (شـهّاد أنديةٍ، ملجاء طاغيةٍ، فكّاك عانيةٍ). وتتجسّدُ في الوحداتِ المعجميةِ (نحّار، عقّار، حمّال، هبّاطِ، شـهّاد، مِقدام، مِسعار، مِلجاء، فكّاك، جبّار، مِغـوار، مهمار، أمّار) صورةٌ مركبـةٌ من مُعطياتِ الواقعِ والخيالِ تركيباً وجدانياً يقومُ على المعادلةِ بين المحسوسـاتِ؛ وكأنّ الخنساءَ تحـاولُ إعادةَ صخرٍ إلى الواقعِ إعادةً ذهنيةً معنويةً بعد أن منحتْهُ سـمةَ التجانسِ الكونيّ التي يختـرقُ بها المجهولَ؛ ولم تهدمْ تواشـجَه مـع الواقعِ، ولم تفصلْه عن مصادرِ قيمِ المروءةِ السّـائدةِ في المجتمـعِ الجاهليِّ، والمتوارئَة عن الآباءِ والأجدادِ.

وتبرزُ دلالةُ اليدِ في الفعلِ والعطاءِ، وفي الحياةِ الماديةِ والمعنويةِ. ويدُ النموذج ناشطةٌ فاعلةٌ مُتفاعلةٌ، تمتلكُ قدرةً خارقةً بئيسةً تهبُ الحياةَ والخصبَ، وتسلبُ من الخصمِ مُقوماتِ الحياةِ بالحركةِ الدائبةِ التـي تتخللُ صيغتَـي المُبالغة (فعّال ومِفْعَال) اللتيـن خلقَتا تكافؤاً في الديمومةِ بين الوعي والسلوكِ.

* * * *

البناءُ الشِّعريُ والتشكيلُ الأسلوبيُّ

* إنّ النصّ حدثٌ شعريٌ يروي موضوعاً واقعياً، وتجربةٌ شعريةٌ تُؤرّخُ لحدثٍ لم يكنْ مَعزولاً عن مُحيطِ تكوينهِ الإنسـانيِّ الذي زوّدنا بمعلومـاتٍ ضافيةٍ، تخـدمُ السِّـياقَ التركيبيَّ بزمانٍ ومكانٍ وحدثٍ وشـخصياتٍ معلومةٍ موثوقةٍ؛ لا تفسحُ مجالاً للافتراضِ والتخمين. ويخلـو النصُّ مـن المُقدمةِ الطلليّةِ، لأن الخنساءَ «استعاضتْ عن الأطـلالِ بالحديثِ عـن عينيْها في مُعظمِ قصائدهـا ومقطوعَاتها في رثـاءِ صخـرٍ»(43). والقارئ الـذي يُواجهُ النصَّ مُتوافـرٌ علـى زادٍ معرفيٍّ بمرجعياتٍ يَستحضرُها، ويستثمرُها في التواصلِ والفهمِ؛ ولا يشـعرُ بصعوبةٍ فهْم مُعطياتِ النصِّ؛ ويُدركُ قصديّتَه، ودلالاتِه من خـلال الصورِ التي لا تتجاوزُ الجملةَ الأساسـيةَ، والجملَ التابعةَ لها. إذ نظمت الخنسـاءُ ستةً وخمسينَ قصيدةً فوق سبعةَ أبياتٍ في رثاءِ أخيهـا صخرٍ، وثلاثةَ قصائدَ في رثـاءِ أخيها معاوية، وقصيدةً واحدةً

---

43 - في رحاب الخنساء، ص137.

78

مشـتركةً في رثاءِ أخويها صخر ومعاوية، وقصيدةً واحدةً في رثاءِ زوجِها المرداس السُّلميِّ، «لتكونَ مطالعُ القصائدِ السـتين تخلو من المُقدمةِ الطلليَّةِ»(44) في مُغامرةٍ بنائيةٍ تختصُّ بها الخنساءُ في صناعةِ القصيدةِ الجاهليةِ صناعةً تتوافقُ مع البناءِ النفسيِّ لها، وتنسجم مع مُتراكماتِ التجربةِ الشعوريةِ والواقعيةِ في زمنِ الإبداعِ والتألُّقِ.

* يتصـفُ النـصُّ بوحدةِ البيتِ المسـتقلِّ؛ بوصفهِ كينونةً لغويةً متكاملـةً، يمكنُ أن يُستشـهدَ بها، بفكرةٍ تدلُّ عليها مـن غيرِ إخلالٍ بالمضمـونِ الأحاديِّ الذي يتخللُ البيتَ. ويمكنُ ترتيبُ النصِّ ترتيباً مُغايـراً للديـوان تقديمـاً وتأخيـراً في الأبيـاتِ، تتوافقُ فيـه الأفكارُ والـدلالاتُ في التكويـنِ والرؤيةِ. وهـذا التفكُّكُ الملحـوظُ يفتقرُ إلى التلاحمِ النسـقيِّ، والتفاعلِ النسـيجي بين الأبياتِ التي تنتمي إلى بناءٍ مُتداخـلٍ مكرورٍ في التشـكيلِ؛ لا إلـى بناءٍ مُتسـاوقٍ متلاحمٍ. وربّما عبـثَ الرواةُ في الترتيبِ في مرحلةِ المُشـافهةِ، دون الروايةِ الكتابيةِ التسـجيليةِ بقصدٍ أو بدونـهِ. ونلمسُ ذلك بقرائنَ منهـا: تكرارُ عبارةِ (ضخم الدَّسيعة) في البيتين (28 و31) من غيرِ قيمةٍ تعبيريةٍ أو كثافةٍ دلاليةٍ. وتكرارُ مفردةٍ (نحّار) في قافيةِ البيتِ (15)، ومطلع البيتِ (20). ويشـعرُ القارئ أنّ البيتَين (9 و10) قد حُشـرَا بقسريةٍ عبثيةٍ لا تخدمُ السـياقَ والفكرةَ، ولا تنسجمُ مع السياقِ. وربّما تكونُ أبياتٌ بينهما قد سقطتْ من ذاكرةِ الرواةِ.

* تعددتْ أصواتُ الراوي في التشـكيلِ اللغويِّ للنصِّ؛ وتباينتْ زاويةُ الرؤيةِ في السّـردِ بضميرِ المخاطبِ، وكأنَّ سائلاً يسألُ سؤالاً

<hr>

44 - في رحاب الخنساء، ص 27.

وهميّاً تحوّل إلى بؤرةٍ واقعيةٍ في صياغةِ الخطابِ الشعريِّ في المطلع؛ إلى السَّرد بضميرِ المتكلّمِ الذي تتقمصُ به الشاعرةُ شخصيةَ الراوي للمتن الشعريِّ؛ إلى السردِ بضميرِ الغائبِ الذي يشيرُ إلى أنَّ البنيةَ السـرديةَ تتكوّنُ من أصواتٍ تنتمي إلى شخصياتٍ حواريةٍ، تتداخلُ في وظائِفها في البناءِ والسردِ؛ في مُناوَبةٍ أسـلوبيةٍ وسرديةٍ، ومُبادَلةٍ في الأدوارِ والشخصياتِ. ويجوزُ أن يكونَ السائلُ المتخيّلُ قد سـألَ سؤالاً مباشراً ثم غادرَ مكانه مُحفِّزاً الذاتَ الشاعرةَ على التدفُّقِ الشـعريِّ؛ وإن كانت الشـاعرةُ هي التي جرَّدت الراوي/السّائل الذي خَنَسَ صوتُه سـريعاً، ولم تسمحْ له بالسـردِ والحوارِ فيما بعد؛ وإن سـمحتْ لـه بالتبئيرِ الحَدثيِّ دون الولوجِ إلـى تفاصيلِه، ثم حوّلته إلى قارئ أو مُستمعٍ ← مُخاطَبٍ.

وجـرَّدت الشـاعرةُ من ذاتِها صوتيـن أحدهما بديلٌ عن الآخر: صـوتُ الغائبِ، وصوتُ المتكلّمِ، حتّى تكسـرَ رتابةَ الحدثِ والسردِ بالتغيّرِ والتنـوُّعِ، وتعددِ الأصواتِ من خـلالِ المقاربـاتِ الإحصائيةِ الآتية:

* إحالاتُ ضميرِ المتكلم (13) مرةً، وضمير الغائبِ المؤنثِ (10) مـراتٍ، وضمير الغائبِ المذكرِ (40) مـرةً، وضمير المخاطبِ مرةً واحدةً. وندركُ أن إحالاتِ ضميرِ الغائبِ المذكَّرِ تشـيرُ إلى (صخرٍ)، وإحـالاتُ ضميرِ الغائبِ المؤنثِ تشـيرُ إلى الخنساءِ. وبذلك يهيمنُ (صخرٌ) على البنيةِ والرؤيةِ والدلالةِ في النصِّ.

* إنّ دلالةَ التكرارِ هي الغالبةُ في المنظومةِ اللغويةِ للنصِّ؛ وتكادُ

المسافةُ الفاصلةُ بين العناصرِ تقترب، وتتجاورُ، وتتقلَّبُ في صورٍ عدةٍ، وتتحددُ بما يسبقُها، وما يَلحقُها بمعناها المتواضَع عليه. إذ ذكرت الخنساءُ علميّةً (صخرٍ)، وكنيتَه، (9) مراتٍ في (7) أبياتٍ؛ ويدلُّ حضورُ العلميّةِ على تحوّل (صخرٍ) من الواقعيةِ إلى الشعريةِ، ورسوخه أنموذجاً يتألّقُ في عالمِ الشعرِ المتجددِ. وظهرتْ علميّةُ الخنساءِ مرتينِ في بيتَينِ متتاليينِ (4 و5). وتكررت (العينُ) (3) مراتٍ في بيتَين متتاليينِ (1 و2)، وتكررَ فعلُ الرؤيةِ (تراه) مرتَين في بيتَين متتاليين (24 و25)، وتكررَ فعلُ البكاءِ (تبكي) في مطالع ثلاثةِ أبياتٍ متتاليةٍ (3 و4 و5). وهذا التتالي في الضغط الشعوريِّ على دلالاتٍ مخصوصةٍ، يحيلُ النصَّ على بؤرةٍ تنغلقُ على نفسِها في التركيبِ، وتنفتحُ على العالمِ في أثناءِ التأويلِ الموجَّهِ برموزٍ وإشاراتٍ تقبعُ في المعجمِ اللغويِّ للنصِّ.

وتكررَ (الدهرُ) سبعَ مراتٍ في (6) أبياتٍ؛ حتّى تستقرَّ في الذهنِ والرؤيةِ قوتُه بشموليةٍ غير محدودةٍ. وتكررَ لفظُ (الحروبِ) مرتَين في بيتَين متباعدَين (8 و18)؛ ويكشفُ هذا التباعدُ المقصودُ حيوية النموذجِ، ونشاطَه القياديَّ في أزمنةٍ متخالفةٍ من حياتِـه. وتكررَ (النجمُ) مرتين في البيت (23) بقصديةِ التأمُّلِ الواعي.

وتكررَ (الليلُ) مرتين في البيتين (27 و35) في إشارةٍ إلى الشعورِ بالوحدةِ والوحشـةِ والغرابةِ والفقـدِ، و(البيت) مرتين في البيتين (24 و25) الـذي يـدلُّ على التوطينِ والثباتِ؛ دونَ الخيمةِ التي تشيـرُ إلى الترحُّـلِ والترحالِ، و(جَلْد) مرتِين فـي البيتين (18 و25)؛ وتكرّرت العبارةُ الوصفيةُ (ضخم الدَّسيعة) في البيتين (28 و31). وتدلُّ الألفاظُ

المكرورةُ في النـصّ على مَحدودية المعجمِ اللغويِّ فيه؛ وكأنّه ينغلقُ على وحداتٍ معجميةٍ دون أن تتغلغلَ فيه وحداتٌ أكثرُ كثافةً وعمقاً.

* يتكوّنُ النصُّ مـن (35) بيتاً، ويحتوي (54) فعلاً لتوكيدِ فاعليةِ الزمـنِ والحركةِ فـي الحياةِ والأحداثِ. والأفعالُ فـي الغالبِ، إراديةٌ قصديـةٌ تنتجُ عن تصميمٍ وتدبيرٍ. منها (31) فعلاً ماضياً، و(23) فعلاً مضارعاً، وخَلَتْ (8) أبيات من الأفعالِ، وهي (6 و10 و18 و19 و20 و28 و29 و31)؛ وهـذا يعني أن (28) بيتـاً في النصّ تحتوي الأفعال بمعدلِ فعلَين في كلِّ بيتٍ تقريباً.

ويظهرُ في الزمـنِ الماضي صخـرٌ الواقعيُّ الذي بَـدأ وانتهى. ويظهـرُ في الزمـنِ الحاضرِ المسـتمرِّ صخرٌ الشـعريُّ؛ الذي يمثّلُ بداية المسـتقبلِ الآتي ذهنيّاً، إذ ترسـمُ فيه الخنسـاءُ كيـانَ النموذجِ، ووجوده باللغةِ، وتنتقلُ به من الماضي إلى الحاضرِ، ومن الواقعِ إلى الشعرِ، ومن الحقيقةِ إلى الذاكرةِ الشعريةِ، وتجعلُ الزمنين مُتداخلين، ومُتتاليـين، ومُتناقضين، حتّى تُقنِع القارئ بالفكرةِ والدلالةِ مثل الفعلِ (نشتو) في البيت (15)، و(ركبوا) في البيت (16). وبعضُ الأفعالِ لها دلالةٌ معنويةٌ تفوقُ دلالتها النحوية؛ فالفعل (خَطرتْ) في البيت الثاني فعلٌ مـاضٍ بدلالته النحوية؛ ولكنّ خطـور الذكـرى، ووجودها حدثٌ يتحقـقُ بآنيةِ التشـكيلِ. ووجودُ الذكرى في الذهـنِ، وحضورُها فيه، يتجددُ بتجدُّدِ الذكرى والقراءة معاً. أمّا الفعلُ (يسودُكم) في البيت (7) فهو فعلٌ مضارعٌ يمتلكُ دلالةَ الحاضرِ والمسـتقبلِ؛ لكنّ السيادةَ في الواقعِ كانتْ ولم تعدْ بكائنةٍ؛ فكأنَّ دلالتها قد فقدتْ حُضورها الواقعيَّ، وبقيَ حضورُها في الشعرِ فقط.

* كان الربطُ بين الجملِ الشعريةِ بواو العطفِ التي وردتْ (27) مرةً في (20) بيتاً ممّا يجعلُ التراكيبَ فيها مُتسقةً مُتواصلةً موصولةً بعضها ببعضٍ. ولم ترِدْ في (15) بيتاً، كان الضميرُ المُحيل على الغائبِ هو الذي قامَ بوظيفةِ الربطِ بينها؛ وهذا يعني أنَّ ذاتاً مُستمرةً حاضرةً بقوةٍ في النصِّ تُحرِّكُ بواطنَه، وتتحرَّكُ في ظواهرِه.

* تعاملت الشاعرةُ مع التشبيهِ تعاملاً حافظتْ فيه على الحدودِ المتمايِزةِ بين الأشياءِ التي ظلّـتْ محكومـةً بـالأداةِ؛ وأبقتْ على الوضوحِ في الصفةِ والمعالمِ؛ ولم تُسـرفْ فيه في النصِّ الذي عمدتْ إليـه (6) مـراتٍ في (5) أبيـاتٍ متفرقـةٍ (2 و10 و33 والبيت 26 فيه تشـبيهان). ويمتلكُ طرفا التشبيهِ (المشبّه والمشبّه به) وجوداً ماديّاً ملموساً، ولم ينغلقْ وجهُ الشّبهِ على القارئ نظراً للمقاربةِ المرئيةِ بين العناصرِ المحسوسةِ، والإيقاعِ المتماثلِ بين المكوّنات.

* يُشـكلُ الجناسُ عنصـراً إيقاعيّاً عمدتْ إليه الخنساءُ مُوظّفةً التماثلاتِ الصوتيةَ في المفرداتِ التي تتقاربُ في تشكيلاتِ حروفِها، وتتباينُ في معانيها ودلالتها؛ لكي تحققَ بها توازناً نفسيّاً ينسجمُ مع التناغمِ الصياغيِّ في أثناءِ تشكيلِ صورةِ النموذجِ التي تتسقُ في هيئةٍ مهيبةٍ. وتخلّلَ الجناسُ النصَّ في سياقاتٍ تكوينيةٍ؛ أمثلتُها:

- البيت (9): ورّاد، الموارد، ورد.

- البيت (18): ورع، روع.

- البيت (19): ألوية، أودية، أندية.

- البيت (20): راغية، طاغية، عانية.

* يحتوي النصُّ في بنيةٍ وحداتهِ السـياقيةِ الحروفَ الهجائيةَ للغةِ العربيـــةِ. وتفاوتَ حضورُ الأحرفِ في التركيبِ تفاوتاً يرتبطُ بالدلالةِ الصوتيةِ، والصياغةِ الكليةِ للفكـرةِ المخبوءةِ، والمعْلنةِ في النصِّ. إذ تكرّرَ حرفُ (الراء) الذي تسـتندُ إليه القافيةُ بِرويِّها (113) مرةً؛ وهو حرفٌ مركزيٌّ تتشكّلُ به عَلميَّةٌ (صخرٍ). وتكررَ حرفُ (الياء) (93) مرةً، وحرفُ (التاء) (77) مرةً، وهما حرفان ينهضُ بهما فعلُ البكاءِ (تبكي). وتكررَ حرفُ (النون) (67) مرةً، وهو حرفٌ يتوسّطُ عَلميَّة جزءٍ من عينِ الشـاعرةِ الباكيةِ. وكأنَّ تلكم الأحرفَ المكرورةُ ترتكزُ عليها جملةٌ مركزيةٌ صياغتُها المفترضةُ (عينُ خُناسٍ تبكي صخراً). ويلحـظُ القارئ ندرةَ حروفٍ أُخـر في النصِّ مثل حرف (الثاء) الذي وردَ مـرةً واحـدةً، وحرف (الظـاء) الذي وردَ (3) مـراتٍ، وحرف (الضّـاد) الذي وردَ (6) مراتٍ. ويبدو أنّ تلك الأحرف لا تدخلُ في تشكيلِ الجملةِ الأساسيةِ، والبؤرةِ المركزيةِ في النصِّ.

سُلطويّةُ الآخَرِ

في (بائيّة) النابغة الذبيانيّ

تمتلـكُ (الأنــا) المعرفيَّةُ القـدرةَ على التصـرُّفِ الإراديِّ باللغةِ، وتشـكيلِ أنسـاقِها الصُّوريَّةِ، وتوجيهِ الفكرةِ الذهنيةِ بغائيةٍ ذاتيَّةٍ؛ إلى أن يتسـلَّطَ الآخـرُ على موضوعـةِ النصِّ بوجودِه الحقيقيِّ خارجَه، فينشـأ حدثٌ مَحكومٌ بنسقٍ ثنائيٍّ تشعرُ معه الأنا الشعريةُ بقيدٍ يُقيِّدُها، ويشوبُها بالنقصِ في الرأي، والفعلِ؛ وهي تخضعُ لقوانينِه الوضعيَّةِ؛ وبذلك تُمارسُ الأنا نشـاطَها الإنسـانيَّ في عالمٍ محـدودٍ تُغالبُ فيه العوائـقَ، وتحـاولُ أنْ تَنتصرَ على عَقباتِه، وتؤكدَ أنَّ أفعالَها ليسـتْ عفويـةً لا ضابطَ لها، ولا نظامَ يحكُمُها، بل هي أفعالٌ معقولةٌ تستنِدُ إلـى مُبـرِّراتٍ، وتهدفُ إلى غايـاتٍ تبحثُ بها عن الحقيقـةِ المعنويةِ بحماسةٍ دائبةٍ.

وتتمظهـرُ في (بائيَّةِ النابغةِ الذبيانيِّ (الأنا) التي يَسـتترُ وراءَها النابغةُ الذبيانيُّ (الإنسانُ والشاعرُ)، الذي تضغطُ عليه مُشكلةٌ واقعيةٌ يـرومُ أن يتحـرَّرَ منها، حتى يكتسـبَ قيمةً إنسـانيةً، و(الآخر) الذي يتقمَّصُـه السُّـلطويُّ المُتنفِّذُ (الملكُ النعمانُ بن المنـذرِ)، الذي «يُمثِّلُ سلطةَ دولةٍ لا قبيلة، سطوتُه ممتدةٌ إلى كثيرٍ من قبائلِ العربِ، وهيمنتُه

واسـعةٌ تشملُ جانباً من المجتمعِ العربيِّ»(45) بوصفهِ سُلطويّاً مُهاباً تصدرُ أفعالُهُ عن تصميمٍ عقليٍّ وذهنيٍّ، وعن إرادةٍ لها قدرةُ المبادأة، فيتشكَّلُ نسقٌ ثنائيٌّ متقابلٌ واقعيّاً وشعريّاً، قد لا تتكافأ موازينُهُ الماديةُ والمعنويةُ التي تصطدمُ فيها (الأنا) بالضُّغوطِ غير المشروعةِ؛ التي يُثيرُها النصُّ لغويّاً وفكريّاً، بعد أنْ أثارَها (الآخرُ) واقعيّاً؛ فإذا بحركةِ الذاتِ الواعيةِ مُسْتَلبةٌ، تعيشُ في أزمةٍ وجوديةٍ، يُغلِّفها التمزُّقُ الروحيُّ والنفسيُّ، ويَعلوها الأسَــى المتراكمُ؛ لذلك يَسْتدعي الشاعرُ (الآخرَ): يُناجيهِ ويُخاطبهُ، ويُحاورهُ، ويسْتَرْضيهِ مُستوحياً منه صُوراً يُوظِّفها توظيفاً يتناسَبُ مع تجربتهِ الشعوريَّةِ، وخلجاتِهِ النفسيَّةِ.

* * * *

النصُّ

أتانــي - أبيتَ اللعْــنَ - أنَّكَ لمْتني

وتلـكَ التي أهتمُّ منهـا وأنصَبُ(46)

فبـتُّ كأنَّ العَائـداتِ فرشْـــنَ لـي

هِراسـاً، به يُعلَى فِراشـي ويقشبُ

حلفـتُ، فلم أتـركْ لنفسِكَ ريبةً

وليـس وراءَ الله للمـرءِ مَذهبُ

45 - دراسات في الشعر الجاهلي (دراسة نصية نقدية): د. أحمد موسى الجاسم، أضواء البيان للنشر والتوزيع، السعودية، ط1، 1418هـ - 1997م، ص 272.

46 - تُنظر القصيدة كاملة في: ديوان النابغة الذبياني، تحقيق: محمد أبو الفضل إبراهيم، دار المعارف - مصر 1977م، ص 72 - 74.

لئـنْ كنتَ قـد بُلِّغتَ عني خيانـةً

لمُبْلغُـك الواشـي أغـشُّ وأكـذبُ

ولكنني كنتُ امـرأً لـيَ جانبٌ

مـن الأرضِ، فيه مُستـرادٌ ومذهبُ

مُلـوكٌ وإخـوانٌ، إذا مـا أتيتُهُم

أُحكَّـمُ فـي أموالهِـم وأُقـرَّبُ

كفعلِكَ في قـومٍ أراكَ اصطنعتَهم

فلم تَرهـم، في شُـكرِ ذلـك، أذنبوا

فـلا تتركَنِـي بالوعيـدِ، كأنّنـي

إلـى النـاسِ مطليٌّ به القـارُ أجربُ

ألـم تَـرَ أنَّ الله أعطـاكَ سُـورةً

تَـرى كلَّ مَلْـكٍ دونَهـا، يتذبـذبُ

فإنـكَ شمسٌ، والملـوكُ كواكبُ

إذا طلعتْ لـم يبْـدُ منهنَّ كوكبُ

ولسْـتَ بِمُستبقٍ أخـاً لا تَلُمُّـهُ

على شَـعَثٍ، أيُّ الرجالِ المهذَّبُ؟

فـإنْ ألُ مظلومـاً، فعبـدٌ ظلمتَـه

وإنْ تَـكُ ذا عُتبـى، فمثلـكَ يعتبُ

تُغـادرُ (البائيَّةُ) بنيةَ القصيدةِ الجاهليةِ إذ تَهجرُ (المقدِّمةَ) بوصفها عنصراً مُحفزاً على التَّلقي، وباعثاً من بواعثِ التهيئةِ النفسيَّةِ؛ للتفاعلِ مع المتنِ الموضوعيِّ، وسلكَ النابغة الذبيانيُّ فيها سلوكاً شعريّاً بصياغةِ الوحدةِ الموضوعيَّةِ صياغةً مُتلاحمةً مُتماسكةً تحكمُها وحدةٌ عضويَّةٌ ودلاليةٌ؛ إذ يسيرُ النصُّ في نسقٍ ثنائيٍّ يُوحي به البناءُ السَّرديُّ، ويتحوَّلُ به النابغةُ الذبيانيُّ بالكلمةِ من التقوقعِ إلى التكوينِ، ومن الصَّمتِ إلى الجهرِ الذي يُعيدُ به بناءَ ذاتِه بناءً جديداً، ترفضُ به واقعاً يثيرُ (الأنا) بشكلٍ أساسٍ:

أتانـي -أبيـتَ اللعْنَ- أنَّـك لمْتني

وتلـكَ التـي أهتـمُّ منهـا وأنصَبُ

فبـتُّ كأنَّ العَائداتِ فرشْـنَ لـي

هِراسـاً، به يُعلَى فِراشـي ويقشبُ

إنَّ الفعلَ (أتَاني) قد أخرج (الأنا) من حالةِ السُّكونِ إلى الحركةِ ومن الصَّمتِ إلى الخطابِ، ومن الثباتِ إلى التحوُّلِ في لحظةٍ زمنيةٍ خاطفةٍ يختلطُ فيها الماضي بالحاضرِ والمستقبلِ، لذلك تحاولُ (الأنا) أن تُثبتَ شخصيَّتَها، وتُقرِّرَ وجودَها الإنسانيَّ في عالمِ الأشياءِ بدلالةِ الفعلِ (أتاني) الذي يحملُ في طياتِه نبأً له إشارةٌ انفعاليةٌ ترغبُ (الأنا) في التخلُّصِ من مضمونِه الخبريِّ الملتصقِ بها، وتَنفي بداهةً مصداقيَّتَه بفعلِ الوطأةِ النفسيَّةِ التي هيمنتْ على (الأنا)؛ فتجسَّمت الوطأةُ في

دلالةِ الفعلَيْن النفسيةِ والواقعيةِ (أهتَمُّ وأنصبُ) في سياقِ المصالحةِ الذهنيةِ المتوقَّعةِ مع الآخرِ، وفتْحِ مساربَ مشروعةٍ للوئامِ والأمانِ.

وتكشفُ جملةُ (أبيتَ اللعنَ) منزلةَ (الآخرِ) الواقعيةَ، وفوقيَّته الحقيقيةَ على (الأنا)؛ بوصفهِ قرينَ الثناءِ في الرؤيةِ والسلوكِ، يكتسبُ بها ديمومةً في الفعلِ الناشطِ المرغوبِ فيه، تُحجبُ به اللعنةُ عنه؛ فـلا يجرؤ غيرُهُ علـى مذمَّته لمروءتهِ ومهابتِه؛ ولا يستجلبُ لنفسِهِ لعنةَ نُظرائهِ، ومَنْ دونَه لهيبتِه وفعلِه المحمـودِ. والجمعُ بين الفعلَيْـن (أهتَمُّ وأنصبُ) جمعاً ذاتيّاً وسلـوكيّاً مُعلنـاً يُحيلنا على أثرةِ (الآخـر) عند (الأنا)، ومعاناةِ (الأنا) من سَطوةِ (الآخـر) المُتغلغلةِ في شـآبيبِ فعلِ اللومِ الصَّريح (لُمتني)؛ وإن بَعُدَتْ المسـافةُ بينهما، وتطاوَل زمنُ الفرقة.

ويُشكلُ الفعلُ (لُمتني) عقدةً سُلوكيةً للأنا، تظهرُ آثارُها بغتةً بفعلِ صَدمةِ النبأ. وإذا كان زمنُ فعلِ اللومِ مُنقضياً في الحقيقةِ اللفظيةِ فإنه مُستمرٌّ في الأثرِ الضَّاغطِ على (الأنـا)؛ كأنَّ لومَ الآخرِ غيرُ متوقَّعٍ، ولم تَحسبْ له (الأنا) حِساباً قيميّاً، قياساً على العلاقة التي كانت تجمعُ بينهما في زمنٍ سابقٍ.

ويَعلقُ الشَّطرُ الأوَّلُ من مطلعِ (البائيَّةِ) في ذاكرةِ النابغةِ الشِّعريَّةِ، ليظهرَ ثانيةً في الشَّطرِ الأوَّلِ من مطلـعِ (العينيَّةِ) في تناصٍّ تذاوتيٍّ مقصود بصيغتهِ وإشارتهِ؛ بقوله:

أتَانـي ـأَبيْـتَ اللعْنَ ـ أنَّـكَ لُمْتَني
وتِلـكَ التـي تَنَسـتَكُّ منها المسَامِعُ

ويَحملُ فعلَ (اللومِ) في مُستوياتِه النفسيَّةِ والقوليَّةِ تهمةً بالخيانةِ
ووعيداً بالقَصاصِ/المـوتِ، نتـجَ عنه «الخوفُ، ونتـجَ عن الخوفِ
التبرُّوُ أو التنصُّلُ من الاتهامِ، أو من الذنبِ الذي حَملَهُ الاتهامُ، ولحقَ
بالتبـرُّوِ الاسـتعطافُ والمـدحُ»[47]؛ في مُتواليةٍ شعوريةٍ وشعريةٍ
يصطنعُها الحدثُ، ويُجسِّدُها الآخرُ بقولِه النافذ، وفعلِه المُنجَز.

ويمثـلُ الفعلُ (بتُّ) ردَّ فعلٍ فجائيّاً تنهـضُ به (الأنا)، تعبيراً عن
لجاجَتها من فعلِ (اللومِ)، ويُبينُ بمحمولاتِه المأساويةِ مقدارَ التحوُّلِ
والبعـادِ والجفاءِ الذي أصابَ العلاقةَ بين (الأنا) و(الآخر)، ويجسِّدُ
تأثيـرَ اللحظـةِ الراهنـةِ؛ لحظةِ التـأزُّمِ والقلقِ الشـخَصيّ والفصام
الاجتماعيّ. فكأنَّ الشاعرَ يُصورُ أناه المعذَّبة نفسيّاً وجسديّاً بعلةٍ قَذَفَ
بهـا الآخرُ إليها قَذْفاً عجائبيّاً. وهذا العذابُ معنويٌّ في كينونتِه، ماديٌّ
في كيفيتِه؛ لأنَّ المخيلةَ الشعريةَ حسمَت الأثرَ، فإذا بالأنا تتخيّلُ نفسَها
مرضتْ حقيقةً مرضاً تستحقُّ به العيادةَ والمواساةَ. وتتمكَّنُ (الأنا)
مـن تحويلِ فعلِ العيادةِ/ الزيارةِ مـن فعلٍ إيجابيٍّ تستأنسُ به، إلى
فعلٍ سـلبيٌّ تَتَألَّمُ منه بقسوةٍ تتجدَّدُ، وحركةٍ تشتدُّ. وبدلاً من أن يخفتَ
الألَمُ بطيبِ الحديثِ، وحُسـنِ اللقاءِ؛ تضاعفَ، وتثاقلتْ حمأتُهُ؛ فإذا
بالأنا تتوهَّمُ، وتتسـرَّبُ كفاءةُ التركيزِ الذهنيِّ منها؛ فتظن ظنّاً شعريّاً
ـتتقرَّبُ به إلى الآخرِ ـ أنَّ عائداتِها فرشْنَ لها فِراشاً من الشَّوكِ تكتوي
به وخْزاً مكروراً. وواضحٌ أنَّ دلالةَ الشَّوكِ معنويةٌ، وليست ماديةً،
وخياليةٌ وليست حقيقيةً، إلا أنها موصولةٌ سياقيّاً بفعلِ اللومِ، كأنَّ اللومَ
يُساوي الشَّوكَ، ووطأة الفعلِ القوليِّ تُوازي في الشِّدة وطأةَ الألم الذي

47 ـ صور الخوف في اعتذاريات النابغة الذبياني: د. سلامة عبد الله السويدي، حوليات
الآداب والعلوم الاجتماعية ـ جامعة الكويت، الحولية (26)، الرسالة (235)، 1426 هـ
/ 2005م، ص 27.

يتغلغلُ في خلايا الجسدِ. ففي الواقعِ يكونُ الفراشُ وسيلةً حسيةً لراحةِ البدنِ والعقلِ، وكلما كان وثيراً مُريحاً كان أكثرَ راحةً وهدوءاً. وفي الحقيقةِ الواقعيَّةِ ليست الأشـواكُ مادةً للفراشِ، لكنَّ خيالَ الشاعرِ قد حَـوَّل (الفراشَ) عن حقيقتهِ وطبيعته؛ لأنَّ فراشَ (الأشـواكِ) انتهاكٌ لمرجعيَّـةِ المتلقي وخبرتـهِ ومعرفتهِ، وكسْـرٌ لأفقِ توقُّعـهِ، وخَرْقٌ شعريٌّ لمنطقِ الأشياءِ في الواقعِ. ويُلازمُ الفعلُ (بتُّ) حركةَ النابغةِ الذبيانيِّ واقعيّاً وشعريّاً؛ ليتكرَّرَ بدلالةِ الحيرةِ والقلقِ في قولِهِ:

* فَبِـتُّ كأنّـي سَـاوَرتْني ضئيلةٌ

مِـنَ الرُّقْـشِ في أنيابها السُّـمُّ نَاقِعُ

* فَبِـتُّ كأننـي حَـرِجٌ لَعيـنٌ

نَفـاهُ النـاسُ، أو دَنِـفٌ طَعيـنُ

وبِذلك يَسـطو الآخرُ على حريَّةِ (الأنا)، ووعيها الآنيِّ، ويسـلبُها الإرادةَ التـي تُميـزُ بها بينَ ما هو حقيقيٌّ - واقعـيٌّ، وما هو مُتخيَّلٌ - موهومٌ، وإن كان في سياقٍ شـعريٍّ عُني فيه النابغةُ الذبيانيُّ برصدِ الحَـدثِ الفعلـيِّ، وبالتصريحِ المباشـرِ بالموضوعِ؛ لنتابعَ إشـاريّاتِ النصِّ، والإيحاءاتِ المبثوثةَ في سياقاتِهِ.

حلفـتُ، فلم أتـركْ لنفسِكَ ريبـةً

وليـس وراءَ اللهِ للمـرءِ مَذْهبُ

لئـنْ كنتَ قـد بُلِّغتَ عنّـي خيانـةً

لمبْلِغـكَ الواشـي أغشُّ وأكـذبُ

بَـدأت (الأنا) سلسلةً من الأفعـالِ القوليّةِ تواجهُ بهـا آثارَ (اللوم) المُفجعـةِ، وتبحثُ عن أسبابهِ لإبطالهـا. ويُعدُّ الفعلُ (حلفـتُ) بدايةً دِفاعيّـةً ناطقةً تمتلكُ بها (الأنـا) التعبيرَ عن آرائها، وتفكيرِها، لتدافعَ عن نفسِها؛ إذ وجدتْ في القسَمِ وعاءً للفكرةِ الحُرّةِ؛ وتجسيداً للذاتِ الإنْسَـانيةِ؛ له قداسـةٌ فـي الذهنِ والواقـعِ، تتخلَّصُ به مـنَ (اللومِ)؛ وتُوحـي للآخرِ بأنَّ حُريةَ الكلمةِ هي الطريقُ الوحيدُ لكشفِ الحقيقةِ التي كثيراً ما يتأخرُ كشفُها بالتجربةِ، والمعرفةِ، والخِبْرةِ. وإن كانت (الأنـا) قد تنازلتْ عن جزءٍ من مُقوّماتها الشـخصيةِ لمصلحةِ الآخرِ في أثناءِ صياغةِ الجملةِ (لم أترك لنفسكَ ريبةً). وهذا التنازلُ تستهدفُ به (الأنا) الخيرَ والأمانَ لنفسِها دون الأذى والقلقِ، والبناءَ الوجوديَّ دون الهَدْمِ. ولو كانت الصَّياغةُ البنائيةُ للجملةِ (لم أترك لنفسيَ ريبةً)؛ لتضخَّمت (الأنـا) تضخُّماً يدلُّ علـى ضُمورِها في الواقـعِ، ولبقيتْ سـجينةً نسقٍ يُنكرُ عليهـا حريتَها، فلا تستطيعُ مجادلـةَ (الآخرِ)، ومحاورَته بالبرهانِ، والمعايَنةِ.

يكشـفُ البيتُ الرابعُ سـببيَّةَ (اللَّـومِ) القاهرِ في البيتِ الأولِ؛ إذ يُصرِّحُ الشـاعرُ بحقيقةٍ شـعريةٍ تتمحورُ حولَ شـخصيةٍ سـلبيةٍ لها وجودٌ واقعيٌّ غامضٌ، وحضورٌ لسانيٌّ مؤثرٌ بالنميمةِ في بلاطِ الملكِ (النعمـانِ بن المنذرِ) لم يُحدِّدْ علميَّتَها، لكنَّه يُدركُ أنها شـخصيةٌ من المقربينَ له، تحضرُ مجلسَه، وتتكلمُ في حضرتِه جهراً وهمْساً، أظهرَ وجودَها الشَّفاهيَّ بفاعليَّةٍ دلاليةٍ ــ لفظيةٍ تَمظهرتْ فيها (مُبْلغأً)، نسبَ إليـه فعلاً شـفاهيّاً تحريضيّاً، قطعَ به روابطَ المؤانسـةِ بين الشـاعرِ

والملكِ، وحوَّلَ الوفاقَ إلـــى خِصامٍ، والودادَ إلى جفاءٍ ولومٍ ووعيدٍ وتهديـدٍ. لقد أقامَه (مُبْلغاً) بصيغةِ اسمِ الفاعلِ من الفعلِ أبْلَغ، وجعلَه مجهــولاً في الفعلِ (بُلِّغْتَ)؛ ليرسِّخَ في الوشايةِ المُبالغةَ الواهيةَ في الماهيــةِ، والتكثيرَ المُملَّ في الكميةِ؛ ويُعلنَ أنَّ فعلَه الشَّفاهيَّ إراديٌّ قمـيءٌ هجينٌ بقصدِ الوقيعةِ والشَّحناءِ التي دفعتْ بالشــاعرِ لوصفِ الملفوظِ اللسانيِّ بالخيانةِ.

و«الخائنُ: الذي يُؤتَمَنُ فلا ينصحُ، ويُظهِرُ في نفسِه غيرَ ما يُضمِرُ، ويُعلِنُ لسواكَ غيرَ ما تحبُّ... ورجلٌ خائنٌ وخائنةٌ، والخيانةُ والمخانةُ مصدرٌ»[48] وبذلك صوَّرَ الشــاعرُ المبلَّغَ خائناً في السِّياق اللُّغويِّ، وواشياً في الوصفِ الدلاليِّ يمشي بالنميمةِ، ويزرعُ الضَّغينةَ، ويتزيَّدُ فـي الأخبــارِ، ويصطنعُ شِـرارَها، ثم بناهُ بناءً لغويّاً معنويّاً هجيناً بلفظيـنِ وصفيينِ بصيغةِ (أفعل) التَّفضيلِ: (أغشُّ وأكذبُ) عدلَ بهما عن (غشَّــاش) إلى (الأغش) وعن (الكاذِب والكـذَّاب والكَذُوب) إلى الأكذب في سياقِ المُبالغةِ الظاهرةِ في الصيغةِ، وكأنه جعلَ الصِّفةَ والصِّيغةَ دلالةً عَلميَّةً مُشخصَنةً يختصُّ بها (المبلَّغُ)؛ حتى باتَ يُعرَفُ بيـن الناس بلقبٍ مكروهٍ منبوذٍ: (الأغـشُّ الأكذبُ) بوصفه أنموذجاً في الخيانةِ والوشـايةِ التي تنضوي في دلالاتِها معاني (الكذبِ والغشِّ والوِشايةِ)؛ فتبلورَ أهزوجةً نافرةً في اللسـان الناطقِ بالبهتانِ وكأن الشاعرَ يردِّدُ مثلاً نسيَه الملكُ النعمانُ: «ليس لمكذوبٍ رأيٌ»[49]

48 - اللسان، مادة (خون) 13/ 144 - 145.
49 - اللسان، مادة (كذب) 1/ 704 - 705 .

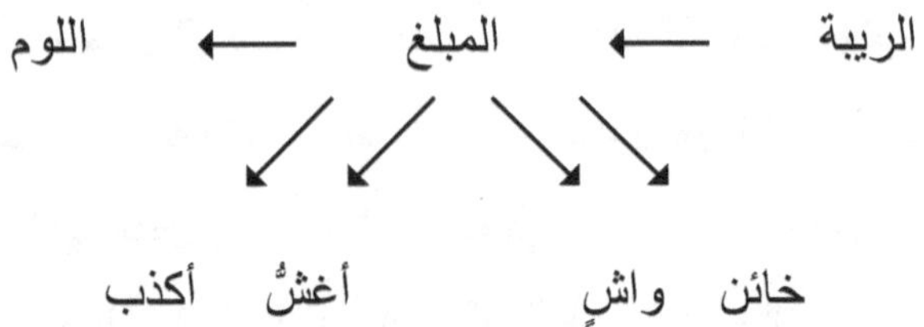

ويَحضرُ (القَسمُ) المتجسِّدُ في الفعلِ (حلفتُ) حضوراً طُقوسيّاً تبرّأ به (الأنا) من مُوثِّباتِ فعلِ (اللومِ) في قولِ النابغةِ الذبيانيِّ:

* حَلَفْـتُ فلـم أَتركْ لنفسِـكَ رِيْبةً

وهـلْ يأثَمـنْ ذو إمَّةٍ وهـو طائعُ؟!

وتفترضُ (الأنا) أنَّ (مبلِّغاً ← واشياً ← كذّاباً ← غشّاشاً) قد تقوَّلَ عليهـا بعضَ الأقاويلِ؛ فأوغرَ صدرَ (الآخر) الذي تحاملَ على (الأنا)؛ فأصدر عقاباً معنويّاً ضاغِطاً عليها، تجسَّد باللومِ من غيرِ أنْ يتأمـلَ قبـل أن يحكمَ، وأن يُقيمَ التجربةَ والمشـاهَدةَ قبل أن يلومَ؛ كأنَّ (الآخر) قد وقعَ تحت سيطرةِ (المُبَلِّغِ)؛ وينطوي على نقصٍ، أو خطأ فـي فهم حريةِ الكلمة؛ وكأنه في تلك اللحظةِ لم يكنْ سـيدَ نفسِـهِ التي ضعفتْ أمامَ سردِ (المُبَلِّغِ) تحدو بها نشوةُ السلطةِ، وغوايةُ التسلُّطِ.

وتَدفعُ (الأنا) عن نفسِـها ببراءتِها الشعريةِ منَ القولِ بالقولِ، ومنَ الفعلِ بالفعلِ، وتُعلنُ بهتانَ (المبلِّغِ) الذي تَسـتوطنُهُ الضغينةُ، وتحدو

به أوهَامُ الحسدِ؛ إذ يُصرِّحُ النابغةُ الذبيانيُّ في قصيدتِهِ (العينيَّةِ) بما يحملُهُ (المبلِّغُ) منَ السُّوءِ والعداوةِ له بقولِهِ فيه:

أتاكَ امرؤٌ مُسْتَيْقِنٌ لـيَ بغضةً

لـهُ مـن عدوٍّ مثـل ذلكَ شَافِعُ

أتاكَ امرؤٌ مُسْتَيْقِنٌ لـيَ بُغضَةً

ولـم يـأتِ بالحـقِّ الذي هـوَ ناصِعُ

أتــاكَ بقـولٍ لـم أكـنْ لأقولـه

ولـو كُبِّلَـتْ في ساعِدَيَّ الجوامِعُ

ويظهرُ أنَّ (الأنا) ما تزالُ تُخفي سَبَبَ (اللومِ) الذي غيَّر مَساربَ الــودِّ بينَها وبيـنَ الآخرِ؛ وتحاولُ تغييرَ المضمونِ القوليِّ الذي أوقَدَ غَضَبَ الآخرِ، وهذهِ مرحلـةٌ تمهيديَّةٌ من مراحلِ الإقناعِ والتفاهم، وأدركـت (الأنـا) بوعيهـا المسـتَفَزِّ أنَّ جزيئـاتٍ معنويـةً مَمْجوجَةً تتمحـورُ في الوحدةِ الدلاليةِ (خيانةً) ينفرُ منها الآخرُ نفوراً يُوازي نفورَ الأنا؛ بعد أن أصبحتْ حقيقةً واقعيةً تلاحِقُها ظلاًّ مُرعباً. وبذلك تتعـادلُ (الأنا) مع (الآخرِ) في النفورِ من الصفةِ المكروهةِ التي تُعَدُّ واقعاً مرفوضاً يجبُ هدمهُ. وبذلك يستطيعُ النابغةُ الذبيانيُّ أن يحاربَ (الخيانةَ والوشـاية)، وما تحتويه من همٍّ ووَهْمٍ، ويُبدِدَها بقوةِ الحقيقة المعرفيَّةِ؛ كي لا يقْوى أثرُها في نفسِهِ؛ فتسقط قواهُ في بؤرةِ الضعفِ،

ويستولي عليها الخوفُ مـن (الآخرِ)؛ فـإذا بالأنا تقضي عَلانيةً بصدقِهـا، وكذبِ المبلِّغ ـ الواشي؛ بل تُرسِّخُ فيه الصفـةَ المذمومةَ بوصفـه (الأغشّ ⇄ الأكـذبَ) تأيـيـداً تنتفي به القيمـةُ التفاضُلية المؤقتةُ؛ لأنه يمْتهنُ الغشَّ والكذبَ بضاعةً فاسِدةً مُفسِدةً. وبذلك تَبرأ (الأنـا) من مجموعةِ الصفـاتِ الدنيئةِ المتوقعةِ في الألفـاظِ المنفِّرة (ريبة ـ خيانة ـ غش ـ كذب)؛ فإذا بها تمتلكُ قوةً تعبيريةً آنيةً تكيفُها؛ لكـي تسـتعيدَ توازنَها الذي فقدتْـه؛ فجَّردها من القوة المعنويةِ زمناً محـدوداً لاتمتلـكُـبه القدرةَ على التصرُّف الإراديِّ.

ولكنـني كنتُ امـرأً لـيَ جانبٌ

مـن الأرضِ، فيه مُسـترادٌ ومذهبُ

مُـلـوكٌ وإخـوانٌ، إذا مـا أتيتُهُم

أُحكّـمُ فـي أموالهِـم، وأُقـرَّبُ

كفعلِكَ في قـومٍ أراكَ اصْطنعتَهم

فلـم تَرهم، في شُـكْر ذلـك، أذنبوا

تنتقلُ (الأنا) من الجهلِ إلى المعرفةِ، ومن الشِّكايةِ إلى المحاورَةِ، ومـن المهادَنةِ إلى المناورَةِ؛ مُحوِّلةً تحويـلاً فاعلاً، وتدريجياً الفكرة الموضوعيـةَ إلى حقيقةٍ مفهوميةٍ تتحققُ فيها (الأنـا) ذاتَها، تحقيقاً له

وحدةٌ واقعيةٌ بالإرادةِ الحرَّةِ في الاختيارِ الوجوديِّ. ويكشفُ السياقُ أنَّ (الأنا) قد تفهمتْ بوعي سلوكيٍّ جوهرَ (اللوم)، ومضمونَ الوشايةِ التي أثارتْ حفيظةَ الآخرِ؛ إذ يلجأُ النابغةُ الذبيانيُّ إلى الاستدلالِ الموضوعيِّ الذي يستميلُ به (الآخرَ) ويمتصُّ غضبَه بِرويةٍ وروايةٍ، يسردُ بها غائيةً تحولِه المؤقتِ منه إلى سواه. وتكمنُ (الخيانةُ) المزعومةُ بهذا التحُولِ المفاجئ الذي لم تُدركْ ذهنيةُ الآخرِ دوافعَه الإنسانيةَ بوصفها صورةً من صورِ المصيرِ الضروري.

وتكشِفُ المصادرُ أن النابغةَ الذبيانيَّ كانت له حُظوةٌ مرموقةٌ في بـلاطِ النعمانِ بن المنـذرِ -ملكِ الحيرةِ- وكان شـاعرَه الذي يلهجُ به أنموذجاً للمروءةِ العربيةِ، وظلَّ زماناً لا يفدُ على الغساسنة لِما كان بينهـم وبين المناذرةِ من التباغُضِ والشـحناءِ[50]. وكان بلاطُ النعمانِ بن المنذر يموجُ بالشـعراءِ، أمثـال: أوس بن حجر التميمي، والمثقَّب العبـديِّ، ولبيد بن ربيعة العامـريِّ، وعَدي بن زيد العباديِّ، والمنخَّل اليشـكريِّ[51]. لكن النابغةَ الذبيانيَّ لجأ إلى الغساسنةِ في بلادِ الشامِ؛ لأنهم أسدوا للشـاعرِ وقبيلتِه معروفاً حينما أطلقوا أسراهم؛ والشاعرُ يعترفُ لهم بالفضلِ، ويشـكرُهُم علـى صنيعِهِم. ويُروى أنه لمّا أغارَ النعمانُ بن وائل بن الجلاح الكلبي على بني ذبيان أخذَ منهم، وسَبى سبياً من غطفانَ. وأخذ عقربَ بنت النابغة الذبيانيِّ، فسألها: مَنْ أنتِ؟

---

50 - ينظر: في تاريخ الأدب الجاهلي، د. علي الجندي، دار الفكر العربي، القاهرة، 1987، ص 405.

51 - ينظر: العصر الجاهلي، د. شوقي ضيف، دار المعارف، مصر، ط 15، 1992م، ص 269.

فقالـتْ: أنا بنتُ النابغـة. فقال: والله ما أرى النابغـة يرضى هذا منَّا. فأطلقَ له سَبيَ غطفانَ وأسْراهم. وكانت ذُبيانُ من قبائلِ غطفانَ. فقال النابغةُ في مدحهِ:

لَعَمري لَنِعْمَ الحيُّ ضَبَّحَ سِـرْبَنَا

وأبياتِنَـا يومـاً بـذاتِ المُـراودِ⁽⁵²⁾

يَقودُهُـمُ النُّعمـانُ منـه بمِحْصَفٍ

وكيـد يَعُـمُّ الخارجـيَّ مُناجِـد

سَبَقْتَ الرجالَ الباهِشينَ إلى العُلا

كَسَـبْقِ الجوادِ اصطادَ قبلَ الطَّوارِد

عَلَـوتَ مَعَـدّاً نائـلاً ونِكـايـةً

فأنـتَ لِغَيْـثِ الحَمْدِ أوَّلُ رائـد

ومكثَ النابغةُ الذبيانيُّ يمدحُ الملوكَ، والأمراءَ من الغساسنةِ لفضلِهم ومنزِلتِهم؛ فقال يمدحُ عمرو بنَ الحارثِ الأصغرِ بن الحارثِ الأكبرِ الغسانيّ:

<hr>

52 ــ الديوان، ص 138. ذات المراود: موضع.

100

وَثِقْتُ له بالنصرِ إذ قيلَ قد غَزت

كتائبُ من غسَّانَ غيرِ أشائبِ (53)

إذا ما غَزوا بالجيشِ حلَّق فوقَهم

عَصائبُ طيرٍ تَهتدي بعصائبِ

يُصاحبْنَهم حتى يُغِرْنَ مُغارَهم

منَ الضَّاريـاتِ بالدَّماءِ الدَّوارِب

تَراهنَّ خلفَ القـومِ خُزراً عُيونُها

جُلوسَ الشُّـيوخِ في ثيـابِ المرانبِ

جَوانـحُ قـد أيقـنَّ أنّ قبيلَـه

إذا مـا التقى الجمعـانِ أوَّلُ غالبِ

يقولُ أبو بكر الصُّولي: «إنَّما يَعتذرُ النَّابغةُ إلى النُّعمانِ من مدحِهِ آل جفنةَ الغسَّـانيين، وتركِهِ له، ويُريدُ أنَّ له في مدحِهِ لهم عُذراً»(54)، وقد أحسـنَ في مدحِهم، وأجادَ، وأوجدَ لنفسـهِ عذراً شـعريّاً لسـلوكٍ واقعيٍّ. وقدَّمَ رؤيةً موضوعيةً لفلسفةِ الاعتذارِ بكفاءةٍ لغويةٍ.

وصنعَ علقمةُ الفحلُ صنيعَ النابغـةِ الذبيانيِّ؛ فرحلَ إلى بلاطِ الحارثِ بن جبلة بن أبي شمر الغسانيِّ الذي حاربَ بني تميم، وانتصرَ

—————————

53 - الديوان، ص 42.

54 - ديوان المعاني: أبو هلال العسكري (ت 395 هـ): مكتبة القدسي، القاهرة، 1352 هـ، 1 /16 - 17.

عليهم، وأخذَ أسْراهم، وفيهم (شَأْسٌ) أخو علقمة، فأسرعَ علقمةُ يمدحُ الحارثَ، ويطلبُ منه فِداءَهُ بالعفوِ قائلاً:

وأنـتَ الـذي آثـــارُهُ في عَـدُوِّهِ
مـن البؤسِ والنّعْمَـى لَهُنَّ ندوبُ⁽⁵⁵⁾
وفـي كلِّ حَــيٍّ قد خَبطْـتَ بنعمةٍ
فَحُـــقَّ لِشَــأسٍ مـن نـداكَ ذنــوبُ

وبذلـكَ نُـدركُ أنّ أفعـالَ النابغـةِ الذبيانيِّ ليسـتْ وليدةَ نزواتٍ عارضـةٍ، وأهواءٍ عابرة لا سـبيلَ إلــى تحديدِها، بل ثمـة توحُّدٌ بين البواعـثِ والأفعـالِ يُحوِّلُ الإرادةَ، الذهنيةَ إلــى الفعلِ الواقعيِّ؛ الذي تُثبتُ به الشـخصيةُ حريتَها في عالمِ الأشياءِ، الـذي تُعيدُ فيه ترتيبَ الحدثِ الواقعيِّ، وتُضفي عليه رؤيتَها حتَّى تتوافقَ الدلالاتُ المرتقبةُ، وتنسـجمَ مع (الأنا) وهي تُنادي بحريةٍ موضوعيـةٍ، لا يتناقضُ فيها الآخرُ مع طبعهِ، وعقلهِ المتحرِّرِ الذي قَبِلَ به وِفادةَ الشاعرِ حسان بن ثابت إليه؛ فأكرمَه، وسَـمِعَ شـعرَه فيه. ويُدركُ النعمانُ بن المنذر أنَّ خصمَه عمرو بن الحارث الغسانيّ هو ممدوحُ حسان بن ثابت، وقد كان ينزلُ به، وبغيرهِ من أمراءِ الغساسنةِ؛ وله فيه مُطوَّلةٌ مشهورةٌ يقولُ في تَضاعيفها:

———————

55 ـ المفضليات: المفضل الضبي (ت 461هـ/087م)، تحقيق: عبد السلام هارون، وأحمد محمد شاكر، دار المعارف ـ مصر، 1963م، المفضلية رقم 119.

أولادُ جَفنـةَ حَـولَ قبرِ أبيهـمُ

قَبـر ابن مَاريةَ الكريـم المفضلِ(56)

بِيْـضُ الوجوهِ كريمةٌ أحسـابُهُمْ

شُـمُّ الأنـوفِ مـنَ الطِّـراز الأوّلِ

وبذلــك يُقيمُ النابغةُ الذبيانيُّ مُوازنةً سـلوكيةً وشـعريةً بينه وبين الشــاعر حسـان بن ثابت، وعلقمة الفحل، ويعـادلُ معادلةً فكريةً بين الغساسنةِ والمناذرةِ؛ ولا يفاضلُ بينهما. كأنّه يمتصُّ غضبَ (الآخرِ)، ويُعيدُ إليه توازنَه النفسـيَّ الذي فقدَه في لحظةٍ باطلةٍ يسـطو بها على حريــةِ الأنا التي تُعدُّ حريتَها مُرادفةً للإنسـانية؛ إذ يقولُ لهُ صراحةً: «أنتَ أحسنْتَ إلى قومٍ فمدحوكَ وأنا أحسَنَ إليَّ قومٌ فمدحتُهُم، فكما أنَّ مدحَ أولئكَ لا يُعَّدُ ذنباً؛ فذلكَ مَدْحي لمنْ أحسـنَ إليَّ لا يُعّدُ ذنباً»(57)، في محاورةٍ هادئةٍ هانئةٍ، وموازنةٍ لفظيةٍ وفعليةٍ تبعثُ على السكينةِ.

ويبدو أنّ الشـاعرَ يسـتثيرُ الآخرَ بوصفِ الغساسنةِ بالإخوانِ بعد وصْفهم بالملوكِ؛ حتى يكسبَ نتـاجَ مروءتِهِ بالعفوِ عنه بعد أن حَفِظَ الغساسـنةُ منزلَتـه؛ فرفعوهَا؛ فجعلوه قرينَهم، ومـن صُرحائهم دونَ مواليهـم، فشـكَرهم. كأنّ (الأنا) تنتظرُ من (الآخرِ) فعلاً يفوقُ فعلَ

56 - ديوان حسان بن ثابت الأنصاري، تحقيق: د. وليد عرفات، 2/984، دار صادر - بيروت، 4791م.

57 - تحرير التحبير في صناعة الشعر والنثر وبيان إعجاز القرآن: ابن أبي الإصبع المصري (ت 654 هـ)، تحقيق: حفني محمد شرف، القاهرة، 1995م، ص 121.

خصومهِ معها؛ أو يُساويها بنظرائها الذينَ شكروا، فما أذنبوا، وما خانوا؛ فإذا بالخيانةِ، والوشايةِ، والكذبِ، ذُنوبٌ يبرأ منها النابغةُ الذيبانيُّ؛ لأنه يُدركُ أنّ الآخرَ يُعاقبُ عليها. والنعمانُ بن المنذر لا تُعجزُهُ حيلةٌ في إنفاذِ القولِ.

وتشكلُ الأفعالُ المتتاليةُ (أتيتُ ـ أقرّبُ ـ أحكّمُ) رؤيةً مُستقيمةً تصعدُ بها الذاتُ الشاعرةُ درجاتٍ مرموقةً في المجاورةِ الملوكيَّةِ، وتشعرُ بحريةٍ غيرِ مضغوطةٍ، وبحركـةٍ غيرِ مربوطةٍ بقيودٍ خانقةٍ. ونُـدركُ بدلالاتِ تلك الأفعال أنَّ الغساسنةَ غيّروا في صفة الشاعرِ الشاكرِ لنعمتِهم؛ فإذا به يُحكّمُ في أموالهم حكومةً معنويةً، ويُقرَّبُ في مجالسِهم منْ دون قرابةٍ دمويةٍ؛ إغراءً للآخرِ بالمماثلةِ في الفعلِ معه دون سواه.

فـلا تتركَنِّـي بالوعيْـدِ، كأنّني
إلـى الناسِ مَطليٌّ بـه القارُ، أجربُ

إنَّ الوعيدَ يُعيقُ تفكيرَ (الأنا) التي تظلُّ به أسيرةَ العالمِ المحسوسِ، والحـدودِ الضيقةِ في العالمِ المحيطِ بها؛ وتتألَّمُ منهُ، وتشقى بالتفكير بـه؛ لأنَّه يقضُّ عليها مضجَعها قيداً لا يفنى بغيرِ العفوِ، ولا ينقرضُ بغيرِ المروءةِ؛ ويسيطرُ به الآخـرُ على (الأنا) بالعنفِ والسطوةِ والجبروت. كأنّ الآخر بالوعيدِ قد وضعَ قيوداً، وحدوداً، لا

تنسـجمُ وطبيعة الأنا؛ إذ أفقدَ الوعيدُ (الأنـا) حقَّها في الوجودِ، وأنكرَ عليها حريـــةَ الكلمةِ؛ فيلاحقُها ظلاً مَقيتاً، وخيـالاً مُرعباً نفثَتْه ذاكرةُ النابغـةِ الذبيانيِّ في غيرِ قصيدةٍ مكثَ فيها (الوعيدُ) وحـدةً دلاليةً مركزيةً في أبياتٍ متفرقةٍ، وهي:

*أُنبئـتُ أنَّ أبا قَابوسَ أوعَدني

ولا قَـــرارَ على زَأرٍ من الأســدِ[58]

*وعيـدُ أبي قابوسَ في غيْرِ كنْهِهِ

أتاني ودونـي راكسٌ فالضَّواجعُ[59]

*أتوعـدُ عبْداً لـم يخنْـكَ أمانَةً

وتَتركُ عَبداً ظالمـاً وهو ضَالعُ[60]

ونلحـظ أنَّ (الأنا) قد تصاغرتْ بالوعيدِ تصاغـراً تتقرَّبُ به إلى الآخرِ؛ كأنّ «شَبحَ النعمانِ بنِ المنذرِ يُلاحقُ الشاعرَ في كلِّ لحظةٍ من لحظاتِ حياتِهِ، وأنه أشبهُ بقدرٍ مَحتومٍ يُطارِدُهُ؛ فلا مَفرَّ له منهُ»[61] فحوّلت الذاتُ الشاعرةُ الوعيدَ إلى مرضٍ مُعدٍ قوامُه الجربُ، وجلبتْ صورةً تشـبيهيةً لا حمايةَ فيهـا، ولا أمانَ؛ تُمظهرُهـا صورةُ البَعير

---

58 - الديوان، ص 6.

59 - الديوان، ص 32. راكس: وادٍ وموضعٌ. والضواجع: منحنيات الوادي ومنعطفاته.

60 - الديوان، ص 38.

61 - دراسات في الشعر الجاهلي، ص 280 .

الأجْربِ المطليِّ بالقارِ، والمركونِ بعيداً غريباً مكروهاً خشيةَ العَدوى والتلـوثِ؛ لتقتـربَ من صـورةِ (الأنا) التي أثقلَها الوعيـدُ، وأوهنَ قُواهـا. إذ تُشـكِّلُ لفظةُ (أجـرب) مفاجأةً للمتلقي، ينتهكُ بها الشـاعرُ ذاتَـه الواعيةَ، و(أناه) الحاضرةَ في الشـعرِ والوجـودِ؛ لأنها تُثيرُ في نفسِـه تداعياتٍ غيرَ مُتوقَّعةٍ تصدمُـهُ في دلالتها الواقعيةِ. إنها صورةٌ قميئةٌ للذاتِ أمامَ جبروتِ الآخرِ، صاغَها منطقُ الخيالِ الشِّعريِّ من مؤثِّراتٍ بيئيـةٍ تَتداعى إلى ذهنِ المتلقي، يَصحبُها إحسـاسٌ بالغَرابةِ والجِدَّةِ والدَّهشـةِ. كأنَّ الوعيدَ وشمَّ سوءٍ، وعلامةُ شؤمٍ تحاولُ (الأنا) أن تتخلَّـصَ منها تخلُّصاً إيجابيّاً تعودُ به إلى حوزةِ الآخرِ في سياقِ رجاءٍ تتخللُهُ أمنيةٌ لا حدودَ للزمن فيها؛ لأنها موصولةٌ بإرادةِ الآخرِ، الذي لم يتنازلْ بعدُ عن وعيدهِ إلى اللحظةِ التي أنشئ فيها النصُّ.

ألـم تَـرَ أنَّ الله أعطَـاكَ سورةً

تَـرى كلَّ ملـكٍ دونَـها، يتذبـذبُ

فإنـكَ شـمسٌ، والمُلـوكُ كواكبُ

إذا طَلعـتْ لـم يبدُ منهـنَّ كوكبُ

بدأت (الأنا) تَسترضي الآخرَ، وتخفِّفُ مِنْ غلوائهِ نحوها بمداعبةِ غرورهِ الشخصيِّ، من خلالِ رسمِ صورةٍ يتفوقُ فيها الآخرُ على مَنْ

سِـواه بمكرمةٍ سماويةٍ وقدرةٍ إرادية، يكتسبُ بهما مشروعيةٌ ممتدَّةٌ في المجدِ والسيادةِ؛ إذ شـكَّلت (الأنا) جزيئات الصورة بخيالٍ واعٍ، فأقامت الآخرَ مقامَ الشـمسِ، بل جعلتهُ شمساً تمتلكُ قدرةً توصيلية بتأثيرٍ ضوئيٍّ شـموليٍّ تضيء به ما حولها بفوقيةٍ إشـراقيةٍ، ومساحةٍ إشـعاعيةٍ غير متناهيةٍ، جسَّدَها الراوي تجسيداً مجازيّاً في الممدوحِ؛ فأصبحَ (المخاطبُ ـ الآخرُ) المعادلَ اللغويَّ والذهنيَّ للشمسِ. وحتى تقتـربَ (الأنا) من العفو الذي يُلغـي به الآخرُ وعيدَه، وتكتملَ الرؤيةُ التجسيديةُ في (المخاطَب/ الملك النعمان)؛ يَستدعي الشـاعرُ ملوكاً يُعاصرونـهُ زمنيّاً؛ لكنَّه يجعلُهم كواكبَ في الفعلِ والصفةِ التشبيهيَّةِ يقلّـون عنه حجماً وتأثيراً، وحركةً، ويسـتمدون ضوأهم منه مُناوبةً؛ ليكونَ وجودُهم مرهوناً بوجودِه. فهو المضيء والمشعُّ بنفسه ولغيره، وهم يستضيئونَ به، ويقترنونَ به في صراعٍ وجوديٍّ يهبهُم فيه كينونةَ الوجـودِ؛ لكنَّه إذ يطلعُ سـطوةً ومهابـةً يختفـونَ؛ وإذ يتحركُ خيلاءً يثبتونَ هيبةً وخشـيةً. وربما غمزَ النابغةُ بالغساسـنةِ (الملوك)، وهو الذي ذكرَهم في سياقِ الضيافةِ؛ لأننا نستطيعُ أن نستبدلَ ذهنيّاً صورةَ (الغساسـنة/الملوك) بالكواكبِ، ويبقى النعمانُ شمسـاً برؤيةٍ إيجابيةٍ؛ وإنْ كان النعمـانُ ملكاً في وظيفتـهِ، ومنصبهِ، وصفتهِ؛ إلا أنَّ النابغة الذبيانيَّ جعلَه (ملكَ الملوكِ)، و(سـيّدَ السـاداتِ) ليوحـيَ له أنه نَزل بغيرِ نظرائِهِ، وإنْ خاصموهُ في بعضِ شـؤونهِ في مراوغةٍ لغويةٍ قد لا تُجاوزُ عاطفةً آنيةً لشاعرٍ مغضوبٍ عليهِ.

ونذكرُ أنَّ النابغة قال يمدحُ الغساسنةَ، ويصفهُم بالملوكِ:

هُـمُ الملـوكُ وأبنـاءُ الملـوكِ لهمْ
فضلٌ على الناسِ في اللأواءِ والنعمِ[62]

وبذلك يقرُّ الشـاعرُ بفعلٍ أنجزَه، وقولٍ نطقَ به، ويُريدُ أن يُلغيه، ويقيـمَ بدلاً عنه فعلاً أكثـرَ مرونةً، وإيجابيةً؛ وإن كان يُبرِّرُ سلوكَه الواقعـيَّ الذي أوجبَ عليه الاعتذارَ حتى يبتـزَّ به النعمانَ بن المنذر عاطفيّاً.

ولسْـتَ بِمُسْـتبقٍ أخـاً لا تَلُمُّـه
على شَـعَثٍ، أيُّ الرجـال المهذَّبُ؟

لقـد تحوَّلت (الأنا) من السَّـرد بقصديَّةِ النفـي لماهيةِ حدثٍ يقترنُ بالخيانـةِ؛ تحوَّلتْ إلى المواجهةِ الآنيةِ، بخطابيةٍ مُباشرةٍ؛ تتفوَّه فيها بالحكمةِ والموعظةِ بنسقٍ لغويٍّ نُدركُ من خلالِه أنّ النابغةَ الذبيانيَّ كائنٌ إنسـانيٌّ، تفرَّقتْ به سُبُلُ النجاةِ من (الوعيدِ) بالكلمةِ والسّـلوكِ في سبيلَين مُتناقضَين: الوعيدُ المقترنُ بالقطعيةِ والخوف والشتاتِ، والعفـو المـمـزوجُ بالقيمةِ الإنسـانيةِ والأمانِ. وربما يرغـبُ النابغةُ الذبيانيُّ وهو يلفظُ (أخاً) في سياقِ المفارَقـةِ والموالفةِ، يرغبُ في أخوّةِ النعمان، أو أن يُنزلهُ منزلةَ الإخوانِ. وتمتلئ جملةُ (أيُّ الرجال

<hr>

62 - الديوان، ص 101.

المهذبُ) بشـحنةٍ دلاليةٍ ـمعنويةٍ ـ وبسؤالٍ يحتوي فكرةً فلسفيةً، يؤكدُ الواقـعُ مصداقيتها التي يعتذرُ بها النابغةُ الذبيانيُّ عن نفسـهِ؛ بوصفهِ (أخاً رجلاً) يتسـرَّبُ إليه العيبُ والزللُ قليلهُ أو كثيرهُ، فهو رجلٌ في قبيلتهِ، وأخٌ للنعمانِ في مَجلسِهِ ومُجالستهِ، وعبدٌ خضوعٌ في مَظلمتهِ أمامَ الملكِ العتيدِ في مُغايرةٍ للصفةِ وبقاءٍ للذاتِ:

فـإنْ أكُ مظلومـاً، فعبـدٌ ظلمتَـه
وإنْ تَـكُ ذا عُتبـى، فمثلـكَ يعتبُ

تَنتهـكُ صفـةُ (العبد) حقائـقَ الوجودِ الشِّـعريِّ، وتكسـرُ التوقُّعَ بتشـويشِ الحقيقةِ المعرفيَّةِ المخْتَزَنةِ في ذاكرةِ المتلقي حول الشاعرِ/ الإنسـانِ في الواقعِ والرؤيةِ التأريخيةِ. ومن غيرِ المألوفِ أنْ تتنازَلَ (الأنـا) عـن حريَّتها، وتلتصقَ بالعبوديةِ؛ لأنَّ ذلكَ خلخلةٌ للوعي، وخَرْقٌ للنسقِ المعرفيِّ في (العصـر الجاهليِّ)؛ لكنَّ التفاعُلَ بين المعطياتِ الخياليَّةِ وموضوعـاتِ الوجودِ والحياةِ؛ أوجدَ تعبيراً مُفاجئاً فيه الدهشـةُ، وإنْ كانَ يحملُ ذكاءً فطريّاً في مُهادَنةِ الآخرِ، وكياسَـةً في اسْترضائهِ؛ فتكونُ العبوديةُ حقيقةً شعريَّةً، وليستْ بحقيقةٍ واقعيَّةٍ. إذ أدركَت (الأنا) أنَّ خيرَها ووجودَها في أن تكونَ مَغلوبةً ـ مَظلومةً واقعيّاً وشـعريّاً أمام الآخرِ بكلمـاتٍ جوفاء، وكبرياءٍ زائفٍ، لا غالبةً ظالمةً؛ وأنْ تكونَ خاسرةً خسارةً جزئيةً في لحظةٍ زمنيةٍ، لا رابحةً ربْحاً مُزيفاً تفقدُ فيه ذاتَها فقداناً كليّاً؛ لذلك تنازلتْ عن حريتها بوجهٍ

من الوجوهِ تنازلاً مؤقتاً للآخر، فألصقتْ بنفسِها صفةَ العبدِ خوفاً من بطش الآخرِ بها:

- الأنا + الوعيد = الموت المعنوي = العبودية

- الأنا + العفو = الحياة المتجددة = الحرية

ولا أظنُّ النابغةَ الذبيانيَّ ـشاعراً وإنساناً ـ يقصدُ بالعبدِ مَنْ كانَ من الرقيقِ الحبشيِّ، أو السَّبيِّ في الغزواتِ، أو وُلِدَ لأمةٍ سوداءَ كأداءَ؛ لكنَّـه يقصدُ به الخضـوعَ والتذلُّلَ والتودُّدَ للملـكِ (النعمانِ) لجبروتِهِ وسَـطوتِهِ وعُنفوانـهِ في زمانـهِ بين أقرانـهِ من الملـوكِ. وخضوعُ النابغـةِ للنعمانِ بن المنذرِ، وتذلُّلُه ـقولاً وفعلاً ـ بين يدَيهِ فعلٌ إنسـانيٌّ فيه الكياسةُ والسِّياسةُ والعقلانيةُ واللباقةُ، جعلهُ إنساناً مُتحضِّراً، ودبلوماسيّاً مُتألّقاً.

وقـد كرّر النابغةُ فـي غيرِ قصيدةٍ وصفَه لنفسِـهِ بالعبودية أمام النعمان بن المنذرِ؛ من ذلك قولُهُ:

أتوعِـدُ عبْـداً لـم يَخُنْـكَ أمانـةً

وتتـركُ عبداً ظالماً وهـو ضالعُ[63]

فـإن كنتَ امـرَأً قد سُـؤْتَ ظنّاً

بعبْـدِكَ والخُطـوبُ إلـى تَبـالِ[64]

---

63 ـ الديوان، ص 38.
64 ـ الديوان، ص 151.

فأرسـلْ فـي بنـي ذُبيـانَ فاسْـألْ
ولا تَعجـلْ إلـيَّ عـن السُّـؤالِ

وأحسبُ أنّ النابغةَ الذبيانيَّ قد جعلَ نفسهُ مظلوماً مُهادِناً، يشكو وطأةَ الظلمِ بالوشايةِ والبهتانِ؛ لكنه يقبلُ به قبولاً مؤقتاً، ولم يُحاربهُ بالفعلِ الواقعـيِّ؛ وإنْ صرَّح بـه بالكلمةِ الدَّالةِ على المهادنةِ، لأنّ مصدره النعمـان بن المنذر، ولا طاقة له به، ويدركُ النابغةُ الذبياني أنّ ظلمَ الحرِّ للحرِّ يجلبُ الثأرَ؛ فتنازلَ عن حريتَهِ لضعفهِ الماديِّ أمام النعمان، وقنـعَ قناعةً شعريةً بالعبوديةِ دونَ الحريَّةِ؛ لأنَّ حريته وإنسانيتَهُ مرهونـةٌ (بالعُتبى/بالرضا)، ومقرونةٌ بالعفوِ والصَّفحِ، وبهما يعودُ النَّابغةُ حـرّاً، ويمارسُ فعلَ الأحـرارِ ثانيةً. و«العُتْبى: أن يُسـتَعْتَبَ الرجـلُ إلى ما يُرْضِيـهِ، والعَتَبُ: لومُك الرجلَ على إساءةٍ كانتْ له إليكَ. ويُعْتَبُ: يُرْضَى ويُسْتَرضَى، والعَتْبُ الموجَدَة»[65] وبالعُتْبى يرسِّـخُ الشـاعرُ مقامَ الآخرِ/الملكِ في نفسـهِ ومواليهِ، بوصفهِ رجلاً وقوراً مهذَّباً، يُسْتَعْتَبُ ويُسْتَرضَى فيرْضَى لمروءتهِ وشهامتِهِ؛ وبذلكَ يُقرُّ الشـاعرُ بخفاءٍ دلاليٍّ بسلوكٍ سلكهُ أثارَ غضبَ الملكِ (النعمانِ)، وعليهِ أن يَسـتَعْتِبَهُ حتى يُعْتَب/يَرضى، ليحفظَ للملكِ هَيبتَهُ ومهابتَهُ، ولنفسـهِ وجودَها بالحدثِ اللسـانيِّ الذي تحوَّل به الآخرُ من الغضبِ العاصفِ إلى السَّكينةِ، ومن الوعيدِ القاصفِ إلى العفوِ.

ــــــــــــــــ

65 - اللسان، مادة (عتب) 575/1.

وإذا كانـتْ صورةُ العبـدِ المظلومِ مُعبرةً عن مشاعِرِ (الأنا) في لحظـةِ فُقدانِ الشُّعورِ بالوعي والوجودِ بلغةٍ تُحاكي مشاعرَ الآخرِ، وتُداعبُ ذاتَه المتعاليةَ؛ فإنَّ (العفوَ) جسرٌ تعبرُهُ (الأنا) حتى تعودَ إلى فضاءِ الآخرِ، وتنعم بالتواصُلِ النفسيِّ والواقعيِّ معه؛ لأنَّ (العفوَ) يُخلِّـصُ (الأنا) المقهورةَ من العزلةِ والانفصالِ والشتاتِ، ويُعيدُ لها التوازنَ النفسيَّ، ويُحققُ التواصُلَ مع العالمِ والوجودِ.

* * * *

لقد أفرزَ البناءُ السـرديُّ والتشكيلُ اللغويُّ للنصِّ في أثناء التأويل والتحليـل تلـكَ البُنـى الموضوعيَّـة، والـدلالاتِ الفكريـةَ المخبوءةَ فـي سـياقِ الوحداتِ الدلاليـةِ، ويُحيلنا على بؤرٍ بنائيـةٍ في الصياغةِ والأسلوب اللغويِّ، والأداءِ الصُّوريِّ؛ منها:

- إنَّ النـصَّ (مـن خـلالِ الشـاعرِ) يقدمُ حـواراً مفتوحاً بين الفكرِ المُسـتندِ إلـى حريةِ الرؤيةِ والكلمةِ وكفـاءةِ التعبيرِ، وبين السُّـلوكِ المُرتبطِ بحركيةِ الفعلِ، وردِّ الفعلِ الموصولِ بالأحداثِ المرتبطةِ بالجملِ الفعليةِ.

- إنَّ موقفَ (الأنا) من (الآخرِ) لم يتغيرْ بتغيُّرِ الزمانِ والمكانِ؛ لكنَّ موقفَ (الآخرِ) منَ (الأنا) قد تغيرَ بتغيرهما معاً. فالآخرُ هانئٌ مُسـتقرٌ في موطنهِ، تَغمرهُ الرفاهيةُ، و(الأنا) تَشـتكي، وتتألمُ تعبيراً عن الصِّراعِ النفسـيِّ، والأزمةِ الاجتماعيةِ التي يمرُّ بها الشاعرُ.

- يقومُ النصُّ على نسقَين مُتضادَّين:

112

أ ـ (نسق الأنا ⇄ المتكلّم ⇄ النابغة)

ب ـ (نسق الآخر ⇄ المخاطَب ⇄ النعمان)

ووردتْ في النصّ (21) إشارةً لغويةً ـ رمزيةً تشيرُ للمخاطَب الآخر، و(19) إشارةً إلـى المتكلّم-الأنا. وإنْ كان نسقُ المتكلّم هو الذي يستدعي إليه نسقَ المخاطَب. وشخصيةُ الآخرِ يعرفُها القارئ من خلالِ إشارات المتكلّم. وتلك الثنائيةُ في السياق اللغويِّ قد خلقتْ حـواراً مُضمـراً أحاديَّ السـردِ تتصاعدُ فيه واقعيةُ الحـدثِ بدءاً من فعـلِ اللومِ، ثم الوعيد، ثم الاعتذار، ثم العفـو المرتقب، وكأنّ رؤيتَنا للمخاطَب مستمدَّةٌ من رؤيةِ المتكلّم له.

• يحتـوي النصُّ علـى (29) فعلاً، منهـا (18) فعلاً مُضارعاً، و(11) فعـلاً ماضياً؛ كأنَّ النابغـةَ الذبيانيَّ يؤكدُ بالزمن على الرؤيةِ المسـتقبليةِ، وما تحملُه من شُـعورٍ بالأملِ يمنحُه إياه الآخرُ بالعفو؛ لأنَّ الأفعالَ الماضيةَ ترتبطُ بالوشايةِ والخيانةِ. وإنْ كان النابغةُ الذبيانيُّ قد غيَّبَ زمنَ الأحداثِ في النصِّ، إذ تجري الأحداثُ، وتُسردُ الوقائعُ؛ وينتهي النصُّ دون الإشارةِ إلـى زمنٍ محـددٍ. كما غيَّبَ الشّـاعرُ المكانَ الـذي تدورُ فيه الأحـداثُ، أو تُطرَحُ فيـه الموضوعاتُ؛ لذلكَ دخـلَ النابغةُ الذبيانيُّ إلى البنيةِ الموضوعيةِ دخولاً مُباشراً من غيرِ مقدمةٍ، أو تمهيدٍ؛ لأنه شـعَر أنَّ موضوعَ (الوعيـد) جَللٌ، وأنَّ العفوَ المأمولَ غايةٌ إنسانيةٌ مشروعةٌ تستحقُّ المعاناةَ والمكابَدةَ، فإذا به يسـعى سـعياً شـعرياً حتى يُقدمَ لنا فكرةَ الاعتذارِ، وسياسةَ حفظِ الذاتِ، مُترابطةً مُتناميةً.

الغولُ والصُّعلوكُ

(تأبَّط شرّاً) أُنموذجاً شِعريّاً

وأنت تستذكرُ الشعراءَ الصعاليكَ في العصرِ الجاهليّ يستوقفكَ (تأبط شرّاً) شـاعراً وإنسـاناً، بلقبٍ تركَّبَ جملةً تعتصرُ السـلبية والقتامةَ في الفعلِ والصفةِ، تحوّل به من السكونيةِ إلى الحركيةِ، ومن الصَّمتِ إلى المُغالبةِ، ومن القَبولِ والخُنوعِ إلى الرفضِ والمواجهةِ، ومـن الخفاءِ القميء إلى العلَن الصاخبِ، بدلالتين: دلالةٍ ماديةٍ تُشيـرُ إلى الشـخصِ إشـارةً يفخرُ بها، ودلالةٍ معنويةٍ يشعرُ معها الآخرون بالرهبةِ المُرجفةِ، في سـياقِ محاورةٍ ذهنيةٍ بيـن ذاتين: ذاتٍ واعيةٍ؛ تُـدركُ دورَ الكائنِ في توجيهِ مفهـومِ اللقبِ بالحدوثِ المتكررِ، وذاتٍ مكبوتـةٍ واهنةٍ؛ لا تعي وظيفـةَ الفردِ المتمرّدِ الذي يمنحُ اللقبَ كينونةً واقعيةً؛ بشخصيةٍ لها القدرةُ على المُجاهرةِ والمُصاولةِ.

وتعرفُ أنَّ (تأبط شرّاً) قد نشـأ في بيئةٍ مُرهقةٍ لشاعرٍ شـرودٍ حَرونٍ، يعشـقُ الحرية والفضاءَ فكراً ومنهاجاً، ولا يستقرُّ على نسقٍ حياتـيٍّ رتيبِ الأنماطِ، فخرجَ عن المنظومةِ القبليةِ التي تُشـكلُ الفردَ برؤيـةِ الجماعةِ، بقوةٍ جسـديةٍ ونفسـيةٍ، ووعي شـعريٍّ، لم ينسجْم بهمـا مـع الأعرافِ والنظمِ السوسيولوجيةِ؛ رغبةً منه فـي تحقيقِ ذاتِه ووجودِه، ففارقَ القبيلةَ التي سـنّت نُظماً هيكليةً لا تقبلُ المُخالفةَ والمُعارضـةَ، فارقَهـا إلى أعمـاقِ الصحراءِ حيث يعيـشُ الوحشُ،

ينتخبُ لنفسـه مجتمعاً بديلاً يختارُه بإرادتِه، ويتحررُ فيه من سلطويةِ الآخـر، وتتفاعلُ فيه الذاتُ مع البيئةِ تفاعـلاً يخلقُ عالماً تتذاوبُ فيه المتناقضاتُ:

يبيتُ بمغنـى الوحشِ حتـى أَلِفْنَهُ

ويُصبحُ لا يحمي لها الدهر مرتعا(66)

رأينَ فتـىً لا صيدُ وحـشٍ يَهُمّه

فلـو صافَحَتْ إنساً لصافَحْنَه معا

وتُردّدُ قولينِ مُتواترينِ من الأقوالِ التي تحدّدُ سبباً أنتجَ لقبَ (تأبّط شرّاً)، نعرضهُما عرضاً تحليليّاً حواريّاً؛ لصلتهما بالغولِ:

أولهما: أنه رأى كبشاً في الصّحراءِ فاحْتملـه تحت إبطِه، فجعلَ يبـولُ عليه طولَ طريقهِ. فلما قربَ من الحي ثقُلَ عليه الكبشُ، فرمى بـه، فإذا هو الغولُ، فقـال له قومُه: ما تأبطتَ يا ثابت؟ قال: الغول، فقالـوا: تأبطتَ شرّاً، فلقّب بذلك(67). ويبدو أنَّ فعلَ الرؤيةِ البصريةِ قـد تحققَ من نوعيةِ الحيـوانِ في أثناءِ مُحاولتِه سبرَ أغوارِ الوجودِ الـذي يقفُ خارجَ ذاتـهِ، وعالمهِ الطبيعيِّ. ثم تدخّل الراوي الشعبيُّ

66 - شعر تأبط شراً، دراسة وتحقيق: سليمان داود القره غولي، وجبار تعبان جاسم، مطبعة الآداب - النجف، العراق، 1973م، ص 98 - 99.
67 - الأغاني: أبو الفرج الأصفهاني، طبعة بولاق (مصورة)، بيروت، 1390هـ - 1970م، 18 / 209.

فحوّلـه من الكبشيةِ إلى الغُوليـةِ رغبةً منه في مُواصلةِ السّـردِ عبرَ فاعليةِ الفضاءِ، وتأثيرِ الشخصيةِ. والقولُ بالغولِ المحمولِ بعد سؤالٍ عـن الحدثِ فيه نزعةٌ تمويهيةٌ تميلُ إلـى المُبالغةِ والتهويلِ في إثارةِ الدهشةِ بالمُفارقةِ.

ثانيهمـا: أنه لقيَ الغولَ في ليلةٍ ظَلماءَ في موضعٍ يُقالُ له: (رحى بِطان) في بلاد هُذيلٍ. فلما أصبحَ حملَها تحت إبطِه، وجاءَ بها أصحابَه، فقالـوا: لقد تأبطتَ شرّاً[68]. فهـل تُصدقُ أن هذا اللقـاءَ فعلُ مُواجهةٍ ومُقابلةٍ في سياقِ صراعٍ بين كينونتينِ: كينونةٍ تعقلُ، وكينونةٍ حيوانيةٍ لا تعقـلُ، وبيـن وجودَينِ: وجود واعٍ حقيقيٍّ، تحركـهُ رغبةُ التحررِ، ووجـودٍ يُحركـهُ الجوعُ، وتسيـرُ به الغريـزةُ؟ وهل تعتقـدُ أن الغولَ حيوانٌ أليفٌ داجنٌ، وأنه خفيفُ الوزنِ يُحمَلُ بعيداً بلا عناءٍ، كما تُحمَلُ العبـاءةُ، وأنه مبـذولٌ مُتوافرٌ في ديارِ (هذيل)، وأنه واهنُ الشـكيمةِ، ضعيفُ النواجذِ، وأنه لا يُوصفُ بالوحشيةِ في الهجومِ، وبالخرافةِ في الواقعِ؟ وإن كنت تُصَدّقُ أن تأبط شرّاً قد قال شعراً في الغولِ:

ألا مَـن مُبْلِـغٌ فتيـانَ فَهْمِ

بمـا لاقيتُ عند رَحى بِطانٍ[69]

بأنـي قـد لقيتُ الغولَ تهوي

بسَـهْبٍ كالصَّحيفةِ صَحْصَحانِ

68 - المصدر نفسه، 18/ 209 - 210.
69 - شعر تأبط شراً، ص 172 - 173.

أجِدُ أنَّ الخيالَ الشعريَّ قد ضخَّمَ الأشياءَ مُستدعياً حيواناً (خرافياً) يقبعُ في الذاكرةِ الشعبيةِ للمجتمعِ الجاهليِّ، بوصفِه أنموذجاً يُخَوَّفُ به الكبارُ الصغارَ، أو يستمطرونَ الشرَّ على أعدائهم وخُصومهم بالدعاءِ عليهم به. وكأني بالقولينِ السابقينِ يصدرانِ عن عقليةٍ تمتهنُ القصِّ والحكايةَ، وتحترفُ الروايةَ؛ لتشكيلِ الحدثِ الشائقِ تشكيلاً تستسيغُه ذائقةُ العوامِّ، وتتقنُ بناءَ الوجودِ اللغويِّ للغولِ بتجسيدِ الوهمِ والتخيُّلِ تجسيداً واقعيّاً بالكلماتِ؛ كأني بالشاعرِ (تأبط شرّاً) يمتلكُ طاقةً حيويةً خياليةً يستحوذُ بها على الكائنِ الخرافيِّ (الغول)، و يحملُ إرادةَ الفعلِ التي تقررُ التغييرَ.

وتلزمُ (الغولُ) ذهنيةَ (تأبط شرّاً)، وتتسلطُ عليـه؛ فإذا به يعتقدُ بوجودِها، فضخَّمها، وقدّم لها صورةً مُحاطةً بنسيجٍ هلاميٍّ، يكشفُ مـا كان يُثيـرهُ القلـقُ لصعلـوكٍ يمتطي الليالـيَ المظلمةَ مـن الآكامِ والشـعابِ المقفرةِ، التي تتجسمُ فيها المشاهدُ أشباحاً مُخيفةً مُرعبةً، وتختلطُ الأصداءُ في بؤرةٍ سمعيةٍ غامضـةٍ، ورؤيةٍ بصريةٍ مُتباعدةِ الأرجـاءِ، ضبابيةِ المعالمِ؛ إذ أقام (تأبط شرّاً) مـن صراعِه الخياليِّ مع الغولِ قصةً شـعريةً في قصيدتِه (اللاميَّة) بوصفيةٍ لغويةٍ، شكلتْ موضوعـاً له مقوماتُ التكوينِ ببنيويةٍ جماليةٍ، تنطقُ بالواقعيةِ الفنيةِ، وبأيقوناتٍ حواريةٍ يتسمُ فيها الموصوفُ (الغول) بصفاتٍ إنسانيةٍ في سـياقِ وحدةٍ موضوعيةٍ تحتويها عاطفةٌ شعوريةٌ موحّدةٌ، ينشأ فيها كلُّ جزءٍ من أجزائها نشـوءاً طبيعيّـاً مُقنعاً، بعد أن تتكاملَ الجزئياتُ والعناصرُ بمطلعٍ حواريٍّ:

تقــولُ سُـــليمى لِجَــاراتِهـا
أرى ثابتـاً يَفِـنـاً حَوْقَـلا(70)

يُصرّحُ الشـاعرُ بداءةً بعلميتِه الصريحةِ (ثابت بن جابر) بوصفه راوياً خارجَ السـردِ، وشـخصيةً محوريةً تتغلغلُ في المتنِ الحكائيِّ، وموضوعـاً يدورُ حوله الخطـابُ، ويَنتجُ عنه القصّ. ويُبرِزُ علميَّة المتكلّمــة (سُـليمى) بوصفها صاحبته التـي لا تمتلكُ ملامـح أنثويةً إغرائيـةً، والتي خبرتْ قدرته في الماضي رجلاً، وتُعاني من عجزهِ وضعفهِ في الحاضرِ، فتعلنُ ضجرَها منه الآن بعلاقةٍ لوّثتها الغوايةُ، وغلّفها الدّنَسُ في سـياقٍ سلوكيٍّ لم تحكمه الأعرافُ والتقاليدُ القبلية، فأُنجِزَ خارجَ منظومتِها الأخلاقيةِ؛ لتستقرَّ (سُليمى) في بيتٍ من البيوتِ ذواتِ الرايات الحُمْرِ، سواء أكانت شخصية واقعيةً حقيقيةً أم شخصية خياليةً مجردةً. وتتفاقـمُ في جوارحِه عقدةُ الاغترابِ الاجتماعيِّ التي لا يستطيعُ معها أنْ يحتضنَ امرأةً بذراعيهِ، أو تشكيلَ أسرةٍ تحتضنهُ؛ لأن هاجـسَ القتلِ يهيمنُ عليه، فإذا به يجدُ نفسـه بين جماعةٍ ذكوريةٍ تفتقـرُ إلى النسـاءِ الغواني في لحظاتِ الفيضِ العاطفيِّ. قيل: خطَبَ تأبط شـرّاً امرأةً من هذيلٍ من بني سهمٍ، فقال لها قائلٌ: لا تنكحيهِ فإنه لأوّل نصلٍ غداً. فقال تأبط شرّاً:

وقالـــوا لهــا: لا تنكِحِيهِ فإنّـــه
لأوّل نَصْـــلٍ أنْ يلاقِـيَ مَجْمَعـا(71)

---

70 - شعر تأبط شراً، ص 121 - 125.
71 - شعر تأبط شراً، ص 97.

فلــم ترَ من رأيي فَتيــلاً وحاذرتْ
تَأَيّمَهَـا مِــن لابــسِ الليـلِ أَروَعَـا

ينتقـلُ فعـلُ الرؤيةِ في المطلـعِ (أرى) من المسـتوى البصريِّ المنظورِ في العالمِ الخارجيِّ إلى المستوى المخبوءِ بتجربةٍ واقعيةٍ يقينيةٍ، تكشـفُ فيها صاحبتهُ شيخوخَته الماديةَ التي يرفضُها، وعجزَه المخبوء الذي ينتفضُ منه، لجارَاتٍ لها يُجالسـنها، ويستمتعنَ بالقولِ في حواريةٍ نسـائيةٍ كوميديةٍ سـقطَ فيها الشـاعرُ (الذكرُ)، وأُخرِجتْ شـخصيتهُ من الغموضِ إلى الوضوحِ، ومن القوّةِ إلى الضعفِ، ومن القـدرةِ إلى العجزِ، ومن الرجولةِ إلى الشـيخوخةِ. ومما أثار حفيظته أن النسوةَ الجاراتِ لم يَكُنَّ يعرفْن الصلةَ الوثائقيةَ بين العلَميةِ (ثابت) واللقبيــةِ (تأبط شــرّاً)، وكأنهما فـي الواقع شـخصانِ مختلفانِ، حتى طابقتْ سُـليمى بينهما في صعيدٍ أحاديِّ الدلالة، وفي شـخصيةٍ بذاتها (ثابت ⇄ تأبط شرّاً). فإذا به يُقدّم بديلاً موضوعيّاً بالحضورِ الذي ينفي الغيابَ الواقعيَّ، أو المتخيّلَ، أو التغييبَ القسـريَّ؛ ليهيئَ الذهنَ لوقوعِ حدثٍ مرقوبٍ في ليلةٍ داكنةِ الأوداجِ، ومكانٍ بهيمٍ:

لهـا الويلُ مـا وجَـدَتْ ثابتاً
ألَـفَّ اليدَيـنِ ولا زُمَّـلا
ولا رَعِشَ السَّـاقِ عند الجِرَا
ءِ إذا بـادرَ الحملـةَ الهيضلا

يَفُــوتُ الجِيــادَ بتقْـريبِـه

ويكسو هَواديَها القَسْطَلا

وأَدْهَمَ قـد جُبتُ جِلبَابَـه

كما اجْتابتِ الكاعِبُ الخَيْعَلا

إلى أن حَــدَا الصُّبـحُ أثْنَاءَه

ومـزَّقَ جِلبابَـه الأليَـلا

يتقمصُ الشاعرُ دورَ البطولةِ، ويُمارسُ طقوسَ الهيمنةِ، ويحتوي السـردَ بذاتيةٍ تخترقُ النواحيَ والجوانبَ؛ لتمزّق بكفاءةٍ لغويةٍ أستارَ الكلالةِ. ثم يسطو على الحدثِ بصوتٍ جهورٍ، ويُقيمُ أوَدَهُ بمجموعةٍ متناميةٍ من الصفاتِ والحركاتِ المسرحيةِ؛ لِيَكُفَّ لسانَ جارتِه عنه، ويستَرِدَّ هيبتَه بين النسـاءِ (الجاراتِ)، ويرسِّخ مَهابتَـه بين الذكورِ (الرجالِ) في أبياتٍ مُتتاليةٍ مُتسارعةٍ هائجةٍ، يُصوِّر نفسه فيها رجلاً خارقاً قويَّ اليدينِ لا قعيداً، ولا مُطَّرِحاً هَوَاناً؛ قد قتلَ الخوفَ في عقلهِ، وطردَه من ذهنِه، وودَّع الوهنَ في جسدهِ بسـاقينِ يتقدمُ بهما الغارةَ، ويكـون في طليعتهـا عند الجرْي (الركض). ويعـرضُ قدرتَه وقوتَه الماديةَ الجسـديةَ في سياقِ سباقٍ للسرعةِ بينه وبين الجيادِ، يتخيله؛ ليعلن أنه الأسبقُ، والأسرعُ، بعد أن خلَّف الجيادَ وراءَه عاجزةً عن اللحاقِ به، يكسـوها غبارُ قدميه؛ كأنه (سوبر مان) مُتحركٌ، وليس بسـاكنٍ خاملٍ. وتلك الصفـاتُ يختصُّ بها (ثابتُ بن جابر)، أسبغَها عليه (تأبط شرّاً). كأننا في مواجهةٍ سرديةٍ بين شخصيتينِ:

- أ ـ شخصية تأبط شرّاً خارجَ السردِ، التي يُروي بها عن (ثابت بن جابر).

- ب ـ شخصية (ثابت بن جابر) الهدف المُتحرِّك داخلَ السردِ.

ثم نشـهدُ توحداً بينهما في السردِ والصفةِ والفعلِ معاً؛ وتحولاً في الشخصيةِ من الغيبةِ إلى الحضورِ، ومن العتمةِ إلى الظهورِ والوضوح.

وتكـرارُ علَميةِ (ثابـت) مرتينِ في بيتَينِ مُتتاليينِ يُظهِرُ قناعةً واهيةً، يرى بها الشاعرُ تأبط شرّاً في نفسهِ ثباتاً على الصفةِ والفعلِ، وأنـه لم تتغيرْ صفتُه، ولم يتغيرْ فعلُه، وإن تغيرَ رأيُ (سُليمى) فيه، لكن السـرعةَ الخارقةَ والقوةَ الفائقةَ التي تتخللُ جسـدَه نهاراً لم تنفِ، أو تدحضْ ما روّجته، وأشـاعته سُليمى عن ضعفهِ وعجزهِ في الليلِ، كأنه يعوّضُ بنشـاطهِ النهاريِّ عن خفوتهِ وسكونهِ الليليِّ معها، فجعلَ الليلَ شديدَ الظلمةِ في زمنٍ مفتوحٍ تمتدّ فيه الحركةُ من الأزمنة البعيدة وصـولاً إلى القريبةِ بدلالـةِ الفعل الماضي (جبـتُ) بحثاً عن الآخر (المجهول)، في لحظةٍ سـكونيةٍ مخيفةٍ، يجوبُ آفاقَها بدرايةٍ جغرافيةٍ تستطلعُ الأمكنة، ورؤيةٍ بصريةٍ ثاقبةٍ تتقلبُ في جَنَباتٍ داكنةٍ:

فأصبحتُ والغـولُ لي جَـارةٌ

فيـا جَـارتـا أنـتِ مـا أُهـولا

علـى شِـيم نَــارٍ تَنَوّرتُها

فبِـتُّ لهـا مُـدبـراً مُقبِـلا

وطالبتُها بُضعَها فَالْتَوَتْ

بوجـــهٍ تَهَــوَّلَ فاسـتَغولا

عظـاءةَ قفرٍ لها حُلّتا

نِ مِــن وَرقِ الطَّلــحِ لم تُغْزَلا

وبفعلٍ إراديٍّ مقصودٍ يخترقُ تأبط شرّاً (الليل)، ويتوغّلُ في الزمنِ الذي كان يأتي به (سُليمى) بعد أن خرجَ مـن (النهارِ) بتوافقٍ أدائيٍّ واعٍ بين القولِ والصفةِ، لكنه إلى الآن لم يثبتْ عكسَ ما قالتْه (سُليمى) فيه، وعلينا أن ننتظرَ فعله ورُؤاه في (الليلِ). وفجأةً يقابلُ (تأبط شرّاً) الغـولَ في ليلٍ أَلْيَلَ حَذِراً قلقـاً، ومُقبلاً مُدبراً، يهتدي بوميضِ البرقِ، وألسـنةِ اللهبِ، ويتحركُ يمنةً ويسرةً حتى لا يغفلَ أو ينعسَ. وبعد أن أبصَرهـا تغوّلتْ عليـه، وكادتْ تفتكُ به، ولكن كيـف أدركَ (الغولَ) ولم ترتعدْ فرائصُه فزعاً، ويذهبَ عقله هلعاً؟ إنه يتميزُ بقدراتٍ نفسيةٍ وذهنيةٍ وجسديةٍ يتحمّل بها مفاجآتِ (الليل) المُثقل بالأسرارِ، في زمنٍ مُستطيلٍ يختزلُ صراعاً مستديماً بين البدايةِ المفتوحةِ (جبتُ) والنهايةِ المباغتةِ (أصبحتُ)؛ ليختصّ (الغولُ) بجوارِه دون (سُلَيمى). وتتجسّدُ المُفارقةُ والغرابةُ في مُجاورةِ (الغول) للنارِ، حتى تكشّفت لتأبط شرّاً. فالنارُ مصدرُ رعبٍ أزليٍّ للغول، والغولُ كتلةٌ هلاميةٌ ترى الأشـياءَ، ولا تَراها الأشياءُ، وتكمنُ في النهارِ كالماءِ تحت الرمالِ، وتظهرُ في الظلمةِ الطَّخْياءِ كالمارِدِ في سياقِ الصراعِ الفلسفيِّ الوجوديِّ بين ثنائيةِ النورِ والظلمةِ، والوجودِ والفناءِ، والغولُ بقربِها من (النارِ المقدسةِ)

كائنٌ أسطوريٌّ من الكائنات التي تقدسُها، فتقترِبُ منها لتأدية طقسٍ من طقوس العبادة: (الشكُر) أو (التطهير). فإذا بتأبَّط شرّاً يحولُها بخيالٍ خصبٍ من التوحُّش إلى الأنسنةِ، ومن العجْمةِ إلى النطقِ، ومن البهيميـةِ إلى العقلانيةِ، ومـن الوهمِ القاهرِ إلـى الواقعيةِ التصويريةِ باللغةِ الفصيحةِ.

ويبـدو أن (تأبط شـرّاً) مُغتبطٌ بعجائبيةِ الصلـةِ بينه وبين الغولِ، فيجنحُ إلى مفهوم المجاورةِ نافثاً فيه حُزمةً من المفاهيمِ والقِيَم والدلائلِ المُشِعّةِ، تنعقدُ أواصرُها، وتتوحّدُ حول الملاصقةِ الجسديةِ، التي تدورُ في فلكِ المُباشـرةِ، في لحظةٍ شهوانيةٍ، يكشفُها فعلُ الرغبةِ والمُطالبةِ الصّارخِ. إذ لم يستطع الشـاعرُ في أوانِ التّأزّم النفسـيِّ أن يخفيَ ما يجيشُ في أعماقِه من عنفِ الشـهوةِ المكبوتـةِ؛ فيتجاوزَ حدودَ العقلِ والشـرعيةِ بالغوايةِ، ويستبدلَ بالغولِ صاحبته (سُليمى)، ويرومَ أن يثبتَ لها كفاءتَه وفحولَته المثلومةَ، فيدخل الحدثُ في شَرَكِ المخالفةِ، وعقدةِ المنافرة بين كائنين: الشـاعرِ (الإنسـان)، والغولِ (الحيوان)، وتهبطُ المرأةُ من عالمِ المثالِ، وتتحولُ إلى (غولٍ).

لقد أرادَ تأبَّط شـرّاً من الغولِ فعلاً إنسانيّاً عاطفيّاً في ظُلمةِ الليلِ، وفي صحراءَ قاحلةٍ، أمامَ (النارِ المقدسـةِ) التي ظنّ أنها تفيضُ عليه نفحةً يحققُ بها رغبته مع الغول، ويتمكنُ من الفعلِ الذي ما عاد قادراً عليه مع (سُليمى) التي سَخِرَت منه، وعيَّرته به؛ ليختبرَ قوتَه الواهيةَ مع كائنٍ وهميٍّ لا يكشفُ سرّاً ولا يعلنُه، وكأنه يستمدُّ وحيه، ويستعيدُ نشـاطَه الخافتَ بمؤانستِه لها، مُعتقداً أن (النارَ) قـد باركتْ طقوسَ الغولِ الأدائية فأظهرتْها له، وباركتْ جسارتَه وجرأتَه فجعلتْه يرى ما

لا يُرى. لكن الغولَ وجدتْ في طلبهِ مقتاً وعيباً وشَناعةً، وفي رغبتهِ فيها مُكابـدةً وتكلفاً مذموماً، وأدركتْ أن الفعلَ أمامَ (النارِ المقدسـةِ) غوايةٌ آثمةٌ، بعد أن توهَّم تأبَّط شرّاً أن فعله مع الغولِ مشهدٌ من مشاهد التجلِّـي والتقديسِ، وإن لم يكنْ بينهما من التناسبِ والتلاؤم ما يتيحُ لهما ممارسة نشاطِهما في حدودهِ الوظيفيةِ.

ويستقرُّ ذهنُ الشـاعرِ في أيقونةِ معرفةِ الجسدِ، بعد أن تعلّق بهِ؛ فإذا بالغولِ قد نفرتْ من المؤالفةِ الإنسـيةِ بحثاً عن قرينها في النوعِ، ومثيلِها في الشـكلِ والصفةِ؛ لأن الأمثـالَ والنظائرَ تتجاذبُ. ويجتهدُ (تأبَّط شـرّاً) من خلال السّـرد على إقناعِنا بواقعيةِ الحدثِ، ويفاجئنا بواو الحـالِ، وبالفعلينِ المُتعاقبينِ في البناءِ النحويِّ؛ اللذين أصابا القـارئ بخيبةِ التوقُّع في السـلوكِ والفكرةِ (طالبتُها ← فالتوتْ). إذ نلحظُ تنافراً صميمياً بين الحلمِ والواقع، وبيـن الغيبوبة والصحوةِ، وبيـن طرائقِ الشـكِّ واليقينِ؛ لأننا أمـامَ دفقةِ الحيـاةِ التي لم تعترفْ بالفوارقِ بين الكائناتِ. وتتخللُ عبارةَ (ما أهولا) حزمةٌ من الترابطاتِ والتناقضـاتِ التي تُوحّـدُ صورتَين مُختلفتَين (للغـولِ) تتضايفانِ في مُخيلةِ (تأبَّط شرّاً) الإبداعيَّةِ:

* الأولـى: صورةُ امرأةٍ (جارةٍ) تُجسّـدُ أنموذجاً جمالياً، ومثالاً للجسـدِ والخُصوبةِ والغوايةِ، يتخلصُ الشـاعرُ بها مـن متاعبهِ بدعةٍ واطمئنانٍ. وتتصـلُ هذه الصورةُ بطورِ الفتوةِ والشبابِ والعنفوانِ، وتُعَدّ مرحلةً من مراحلِ النجاةِ مِن القلقِ والموتِ المعنويِّ؛ ممّا يجعلُ الرغبـةَ القارّةَ فـي الجملةِ الفعليـةِ (وطالبتها بُضْعَهَا) ذات دلالاتٍ مُختزنةٍ تقبلُ التأويلَ.

* الثانيـة: صورةُ (الغولِ) العالقةُ في الأذهانِ بوصفها شيطانيةَ الصفـاتِ، خُرافيةَ القسـماتِ، خياليةَ الوجودِ، تلتهـمُ عظامَ الموتى، ومصدراً من مصادرِ المتاهةِ المُخيفةِ، والشـعورِ بالهلاكِ والضياعِ. وتصيبُ هذه الصورةُ الشـاعرَ بالفزعِ والخـوفِ والحيرةِ من كراهةِ المنظرِ، وغائلةِ الطريقِ؛ فيدرأ بالجملةِ الفعليةِ (وطالبتُها بُضْعَهَا) عن نفسه أغوالَ التفزيعِ، وأهوالَ الموقفِ، وبذلك تصبحُ الجملةُ المتراميةُ الأطرافِ مُختزلةً بالوجهِ:

(تهوّل وجهُ الغولِ فاستغولا)، أو (تغوّل وجهُ الغولِ فاسْتغولا)

وتُصبـحُ قطبـاً محوريّـاً، تدورُ حوله سـياقاتُ النصِّ المتناظرةُ المتنافرةُ، وتتفجّرُ فيهـا مظاهرُ الحياةِ والموتِ، والخِصبِ والجفافِ. فأدرك (تأبط شرأً) أن وجودَه رهنٌ بقدرتِه على الصِّراعِ مع (الغولِ)؛ ليعيدَ لنفسِه خصوبتهَا المفقودةَ. وتستمرُّ المجادلةُ حتى تكتمل مشهديةُ الحدثِ:

فقلتُ لها: يا انظري كي تَرَيْ

فولَّـتْ، فكنتُ لهـا أغْـولا

يقيمُ تأبط شرّاً تفاهمـاً لغويّاً مع (الغُول) التـي تبرزُ عنصراً من عناصرِ الخطابِ الشـفاهيِّ بصيغةِ النـداءِ مع حذفِ المنادَى (الغُول) لسـرعةِ الزمـنِ، وكثافـةِ الغايـةِ؛ لأن فعلَ الأمـرِ بسياقِهِ التأويليِّ (انظري) لا يحملُ الأمـرَ الصريحَ، بل فيه الرجاءُ والإغراءُ والغوايةُ،

بعد أن تناسى الشاعرُ بشاعتَها التي تتشتتُ منها الأذهانُ، وتزيغُ منها الأبصارُ، كأنه مُقتنعٌ بأنوثتها، وقادرٌ على التواصُلِ الذهنيِّ والجسديِّ معها، بوصفها بديلاً موضوعيّاً حسيّاً عن (سُليمى)، إذ يُغريهـا، ويُغويها بقدرتهِ وكفاءتهِ، ويستمهلُها حتى تنظرَ فعلَه معها؛ فـإذا بالغـولِ -من وجهةِ نظره الشـعريّةِ- ترفضُه شـكلاً ومضموناً، وتأنفُ منه، وتسـتخِفُّ به، وتستهجنُ قولَه، وتعلنُ عجزه كما أعلنتْهُ سُـليمى لجاراتها، فيتحولُ تأبَّط شـرّاً من المُصالحـةِ إلى المُصادمةِ، ومن الحوارِ إلى القتالِ، ومن اللغةِ الناطقةِ إلى القوةِ الرادعةِ؛ فيواجه الغولَ بالقتلِ:

فَمَن كان يسألُ عن جَارتي

فـإنَّ لهـا باللـوى منزلا

وكنـتُ إذا ما هَمَمتُ اعتزمـ

تُ وأحـرِ إذا قُلتُ أنْ أفعلا

يوثِّـقُ (تأبَّـط شـرّاً) حدثَ اللقاءِ والصِّـراعِ والقتْلِ بسـؤالٍ مُتخيلٍ يفترضُه وعيه آنياً، حتى يبيحَ لنفسِـه الهائجة جواباً حوارياً شـعريّاً، يقتنصُ به المبادرةَ الثائرةَ، ويعرفُ من خلاله أن أحداً لن يسأله عن جارتِهِ (الغولَ) سـؤالاً منطقياً حقيقيّـاً؛ لأن (الغولَ) حيوانٌ خرافيٌّ، جَسَّـمَهُ خيالُ شاعرٍ، يسطو عليه الوهمُ والتصعلكُ والصحراءُ والليلُ البهيمُ، فضلاً عن أن (تأبط شـرّاً) بدأ يشـعرُ بفردِيتهِ، ونرجسيتهِ في

المواجهةِ، بعد أن كان لوقتٍ قصيرٍ منساقاً وراءَ فكرةِ التوحّدِ الكليِّ مـع (الغُول). والتناقضُ واضحٌ بين الذاتين، والغريزتين معاً. ويدورُ (اللقاء ⇌ الصراع) في مكانٍ له تقاسيمُهُ الناشزةُ، فتأبّط شرّاً يعرفُ موقعه والمكان الذي يقفُ فيه، ويسيرُ إليه، ويبيّنُ لنا البداياتِ المشعةَ حتى نتنبأ بالحدثِ، ونشاركه نشوةِ النهايةِ. و(اللوى) بؤرةٌ واقعةٌ في سياقِ السردِ، بجغرافيةٍ معلومةٍ، ترتسمُ أثافيها وآثارها في صعيد (المنـزل). ولا نتصـورُ أن منـزلَ (الغول) آهلٌ معمورٌ؛ بل (قبرٌ) ترقدُ فيه رقوداً ساكناً، وتمكثُ بين أضلاعِه مكوثاً أبديّاً لا حراك به:

فجلّلتُهـا مُرهَفـاً صَارمـاً

أبَـانَ المَرافِـقَ والمِفصَـلا

إذا   كَلَّ أمْهَيتُـهُ بالصّفَـا

فَحَـدَّ ولـم أرَه صَيْقَـلا

فطـارَ بقِحفِ ابنـةِ الجِنِّ ذو

سَفاسِـفَ قد أخْلَـقَ المَحمَلا

ويصعدُ الصعلوكُ بالحدثِ إلى ذروتِهِ -بعد أن ضخّم عقدتَه- مُنطلقاً من فكرةِ المبادأةِ بالهجومِ (الدونكيشوتي)، بدلالةِ الفعلِ (جَلَّلْتُها) الذي يكشفُ إرادةَ المبادأةِ السريعةِ، والهجومِ العاصفِ الذي يُوهِمُ بواقعيةِ (الحدثِ)، وحقيقةِ الصـراعِ، الذي يُعدُّ صَيحةً من صَيحاتِ المُفاخرةِ

130

والمباهاةِ بالسَّيفِ القاطعِ؛ بفعلينِ فيهما السرعةُ والمهارةُ والنرجسيةُ (أبانَ ـ فطارَ)؛ لينحدرَ اللقاءُ الدراميُّ إلى نهايتهِ بلحظةٍ من لحظاتِ التنويرِ، يُقتَـلُ فيها الصعلوكُ الغولَ، ويقدِّمُها أضحيةً في طقسٍ مشهديٍّ مُصوَّرٍ من طقـوسِ التكفيرِ/التطهيرِ عن خطيئةِ الوجودِ في نَفَرَةٍ أسطوريةٍ، يتمحورُ حولها نسقٌ مُتكاملٌ من الرموزِ والإشاراتِ الجمعيـةِ، التي يعمرُ بها النصُّ الذي لم يُصورْ لنا فيه الشـاعرُ (تأبط شـرّاً) قوةَ الغولِ في الصِّراعِ و(المنازلةِ) بعد أن أنفذَ القتلَ فيها قدراً حتميّاً؛ لأنها كائنٌ مُتمردٌ نفورٌ شَرودٌ، لا يقبلُ المؤانسة والمُهادنة في حضـرةِ (النارِ المقدسـةِ) لأنَّ عقلَه الباطنَ قد قـذفَ بها صراحةً إلى عالمِ (الجنِّ).

وتترابطُ دائرةُ السرد، وتتعالقُ شآبيبُ الحـدثِ بأفعـالٍ تتعاقبُ فـي التركيبِ، وتصدرُ عـن الصُّعلوكِ والغـولِ صُـدوراً غيـر مُتناغـمٍ: (طالبتُها ⇄ فالتـوتْ)، (فقلتُ ⇄ فولتْ). وغالباً ما يكونُ (تأبَّط شـرّاً) هو الباديُ بالمبادرةِ في الفعلينِ الأولِ والثالثِ، ويكونُ فعلُ الغولِ ثانياً، يتوسَّطُ سُـلطويةِ الشاعرِ بعلّيّةٍ لا يكادُ يدفنُها: (فقلتُ ← فولتْ ← فكنتُ). وبين البدايةِ السَّـلميةِ (طـالبتُهـا)، والنهايةِ الدمويـةِ (فجللتُها) تتشكلُ متواليةٌ من الأفعالِ الناشطةِ، تترجّحُ من خلالها الذاتُ الشـاعرةُ بين الرغبةِ في الحياةِ وقرارِ الحسمِ بالقَتْلِ العمْدِ:

(طالبتُها ← فقلتُ ← فكنتُ + هممتُ + اعتزمتُ ← فجللتُها)

وبذلك يعبِّرُ النصُّ عن نبرةٍ متمرّدةٍ تطغى فيها الشخصيةُ الفرديةُ

على الشخصيةِ الجماعيةِ القبليةِ التي تخلَّى عنهَا الصُّعلوكُ واقعيّاً، ويرغبُ في تشكيلِ جماعةٍ شعريةٍ بديلةٍ عنها، تمتزجُ بها عاطفةٌ تُحفزُها دواعي التكوينِ الإنسانيِّ الذي يميلُ إليه الصعلوك، ويشتاقُه؛ ليقضيَ به على أثَلَةِ الاغترابِ الاجتماعـيِّ، ويلفظ عقدةَ غيابِ (أو) تغييبِ الجسدِ الأنثوي. إذ وجدَ تأبط شرّاً في قتْل الغولِ وسيلته الناجحةَ في الظهورِ والبقاءِ حيّاً، والكشف عن تجلِّياتِ روحهِ النافرةِ، ومعاناتِها الدائبةِ. وينتهي بقتلِ الغولِ كابوسُ العشـقِ الجسـديِّ الذي يصبحُ في ظلِّ التوحُّدِ مع الكينونةِ صورةً من صورِ الخطيئةِ والقداسةِ معاً.

لقد قدَّم تأبط شرّاً (الغول) قرباناً، يُكَفِّرُ به عن فعلِ الغوايةِ المنشودِ الذي أرادَ أن يُمارسَـه معها في حضرةِ (النار المقدسـة). ولحظة قَتَلَ الغولَ قَتَلَ عجزَه وضعفَه الذي أشـاعتْه عنه (سُليمى) بين جاراتِها، وَوَشَـتْ به إليهنَّ؛ فلم يجرؤ على قتلها؛ لأنه لو قتلَها لرسّخَ في أذهانِ (الجـارات) الحقيقةَ التـي يُخفيها بين ضُلوعهِ، أو الوشـاية الشـائنةَ المرَّةَ التي ألبستْه إياها (سُـليمى)، فقتلَ الغولَ نيابـةً عنها في مُبادلةٍ مُشخصنةٍ. وإذا كانت (الغولُ) رمزاً للخوفِ القابعِ في ذاكرةِ المجتمعِ البدائيِّ، فإن قتلهَا في مشهدٍ تمثيليٍّ قتلٌ لعقدةِ الخوفِ في جوانح شاعرٍ أرهقتْه الأوهامُ والأشباحُ والصحراءُ.

* * * *

ويعلنُ تأبط شرّاً عن لقائه بالغول عند (رحى بطان)، بنونيةٍ تكتنزُ تراكمـاتٍ نوعيـةً وكميةً على وفق منطقٍ جدليٍّ، يشكلُ ثنائيةً، تعلو

132

فيها ذاتٌ هَمِيمةٌ دَءُوبةٌ فوق الفَناء والخُنوعِ في لحظةٍ تمثلُ مزيجاً من مستقبلٍ آتٍ، وماضٍ مُنَصَرِّمٍ، يخبئ تجربةً حادةً تعتصرُها ذوائبُ التلاشي والتجدد:

ألا مَن مُبْلِغٌ فِتيانَ فَهْمِ

بما لاقيتُ عند رَحَى بِطانِ[72]

بأني قد لقيتُ الغولَ تَهوي

بِسَهْبٍ كالصَّحيفةِ صَحْصَحانِ

يثيرُ الفعلان (لاقيتُ ⇌ لقيتُ) حفيظةَ القارئ الذي تنشطُ ذاكرتُـه ومرجعياتُها بحثاً عن جزئياتٍ خافيةٍ، ويستولي عليه حدثٌ موضوعيٌّ، تضغطُه فكرةٌ قارّة في المطلعِ بعد أن تحولت الرؤيا إلى (واقعةٍ)، والأوهام المرقونة إلى (لقاءٍ). والمسافةُ الزمنيةُ بين الفعلينِ تستفزُّ القارئ، وتحفِّزهُ للتلقي، ومُتابعةِ الحدثِ. إنها مسافةُ التأمُلِ في الروايةِ والغوايةِ، وزمن السرد المُختزَلِ بالفعلِ الأسطوريِّ.

ويتقمصُ الشاعرُ شخصيةَ السارِدِ، وتتلبّسُه شخصيةُ (المبلِّغ)، حتى يبلغ بالقصِّ بناءً حوارياً يُغري به المتلقي؛ فيصيخُ بسمعهِ إليه، وهـو يجهرُ بالحـدثِ الذي أقامَه ليرويه، أو عايشَـه ليباشـرَه ذهنيّاً، كأنه يجعلُ من (المروي له) خارجَ السـردِ والنصّ؛ راوياً يروي عنه

<hr>

72 - المصدر نفسه، ص 172 - 173.

133

تفاصيـلَ اللقـاءِ في (رحى بِطانٍ)، ومبلغاً يجـردُه من ذاتِه، ويختصُّ بفتيانِ فَهْمٍ؛ ليتحقق له التّماهي في الوجودِ.

ويسـطعُ المكانُ بدلالتِه الجغرافيةِ والمعنويةِ التي يفترضُ الشاعرُ فيها أن المتلقي يعرفُ ماهيتها الوصفيةَ والإرشـاديةَ، ويُخَمِّنُ خبرته ببعـضٍ ما يحتويهِ ذلك المكانُ، وما يشـيرُ إليه بوحـداتٍ لغويةٍ تنأى عن الغمـوضِ، وتجنحُ إلى التصريحِ والتخصيـصِ. ويهتدي القارئ الحصيـفُ إلى أن (رحَى بِطان) مـكانٌ تختصّ به ديارُ (هُذيل)، وأن عـداءً عقيماً مُجدِباً موصولَ العراكِ بين (تأبَّط شـرّاً) و(بني هُذيل) تستعصي عُقدهُ على الحكماءِ، حين صوّرت المصادرُ أمَّه في صورةٍ وضيعةٍ، تسعى فيها لقتْلِ ولدِها (تأبَّط شرّاً)؛ لأنه شكَّ في دخولِ (أبي كبيـرٍ الهُذلي) إلى خبائها، فهدَّدها بالقتْلِ لو رآه داخلاً عليها، فأوكلتْ قتلَه لأبي كبيرٍ الذي تزوَّجها(73). وكان(تأبط شرّاً) يُبدي الكراهيةَ له، ويرتابُ به صغيراً، فلما كبرَ وترعرعَ خشيَ (أبو كبيرٍ) بأسه، فاحتالَ ليقتله، وخرجَ به في غزوةٍ، ودفَع به إلى الأعداء، لكنه تمكنَ من الفتكِ بهم(74). ويبدو أن (تأبط شرّاً) قد أدركَ ذلك، فأصبحَ طوال عمره عدوّاً لبنـي هُذيل، حتى قيل: إنه قُتل في بلاد هُذيلٍ، وألقي في غارٍ يُقالُ له: (رخمان)، فوُجِدت جثته فيه بعد مقتله(75). وبذلك يتحولُ لقاؤه بالغول إلـى لقاءٍ ببني هُذيل يزجرُهـم، ويزجرونَه. وتشـخيصُ (فتيان فهمٍ) يحتقبُ مفهوميـةً تواصليةً بقصديةٍ اجتماعيةٍ، ويحملُ قِيَم المروءةِ، والشـجاعةِ، واليفاعةِ، والفروسيةِ، والتفوقِ على الأقرانِ. إذ وصفهم

73 - الشعر والشعراء: ابن قتيبة الدينوري، دار الثّقافة، بيروت، 1969م، 2/ 562 – 563.

74 - المصدر نفسه، 2/ 564.

75 - معجم البلدان: ياقوت الحموي، دار صادر، بيروت، 3/ 83.

بالفتوةِ، وأسبغَ عليهم لبوسَ القوةِ والجسارةِ والبأسِ، كأنه يختصّ بهم، بوصفه فتىً من (فتيانِ فهْم) ينتسبُ إليهم، وينتسبونَ إليه، ويثيرُ فيهم نوازعَ المغامرةِ، ويُحركونَ فيه بواعثَ المبادرةِ والفعلِ.

ويُظهِرُ (تأبط شرّاً) لقاءَه بالغولِ بمشاجرةٍ مُميتةٍ، وقتالٍ بئيسٍ موقـوتٍ في غياهبِ الصحراءِ، ومجاهيلِ الكثبانِ الرمليةِ التي يسبُرُ أغوارهـا، ولا يضلُّ سُـرَاه فيها، والتي تخترقُهـا (الغولُ) في الليالي الدهماء، مُسـرعةً كالريحِ، في يـومٍ عاصفٍ، وفي لحظةٍ من لحظاتِ الهياجِ والهيجانِ، بدلالةِ الفعلِ المضارعِ (تهوي)، الذي يعتصرُ الشدةَ والوحشـيةَ والصَّلابـةَ مع الضلالـةِ، والذي يحملُ دلالـةً متصارعةً مع البداياتِ الشـائهةِ والنهاياتِ المتفائلة؛ لتتشظّى عناصرُ الصدمةِ والمفاجأةِ في بقعةٍ مكانيةٍ مفتوحةِ الحدودِ، وتتغلغلُ في سياقاتِ الزمنِ الدائريِّ فتسكنه، ولا تستكينُ فيه.

وتتجذرُ في القصِّ شخصيةُ (المبلّغ)، وتسقطُ من أبراجِ الخيالِ إلى أدراجِ السردِ؛ لتنتقلَ باللغةِ النّاصّةِ من الزاويةِ المظلمةِ التي تفتقرُ فيها إلى مُقوماتِ الوجـودِ، ومُحفّزاتِ التنويرِ؛ إلى الركنِ المعرفيِّ، الذي تتنصفُ فيه بالخبرةِ، والدرايةِ، والروايةِ؛ لإضاءةِ الحدثِ بالدهشةِ في سـانحةٍ فريـدةٍ. كأن (المبلّغ) يدعو (فتيانَ فهْم) لنصرةِ (تأبط شرّاً)، ونجدتهِ، أو المشـاركةِ في فصلٍ من فصولِ المنازلةِ المشروعةِ بينه وبين الغولِ (بني هذيل).

ويتحدثُ (تأبط شرّاً) مع (الغولِ) بخطابٍ مُؤَنسنٍ، ومتنٍ فكريٍّ منطقـيٍّ، يفترضُ فيه قدرتَهـا على الفهْم اللغويِّ، والحـوار والوفاقِ

السلوكيِّ، والوئامِ الواقعيِّ، بنبذِ الخصومةِ الطارئةِ، والمصادمةِ القاتلةِ، والجنوحِ إلى السِّلمِ؛ رغبةً في ديمومةِ الحياة. ويعرضُ في (مفاوضاتِهِ) معها تشابه المؤثراتِ التي تحتويهما معاً، وتشابك الأهدافِ التي يسعيانِ إليها -من وجهةِ نظرِه- في بداهةٍ خاطرةٍ للمهادنةِ، أو المُخادعةِ، حتى يلتقطَ أنفاسَه اللاهثةَ من هولِ المنظرِ، وسوءِ المنقلبِ:

فقلتُ لها: كلانـا نِضْـوُ أيْنٍ

أخــو سَفَرٍ فخلِّي لي مَكاني

إن (تأبط شـرّاً) لا يَستعدي (الغولَ) بداهةً، ولا يتصاغرُ أمامَها فجأةً، ولا يتوجّه إليها بالشـرِّ والعداوةِ غفلـةً، ولا يحرّكُ في أضلعها رغائبَ (القتلِ)؛ بل يرغبُ في هدوئها، وهو يخاطبُها بأناةٍ تستندُ إلى توازنٍ في الذهنِ والعقلِ، وينفي عنها -آنياً- المبادأة بالبغي والضلالة، ويشـركُها معه في الحال والصفة، فكلاهما مهزولٌ مُجهَدٌ أعياهُ طولُ السـفرِ، وكثرةُ الترحالِ، وأتعبثْه الفلواتُ؛ إذ حوَّلَ (تأبط شرّاً) الغول مـن كائـنٍ خياليٍّ إلــى واقعٍ وكيانٍ حـيٍّ، يدفعنا إلى استكناه العلاقة المتلازمة بينهما، تلازم التغيّرِ والثباتِ والسلبِ والإيجابِ.

وبعـد أن يدخل (تأبط شـرّاً) في إهـابِ الغولِ، ويجسـدَ تحولاتِهِ الرؤيوية بالقولِ والفعلِ معاً، يُشعرنا بدنو حدثٍ مكروهٍ غير مرغوبٍ

فيـه، يمهدُ له بفعل الأمر المعطَّل (خلِّي). ونـدركُ بداهةً أن (الغول) تعترضُ سبيله، ولن تخلّيَ لـه مكانه. كأنَّ (هُذيلاً) بأشدائها تطلبُه، وتقطـعُ عليه أسفاره، وترغبُه قتيلاً، أو أسيراً، وترهبُه طليقاً أو شـريداً؛ فإذا بالحدثِ يتفجرُ، ويدخلُ في بؤرةِ الصراع الماديِّ، الذي تقـودُه الغولُ قيادةً تمحو الوجودَ الواقعيَّ الماثلَ أمامَها، وتشتَّت بقايا الجسـدِ في برهةٍ تسـتوجبُ فعلاً مضاداً، ينهضُ به (تأبط شرّاً)، ويرفـضُ فناءه، وشتاتَ فكرهِ، وحريتهِ، بالقتلِ المنظم، ويدعو إلى منازلةٍ (مبارزةٍ)، يدفعُ بها عن نفسهِ هوانَ القيدِ، وذلَّ الفرارِ، وعاقبةَ الطعنِ في الأعجازِ والظهورِ:

فَشَدَّتْ شـدَّةً نَحوِي فأُهوِي

لهـا كَفِّي بمصْقـولٍ يَمانِي

فأضْربُها بلا دَهَشٍ فخَرَّتْ

صَريعاً لليَدَينِ ولِلجِرَانِ

يؤصِّـلُ الفعل (شدَّت) الوحشيةَ في الغول، ويكشـفُها عدوانيةَ السـلوكِ، تتهيأ للهجـوم، وتحملُ إصراً في الحـربِ، ويُظهرُها بادئةً بدايـةً مَمقوتـةً بالتقتيلِ، حتـى نتعاطفَ مع (تأبط شرّاً) في صراعهِ المشـروع معهـا، ونتقبلَ ردَّ فعلهِ المباح في معركـةِ الحياةِ والموتِ. وتتخللُ الفعلَ (أُهوِي) قيمةٌ ذهنيةٌ وجوديةٌ، يدافعُ بها (تأبط شرّاً) عن

حقّه في البقاءِ الآمنِ، وعن نظريتهِ في حريةِ الحركةِ، وواقعية التعبيرِ؛ ليمارسَ بالفعـل (أضربُها) طقساً من طقوسِ شخصيته المتمردةِ، ويطـردَ الخوفَ والقلـقَ والحيرةَ من ذاتهِ المكبوتـةِ، كأنه يقتنصُ في أوان التّجلّي والحُلولِ عدوَّه الأزليَّ، الذي يناديه إليه، ويهرولُ حواليه، وهو شبحُ الموت. وتُشكّل الأفعالُ (شدّت، أهوي، أضربُها) نسقاً ثلاثيّاً يبدأ بمشـهدٍ، وينتهي بسـواه من خلال المواجهـة الصارمة بين الأنا والآخر (الغول). ويرسُم الفعلانِ (شـدّت ⇄ خرّت) دائرةً مغلقةً تتقاطـعُ فيها المقدّماتُ مـع الخواتيمِ بدلالةِ الفعلينِ على الحركةِ من أعلى إلى أسـفلِ، مع السُّـقوطِ المفاجئ والمضطربِ للغولِ بالفعلِ (أضرِبُها ـ فخرَّتُ) والمسافة بينهما تكادُ تكونُ خاطفةً .

والمدهشُ أنّ (تأبط شرّاً) يتأبّطُ سيفَه، ويقاتلُ به الغولَ في صِراعهِ الشعريِّ معها في النصَّينِ معاً (المرهفُ الصارمُ ⇄ المصقولُ اليمانيُّ). ولم يستخدم السهمَ أو الرمحَ، كأنه في مبارزةٍ نهاريةٍ، هيمنَ فيها الشعورُ بالرهبـةِ والخوفِ عليه؛ فقاده إلى نُشدانِ الخلاصِ والأمانِ بالقتلِ في صورةٍ بالغةِ الرمزيةِ؛ للسّقوطِ المروّعِ الذي يقترنُ فيه الموتُ بالفناءِ. ويصوّرُ الفعلُ (خرّتُ) سقوطاً أسطوريّاً لوهمٍ يسـتوطنُ الأزمنة، والأدمغةَ معاً، ويصدرُ حكماً بالموت الأبديِّ على كائنٍ مجهولٍ، وفكرةٍ غامضةٍ تتجسدُ في (الغول ← الخوف ← بني هذيل).

ويتغيرُ مسـارُ الحدثِ فجـاءةً، وتتنـازلُ (الغولُ) عـن الصراع الماديِّ، وتطلبُ الحوار وسيلةً للحسم، وترغبُ في هدنةٍ تستجمعُ بها قُواها، وتنظرُ للخصم برؤيةٍ جديدة:

فقالـت: عُدْ، فقلتُ لها رويداً

مكانَـكِ إنّني ثَبْـتُ الجَنانِ

وهنا حدثتْ مُبادلةٌ في وظيفةِ الساردِ ومكانهِ وشخصيتهِ، إذ تولّت (الغول) السّرد، ونظّمت الخطابَ، بحوارٍ ثنائيٍّ تحولَ به (تأبط شرّاً) من (ساردٍ ← راوٍ ← متكلمٍ) إلى (مُخاطَبٍ ← مرويٌّ له)؛ لكنه لم يقبلْ بديمومةِ هذه الصيرورة، فعاد مسرعاً إلى شخصية (الراوي/ المتكلّـم) داخل السـردِ، رافضـاً مقولةً: (تبـادل الأمكنـةِ والأدوارِ) فـي البناءِ الدرامـيّ؛ ليديمَ المؤثراتِ النفسيةَ المصحوبـةَ بالصورة ِوالحركةِ. كأننا نلحظُ وجودَ نوعٍ من الترابطِ الطقوسيّ في الأداءِ بين التقمّصِ والتّخفّي، والحُلولِ والتّجسـيد في معادلةٍ ينهضُ بها الحوارُ، وتخطّها اللغة:

فلــم أنفَــكّ مُتكِئـاً عليها

لأنظرَ مُصْبحاً مـاذا أتاني

إذا عَيـنانِ فـي رأسٍ قَبيحٍ

كرأسِ الهِرِّ مَشقوقِ اللسانِ

وساقا مُخْـدِجٍ، وشَوَاةُ كلـبٍ

وثـوبٌ من عبـاءٍ أو شَـنَـانِ

لقد صرَّح (تأبط شرّاً) في المطلعِ بمعرفتِه الموثَّقه بالغول، من حيثُ الشكلُ والسلوكُ والصفةُ. وبعد صراعٍ موصولٍ بالموتِ قتلاً مع الآخرِ، يعلـنُ جهلـه لَحظَويّاً بما يواجه. كأن البداية اللغوية قد تشـكَّلت بعد أن أزالت المعرفةُ أضغاثَ الجهلِ، في سياقٍ تراجيديٍّ، تستقرّ فيه البدايةُ في أعقاب النهاية، كأنّ الشـاعرَ يحلمُ حُلماً مُفزِعأً، يصحو منه تغشـاهُ الدهشـةُ والعجبُ. ويبدو من الظهورِ الشعريِّ للغول أن الشاعرَ يقصدُ إلى تأجيج عناصرِ الصدمةِ، وتأزيمِ الشـعورِ بالدهشـةِ والترهيب عند المتلقي؛ ليعطيَ لطاقتِه الموّارةِ شـحناتٍ وصفية في ميدانٍ تصويريٍّ، يُجسّـمُ ويُهوّلُ فيه مشـهدية (الغول) بصورٍ حسيةٍ مخيفـةٍ، ومناظرَ رؤيويةٍ مكروهةٍ، ومُقابلاتٍ تشبيهيةٍ تقرّبُ الموصوف إلى الذهن.

ونُدركُ من السـردِ أنّ (الصراعَ) سـينتهي بقتْل (الغول) بوصفها رمـزاً من رموز الشـرِّ والظلمِ والطغيـانِ. فيأتي (تأبط شرّاً) على وصفِ رأسها بالقبيح الدميمِ المُقعَّرِ تشبيهاً له برأس الهرّ في صورةٍ بصريةٍ. ويُشبّه ساقيها بساقَي طفلٍ كسيحٍ لا تستقيمُ حركته، ولا تستقرُّ قدماه بعد أن تقوست عظامُهُ في صورةٍ حركيةٍ. ويجعلُ قِحْفَ رأسها شبيهاً بالكلب في نتوءاتِه وتقاسيمِه المُتعرّجة في صورةٍ حسيةٍ مرئيةٍ. ويصورُ جسـدَها مكسـوّاً بثوبٍ مُتهافتٍ مُتهرىٍ، من أوبارٍ كثّةٍ كثيفةٍ داكنةِ اللونِ؛ طويلةِ الأطرافِ؛ معقودةِ الأوسـاطِ في مشـهدٍ مسرحيٍّ مُرعِبٍ؛ بـه يُنَفِّرُ المتلقي من منظرِها، كأنهـا (غوريلا)، حتى يُثبِتَ لنفسـه رباطـةَ الجأش، وصوـابَ الرؤيا، ويقنـع القارئ بـأن القبحَ والتّشـوّهَ والوحشـيةَ من مبرّرات بقاءِ (الغـولِ)، وعاملٌ من عوامِلِ

الفناءِ والحَجْبِ، وسطوةِ الموتِ، كاشفاً لنا أغـوار تجربةٍ خرج بها من عالمِ المجهولِ إلى عالمِ المعلومِ؛ ليُثيرَ في نفوسِنا مشـاعرَ القلقِ والتّرقّبِ والمغامرةِ، ويجعلنَا نحسّ بوجهٍ من وجوه النقصِ في عالمِنا المرئـيِّ بفقدان الغولِ... وتدلُّ هـذه المفارقاتُ الحادّةُ بين عالمِ البدايةِ وعالـمِ النهايةِ على الإحبـاطِ واليأس والقتامة في جانبٍ، وتَحملُ قدراً مـن الحيوية، وومضاتٍ إيقاعيةً في جانبٍ آخر؛ قياساً على حجم التحولات في الحاضر، وإدراكِ علاماتهِ وعنفهِ...

إن الفضـاءَ الـذي شـكَّله تأبَّط شـرّاً، ويحيا فيه (الغولُ)؛ فضاءٌ مـزدوجٌ (واقعـيٌّ - خيالـيٌّ)، و(مكانيٌّ - زمانـيٌّ)، وحركتُهما داخلَ الفضاءِ دليلُ حضورِ الشّـاعرِ الجسديِّ، وحضورِ الغولِ المُتخيّلِ في لحظـة توتّـرٍ وتفاعلٍ مجازيٍّ، يلتئـمُ فيها التناقـضُ والتوحدُ في بنيةٍ لغويةٍ، ووحدةٍ موضوعيةٍ متكاملةٍ، تعتصرُ المخاضاتِ النفسيةَ التي تمورُ بها الذاتُ الشاعرةُ، بنبرةٍ موسيقيةٍ متمرّدةٍ، وحسٍّ مرهَفٍ، يثيرُ الدهشـةَ في لحظاتِ الرفـضِ والتحررِ؛ التي تتجـاوزُ العاطفةَ الآنيةَ الضائعةَ، وينشطُ فيها العقلُ الباطنُ في الصراعِ الشعريِّ مع (الغولِ).

الصُّعلوكُ الشِّعريُّ

ورؤيويةُ (تأبّط شرّاً)

تتناقلُ أقلامُ الدارسـينَ المُعجميين أنّ الصَّعلكَةَ: «الفقرُ الذي يُجرِّدُ الإنسانَ من مالهِ، ويُظهرُهُ ضامراً هزيلاً بين أولئك الأغنياء المترَفينَ الذين أتخمَهم المالُ أو سمّنهم»[76]. وتقولُ المعاجمُ اللغويَّةُ: إنّ الصُّعلوكَ «الفقيرُ الذي لا مالَ له» [77] يسـتعينُ به على أعباءِ الحياةِ، والذي قنعَ طواعيـةً بفقرِهِ المُميتِ؛ يَسـتجدي الأغنياءَ قُوتـه، ويحتطبُ للكرائمِ، ويجرُّ الإبلَ إلى معاطنِهـا. وإذا ما خرجَ عن القبيلـةِ مُتمرِّداً غاضباً حروناً؛ يُعاقَبُ على تمردِه بالخلعِ والطَّردِ؛ فتصبحُ ذاتُه مقهورةً، ويُعدُّ آثماً، وأفَّاقاً، وأقل تهذيباً وتشـذيباً من سـواه؛ ويتحـوَّلُ إلى (إرهابيٍّ) مُحترفٍ يُرعِبُ الأبرياءَ والأشـقياءَ، ويقتلُهم بوحشيةٍ؛ تُحركهُ نوازعُ الشرِّ، وتسري في عُروقِهِ رغبةُ القتْلِ حتى يستحقَّ الموتَ.

ووصَمَ الـرُّواةُ والمؤرِّخونَ الصُّعلـوكَ باللصوصيةِ والهمجيَّةِ والعبثيَّـةِ والدُّونيـةِ مـن غيرِ مَجهـودٍ حقيقيٍّ، بعـد أن تجاهلوا دورَ الذاتِ المدرِكةِ للوجودِ، وتأثيرَها في معرفةِ العالَمِ، وفي تحقيقِ الغايةِ الإنسانيَّةِ بحركيَّةِ الوعي. وباتتْ أقوالُهم تُحيلُ إلى دلالةٍ مُغلقةٍ مُنفِّرةٍ،

---

76 - الشعراء الصعاليك في العصر الجاهلي: د. يوسف خليف، دار المعارف، مصر، 1959م، ص 22 - 23.

77 - ينظر: لسان العرب: ابن منظور، مادة صعلك.

في نسقٍ مُستقلٍّ مُنفصلٍ عن المفاهيمِ الحركيةِ الواقعيَّةِ، والنشاطِ الذهنيِّ، وتَحولُ بيننا وبين المصدرِ الأصليِّ في معرفةِ الحقيقةِ الموضوعيةِ (المسكوتِ عنها).

ومن الموضوعيةِ الفكريَّةِ أن نَقرأ في (شعر الصَّعاليك) حتى نفرِّقَ بين الصَّعلكةِ الواقعيَّةِ والصَّعلكةِ الشعريةِ، ونميزَ بين صورةِ الصُّعلوكِ التي يُشوِّهها الرواةُ، ويُحقِّرونَها بالتواترِ، وصورةِ الصعلوكِ التي يحتفي بها (الشعراءُ الصَّعاليكُ)، والتي أغفلهَا الباحثـون. ومن المنهجيَّةِ العلميَّةِ أن ندركَ الفِصامَ الفعليَّ بين الحقيقةِ الشعريةِ التي تقومُ على الفكرةِ والمعرفةِ اللغويةِ ـ السياقيةِ التي تستنِدُ إلـى الرؤيةِ والوعـي؛ وبين الحقيقـةِ الواقعيَّةِ التي يمكنُ مُشـاهدتُها وتَقسيمُها، وتبويبُهـا ومُحاكمتُهـا محاكمةً منطقيَّـةً ـ عقلانيَّـةً؛ حتى نتجاوزَ الرؤيةَ الخارجيَّةَ المقنَّنةَ التي تعتمدُ الأخبارَ الشفهيةَ، وتُرِّددُها الذاكرةُ الشعبيةُ؛ ونتفهمَ الرؤيةَ الواعيةً لشاعرٍ صُعلوكٍ غَضوبٍ يريدُ أن يتحررَ من سلطةِ القبيلةِ، ويتمتَّعَ بحريةِ الفعلِ والكلمةِ، ويشـاركَ في الحدَثِ، وينقلَه باللغةِ الشعريةِ.

ويَجمعُ تأبَّطَ شـرّاً بيـن الصَّعلكةِ والشَّـاعريةِ؛ وينتمي إلى طائفةِ (الصَّعاليك المتمرِّدين)، و(الشَّعراء الصَّعاليك) الذينَ رفضوا الفوارقَ اللونيَّـةَ، وقوانينَ الطاعةِ المذلَّةِ، وطقـوسَ الخُنوعِ المهين، ويُقدمُ في شعرِهِ صورةَ (الصُّعلوكِ الشعريِّ) التي لا تنفرُ منها العقولُ المُتفتحةُ؛ بـل تَستوعبُها، وتُحاورُها، وتتعاطفُ معها، وتتقبَّلُها؛ حتى ينظرَ القارئ في صُعلوكَيْن: صُعلوكٌ واقعيٌّ يقبعُ في التاريخِ، وتَستحضرُهُ الذاكرةُ الشـوهاءُ؛ وصُعلوكٌ شعريٌّ يتحرَّكُ باللغةِ، ويصلُ الوعيَ

الناشِطَ بالفعلِ الفرديِّ بالكلمةِ، ولا يعترفُ بالنظامِ الطبقيِّ الذي تفرضُهُ القبيلةُ عليه عنوةً، فإذا بالصورةِ الشعريةِ تحملُ الموقفَ، والرؤيةَ، والفكرةَ معاً.

ويمتلكُ تأبَّطَ شرّاً قوةً جسديةً ومعنويةً، وإرادةً واقعةً، ووعياً شعوريّاً يرفضُ به أن يكونَ كائناً هزيلاً قميئاً مكروهاً مُشوَّةَ المعالمِ، والصفاتِ؛ فنسجَ بالكلماتِ الحيَّةِ صورةً شعريةً للصُّعلوكِ؛ تؤطرُها صفاتٌ ماديةٌ ومعنويَّةٌ تتلاحَمُ ولا تتعارضُ، وتتناسَقُ بجزئياتٍ مُتحرِّكةٍ تكوِّنُ (صُعلوكاً شعريّاً) يرغبُ فيه شاعرٌ تصعلكَ واقعيًّا وشعريّاً.

* إنَّ الصُّعلوكَ مُفارقٌ للقبيلةِ إلى أعماقِ الصحراءِ، التي يعيشُ فيها الوحشُ بفضاءِ الحركةِ حتى ألفَّه لطولِ ما عاشَ بينها مُسالماً لها بإرادةٍ تختارُ الفعلَ، وتُنْفِذُهُ:

يَبيتُ بمغْنى الوحْشِ حتــى ألِفْنَهُ

ويُصبــحُ لا يحمي لهـا الدهرُ مَرْتَعَا

رأيْـنَ فتـىً لا صيْدُ وحـشٍ يهمُّهُ

فلو صافَحَتْ إنساً لصافَحْنَه معا[78]

<hr>

78 - شعر تأبط شعراً. دراسة وتحقيق: سليمان داود القره غولي وجبار تعبان جاسم، مطبعة الآداب، النجف - العراق، 1973، ص 98 - 99.
- المغنى: المنزل. والمغاني: المنازل والمواضع التي كان بها أهلوها. (اللسان، مادة: غَنيَ).
- المرتع: الموضع الخصب. والمرتع: الرعي في الخصب (اللسان، مادة: رَتَع).

تُثيرُ المفارقةُ الذهنيةُ والسلوكيةُ، في البيئَتَيْن، دهشةَ القارئ عندما يألفُ الصُّعلوكُ الإنسانُ الوحشَ، وتألفُهُ، وتنفرُ منه قبيلتَهُ، وينفرُ منها؛ ولا يصيدُ الوحشَ، بل يَصيدُ (أربابَ المخائضِ)؛ ولا تُصافحُهُ قبيلتُهُ، بل تُصافحُهُ الوحشُ؛ ولا يبيتُ بين أفرادِ عشيرتهِ، بل بمغْنى الوحشِ؛ إذ تحوَّلت القبيلةُ إلى وحشٍ مُنفِّرٍ مُخيفٍ، وتحول الوحشُ إلى عشيرةٍ تحتضنُه في مُغايرةٍ سلوكيةٍ بآفاقٍ اجتماعيةٍ ودلالةٍ فكريةٍ. ومُخاطَبة الوحشِ في (الشِّعرِ العربيِّ) مألوفةٌ، وأنْ يلتحقَ إنسانٌ بمجتمعٍ تكثرُ فيه الوحشُ في الصحراءِ مُعتادٌ؛ لكـنَّ التحالفَ مع الوحشِ، والتآلفَ والمصافحةَ بينه وبين الإنسـانِ تُفاجىُ القارئ، وتُدهِشُهُ؛ لأنَّ الوحشَ ممـا لا يعقـلُ، ولا يُؤتمنُ على حيـاةِ مَنْ يُجاورُهُ مـن الإنْسِ. ويحيلُ الفعلانِ المضارعانِ (يبيتُ ويُصبحُ) على الشعورِ بالأمانِ الذي يتلمَّسهُ الصُّعلوكُ بين الوحشِ طارداً عنه الخوفَ. ويشكلُ الفعلُ (يبيتُ) نهاية حركةٍ، ويُمثلُ الفعلُ (يُصبحُ) بداية حركةٍ دؤوبٍ تَنشطُ، وتشتدُّ؛ إذ يتسمُ الصعلوكُ بديمومةِ الحركةِ واليقظةِ، ويتصفُ بالفاعليةِ الناشطةِ حين يصبحُ بأرضٍ، ويُمسـي بغيرهـا؛ يبحثُ عن ذاتِهِ التي تتوقُ إلى الحريةِ التـي غيَّبتها القبيلةُ بنُظُمها، أو قيَّدتها بأعرافِهَا، أو ذوَّبتها في ذواتِها المتسلِّطة.

والسُّؤالُ الواقعيُّ: لماذا يَبيتُ الشاعرُ مع الوحشِ الذي لا تحكمُهُ الأعْرافُ والتقاليدُ؛ بل شـريعةُ الغَابِ؟ ربما وجدَ (تأبَّط شـرّاً ← الإنسانُ ← الشـاعرُ) في «مُجتمعِ الوحشِ» ما لم يجدْهُ في مُجتمعِهِ

الإنسانيِّ، ولمسَ فيه حاجةَ نفسِه الجريحةِ؛ فسَعى لهذا الحِلْفِ والركونِ إلى الوحشِ على الرغمِ من شَراستِه، يُسـائلُه ويَستنطِقُهُ، وقد غالَبه اليـأسُ»(79) مِـن مجتمعِه الحقيقيِّ الذي لم يحفظْ له كرامتَه وإنسانيّتَهُ؛ فحوّلَ الوحشَ إلى ذواتٍ تعقلُ، وتستقبلُ وتحاورُ.

يظـلُّ بمومَـاةٍ، ويُمسـي بغيرِها
جُحَيشاً وَيَعْروري ظُهورَ المهالِكِ(80)

يَظهـرُ الصُّعلوكُ خبيراً بالصَّحراءِ يجتازُها، ويغوصُ فيها؛ كأنَّها وسـطٌ بين مكانَيْنِ: مكانٌ فارقهُ راغباً عنه، ومكانٌ يأملُه راغباً فيه، ويقصـدُه حالماً به؛ لكنـه يتخِذُ منها مَثابةً آمنةً ينطلقُ من أطرافِها إلى سِـواهَا؛ ليحققَ غاياتِه خارجَها، ثم يعودُ إلى جنباتِها، يُفكّرُ، ويُخططُ، ويُدبرُ.

وتعدُّ الحركةُ حدثاً واقعيّاً مُتجدِّداً يغيِّرُ به الصُّعلوكُ حياتَه، وحياةَ الآخرينَ، وتحتوي سلسلةُ الأفعالِ المتلاحِقةُ إحساساً بالزمانِ والمكانِ من خلالِ الدائرةِ السَّرديةِ:

---

79 ـ المتوقع واللامتوقع في شعر المتنبي: د. نوال مصطفى إبراهيم، دار جرير للنشر والتوزيع، عمان ـ الاردن، ط 1، 1429هـ ـ 2008م، ص207.

80 ـ شعر تأبط شراً. ص 116. الموماة: المفازة والفلاة. (اللسان، مادة: مَوَم).

ـ الجحيش: الفريد الذي لا يزحمه في داره مزاحم. (اللسان، مادة: جَحَشَ).

ـ يعروري: يركبُ فرسه عرياً بلا سرج عليه. (اللسان، مادة: عَرِيَ).

(يُصبحُ ← يظلُّ ← يَعْروري ← يُمسي ← يبيتُ)

وبـدلَ أن يعتليَ الصُّعلوكُ ذروةَ الكثبـانِ الرمليَّةِ كنايـةً عن القنوطِ واليـأسِ؛ يمتطي ظُهورَ المهالكِ لتكونَ تلك المهالكُ مقرونةً ببدايةِ الحركـةِ التي تتكرَّرُ في أزمنةٍ مُتباينةٍ، وأمكنـةٍ مُتباعدةٍ مُتعددةٍ. كأنَّ الشـاعرَ بالحركةِ الدؤوبِ يُريدُ أنْ يُشَـكِّلَ مُجتمعاً يتحرَّكُ فيه بحريةٍ تامةٍ، يتجاوزُ بها القلقَ والإحباطَ والحيرةَ في المجتمعِ القبليِّ/الإنسانيِّ.

* يتصفُ الصُّعلـوكُ باليقظةِ، والحَذرِ، والتوجُّسِ، وقلَّةِ النومِ؛ خشيةَ الغِيلـةِ، كأنهُ ذئبٌ في الفـلاةِ؛ لأنه يمتلكُ إحساسـاً بالتحررِ، والمُغامـرةِ؛ يخشـى بـه أنْ يفقدَ ذاتَـه وكينونَته الحقيقيةَ، بسُـلطويةِ الآخرينَ، ويريدُ أنْ يتحوَّلَ مشـروعُهُ الذهنيُّ مـن فكرةٍ نظريةٍ إلى رؤيـةٍ تطبيقيـةٍ، تتمحورُ فـي (الثأرِ/القَصاصِ) بمفهومهِ الفلسفيِّ وليـس القبلـيِّ إذ (يثـأرُ ← يقتصُّ) ممـن يُقيدُ الحريـةَ بالعبوديةِ، ويمنعُ التحررَ بالطبقيـةِ؛ فينتقلُ (الثأرُ والقصاصُ) من فعلٍ سـلبيٍّ شـائهٍ إلى فعلٍ إيجابيٍّ بـارقٍ يُجابهُ به الصُّعلوكُ (فارسـاً) لا رجلاً ممتهَنَالكرامـةِ:

قليـلُ غَـرارِ النَّـومِ أكبـرُ هَمِّـهِ
دَمُ الثـارِ، أو يَلْقَـى كميّـاً مُقَنَّعا[81]

____
81 - شعر تأبط شراً، ص 98.

إنّ الصُّعلوكَ مقاتلٌ جسورٌ، يثـأرُ لفكرتِهِ المقتولةِ التي يُؤرِّقُ بها غيرَه،، ويؤرِّقُه غيرُه بمُصادرتِها، ودفْنها وأداً. وتكمنُ غايةُ الصُّعلوكِ في أنْ يلقَى بطلاً بئيساً يسلبُه (سلاحَه ← رمزَ فروسيتِهِ) بعد أن يقتلَه ثأراً لفكرتِه، كأنهُ يقتلُ الخوفَ في نفسِه. ويرغبُ الصعلوكُ في الإغارةِ على أصحابِ المَخائضِ، يسوقُ إبلهم؛ لتوزَّعَ على الفقراءِ، لا ليغتني بها ماديّاً:

ولستُ أبيتُ الدهـرَ إلاَّ على فتىً
أُسـلِّبُهُ، أو أُذعِرُ السِّـربَ أجمعَا⁽⁸²⁾

تُهيمـنُ (الأنا) الشـاعرةُ الفاعلةُ على سـيرورةِ الأفعـالِ الواقعيَّةِ بـإرادةٍ نافـذةٍ، وتخطيطٍ ذاتيٍّ (أُسلُّبُ ⇄ أُذعِرُ ⇄ أبيتُ). ويرتبطُ حدوثُ الفعلِ (أبيتُ)، ووقوعهُ؛ بالفعلين (أُسلِّبُ وأُذعِرُ)، ولا يمتلكُ مشروعيةً بدونهما؛ إذ لا يُغيرُ الصُّعلوكُ على الضُّعفاءِ والرُّعاةِ المستَخْدَمين؛ بل ينقضُّ جَهاراً على الفتيانِ بما يتصفون به مِنْ حيويةٍ وقوةٍ؛ حتى يظهرَ قويّاً دونهم.

ويُـدركُ الصُّعلوكُ أن وجودَه الواقعيَّ ـ الإنسانيَّ مرهونٌ بقوتِهِ ووعيهِ، ويقظتِهِ، ومرتبطٌ بالمبادَرةِ الواقعيةِ فـي الإغارةِ، والمبادأةِ بالفعلِ. ويُلفَى مُغيراً مُقبلاً بنفسـهِ غير مُدبـرٍ، تعبيراً عن غَضبهِ من

<hr>

82 ـ شعر تأبط شراً، ص 100.

151

الجماعـةِ، وتمردهِ على القبيلةِ، أو مشـاركاً في غارةٍ يُوثِّقُ بها فكرَه،
أو قافلاً من غارةٍ يتأهبُ لسواهَا:

وإنــكَ لــو لاقَيتَنـي بعدَ مـا تَرى

وهـل يُلقَيَـنْ مَــنْ غَيّبَتْـهُ المقَابـرُ

لألفيتَني فـي غـارةٍ أُدّعَـى لها

إليــكَ، وإمّــا راجعـاً أنــا ثائـرُ (83)

ولم يعد الصُّعلوكُ مُمتَهَنَ الكرامةِ، واهنَ العزيمةِ، خوَّارَ الإرادةِ،
يطلـبُ المباذِلَ في الحـيِّ، وصغائرَ الأمورِ فـي المجتمعِ؛ بل يظهرُ
واعياً، تُحركُهُ الغاياتُ البعيدةُ التي يسعى إليها ذوو الهمةِ والإرادةِ:

متـى تَبْغِنـي مـا دمتُ حيّاً مُسَـلَّماً

تجدْني مع المُسْــترعِلِ المتَعَهْبِلِ(84)

وبـاتَ الصُّعلوكُ فاعـلاً، مُتحـرِّكاً تتجسَّـدُ حيويتُهُ فـي الأفعالِ

<hr>

83 ـ شعر تأبط شراً، ص 95.

84 ـ شعر تأبط شراً، ص 138.

ـ المسترعل: الذي ينهض في الرعيل الأول. (اللسان، مادة: رَعَلَ).

ـ المتعهبل: الممتنعُ الذي لا يُمنعُ. (اللسان، مادة: عَهبلَ).

المُتحققةِ، والحوادثِ المُتلاحقةِ: (لاقَيْتني، ألفَيْتني، تَبْغني، تجِدْني)؛ وتتمثلُ سطوتهُ في وجودهِ الذي يستحقُّه، ويطمحُ إليه؛ مع الرعيلِ الأولِ منْ ذوي الهممِ والغاياتِ الساميات: مُسترعلاً، ومُمتنعاً مُتعهبلاً لا يُمنعُ، وقائداً للغارة يستحثُّها.

* يمتلكُ الصُّعلوكُ صفاتٍ جسديةً يستطيعُ بها مُواجهةَ خُصومهِ وأعدائهِ؛ مُواجهةً مُتوازنةً مُؤثرةً، تُحققُ له وجوداً واقعيّاً ـ ماديّاً يشعرُ معه بديمومةِ الحياةِ؛ ومنها سرعةُ العَدْوِ والجرْي الخارقةُ التي يُعرفُ بها، إذ كان تأبَّط شرّاً «أعدَى ذي رجلَيْن وذي ساقَيْن وذي عينَيْن»[85]. وهو في ذلك يقولُ:

لا شيءَ أسْـرعُ منّي ليسَ ذا عُذُر

وذا جنـاحٍ بجَنْـبِ الرِّيدِ خَفّاقٍ[86]

ويُجسِّمُ تأبَّط شرّاً سرعتَه في العَدْوِ بلوحةٍ تتمظهرُ فيها مهارتُهُ التي يُجاري بها الطيرَ مجاراةً، يحسمُها الخيالُ الشِّعريُّ لصالحِهِ:

أجاري ضلالَ الطيرِ لو فاتَ واحدٌ

ولو صَدقوا قالوا له: هو أسـرعُ[87]

____

85 ـ الأغاني: أبو الفرج الأصفهاني، طبعة بولاق (مصورة)، بيروت، 1390هـ 1970م، 18/ 209.
86 ـ شعر تأبط شراً، ص 106.
87 ـ شعر تأبط شراً، ص 101.
ـ الريد: الجرف الناتئ من جروف الجبل كالحائط، (اللسان، مادة: رَيدَ).

وتُشكِّلُ الوحدةُ الدلاليـةُ (أسرعُ) بـؤرةً تفاضُليةً، تستنذُ إليها الصياغـةُ الشِّعريةُ في الكشْفِ عن الذاتيـةِ المُتضخِّمةِ في السياقِ اللغـويِّ، ثم تَستدعي ذاكرةُ الصُّعلوكِ الجيادَ بدلالاتِها الحركيَّةِ، وسرعتِها الموصوفة بها واقعيّاً، وبكونها وسيلةً ناشطةً في الفعلِ الحركيِّ والفروسيةِ المُبهِرةِ؛ ليفوقَها (الصُّعلوكُ) في السرعةِ جَرْياً، وردِّ الفعلِ بَداهةً:

يَفـوقُ   الجيَـادَ   بتقريبِـه

ويكسو هَواديَها القَسْطَلا(88)

وتُهيمنُ فكرةُ السـرعةِ في الجرْيِ، و السَّبْقِ بالعدْوِ على الشاعرِ الصُّعلـوكِ؛ فيجعلُها غايةً تقودُ إلى غايةٍ تحتويها، ووسيلةً تؤدي إلى وسيلةٍ أخـراةٍ يتمثلُ فيها وعيهُ في تكوينِ عالـمٍ موضوعيٍّ بديلٍ عن واقعِه؛ فيسـابقُ ذهنيّاً الريحَ سِـباقاً مُتخيَّلاً بالكلماتِ من غيرِ مضمارٍ واقعيٍّ ـ حقيقيٍّ:

ويَسبقُ وَفْدَ الريح مِنْ حيثُ تَنتحِي

بمُنخَـرِقٍ مِـنْ شَـدِّهِ المتـدارِكِ(89)

88 ـ شعر تأبط شراً، ص 122.
ـ هوادي الخيل: المتقدمة في أول الرعيل. (اللسان، مادة: هَدَيَ).
ـ القسطل: الغبار. (اللسان، مادة: قَسطل).
89 ـ شعر تأبط شراً، ص 122. المنخرق: المتمزق الثياب. (اللسان، مادة: خرق).

ويُوقِعُ الصُّعلوكُ بأرجلِهِ -بوصفِها وسيلةَ نقلٍ وحركةٍ وحياةٍ-
عذاباً وعقاباً على أعدائِهِ في قبائلِ (خثعم، وبجيلَةَ، وثُمالة، وهُذيل)؛
لأنها تقودُهُ إليهم، ليسلبَهم إبلهُم، ويقتلَ منهم رجالَهم، لأنَّ الصُّعلوكَ
مُعارضٌ سياسيٌّ، يحترفُ (حربَ العِصاباتِ) في الهجومِ، والمُباغتةِ،
والخروجِ السريعِ من مُحيطِ الغارةِ إلى محيطٍ آمن يغايرُهُ:

أرى قَدَمَـيَّ وَقْعُهمـا حثيـثٌ

كتحليـلِ الظَّليـمِ دَعـا رِئالَـهْ

أرَى بهمـا عذاباً كلَّ يـومٍ

لخثعَمَ، أو بجيلـةَ، أو ثُمالَـهْ

وشَــرّاً كان صُبَّ علـى هُذيلٍ

إذا عَلِقَتْ حِبالُهُـم حِبالَـهْ⁽⁹⁰⁾

وينفي تأبَّط شرّاً عن نفسـهِ المُتصعلِكةِ العجزَ والضَّعفَ والجُبْنَ،
ويصفُ الصُّعلوكَ، بالنفي الشعريِّ، بالشجاعةِ والقوةِ، في سياقٍ
لغويٍّ تحضرُ فيه صورتانِ مُتناقضتانِ للصعلوكِ: صورته الشعريةُ
قويّاً مُغامراً، وصورتُه الواقعيةُ التي يرفضها، ويتغلبُ عليها:

<hr>

90 ـ شعر تأبط شرّاً، ص 129. الحثيث: المسرع. (اللسان، مادة: حَث).

ـ الظليم: الذكر من النعام. (اللسان، مادة: ظَلَم).

ـ الرأل: ولد النعام، والأنثى رألة. (اللسان، مادة: رَألَ).

155

وما ولَدتْ أمِّي مـنَ القومِ عَاجزاً
ولا كانَ ريشي في ذُنابَى ولا لَغْبِ⁽⁹¹⁾

يُلازمُ (السِّلاحُ) الصُّعلوكَ، ويصفُهُ الشاعرُ بواقعيَّةٍ تتسمُ بالجماليةِ في التشكيلِ، والمبادأةِ بالفعلِ، ولا تتكاملُ مقوِّماتُ الصَّعلكةِ الشِّعريةِ التي تُوازي الفروسـية الواقعيَّةَ؛ بغيرِ أدواتٍ قتاليةٍ، تُستخدمُ بمهارةٍ تجعـلُ الصُّعلوكَ فارسـاً مقاتِلاً يُدركُ أسـرارَ الحـربِ؛ إذ لا يُفارقُ السيفُ تأبَّط شرّاً، وسهامُهُ لا تُزايلُ كنانَته:

وفـي عُنُقـي سَـيْفٌ حُسَـامٌ مُهَنَّدٌ
ومُرْهَفَـةٌ زُورٌ شِـدادٌ عُيورُهـا⁽⁹²⁾

يمزجُ تأبَّط شـرّاً بين فعلِ السـيفِ في القَتْلِ/الموتِ الماديِّ، وبين الفعـلِ المعنويِّ للمنيةِ التي تحيـقُ بالخصومِ/الأعداءِ، مُوظِّفاً خيالَهُ

___

91 ـ شعر تأبط شرّاً، ص 156. الريش: غطاء الطائر. (اللسان. مادة: رَيْش).

ـ الذنابى: شبه المخاط يقعُ في أنوف الإبل. (اللسان، مادة: ذنب).

ـ اللغب: الريش الفاسدُ. (اللسان، مادة: لَغْب).

92 ـ شعر تأبط شرّاً، ص 96.

ـ سهم مرهف: رقيقةٌ حواشيه. (اللسان، مادة: رَهَفَ).

ـ الزور: القوي. (اللسان، مادة: زَوَر).

ـ عير النصل: الناتئ في وسطه. (اللسان، مادة: عَيَرَ).

الشعريَّ في أُنْسنةِ المنايا التي تتحوَّلُ من النهايةِ الحتميَّةِ إلى التجريبيةِ في اللحظةِ التي تفترُّ عن نواجذِها مسرورةً بفعلِ السيفِ:

إذَا هَــزَّهُ فــي عَظْــمِ قَــرْنٍ تهلَّلتْ

نَواجِذُ أفْــواهِ المنايــا الضَّواجِكِ⁽⁹³⁾

ويُصوِّرُ طعنــةَ رمحهِ مُؤلمةً عميقةَ الغَورِ، تتناثرُ أجزاءُ فوهَتها، وتتسعُ مساربُها؛ بوصفها طعنةَ خبيرٍ يمتلكُ كفاءةَ الطَّعنِ ودقَّته:

وَطَعْنَــةِ خَلْــسٍ قد طَعَنْتُ مُرِشَّــةٍ

لهــا نَفَــذٌ تَضِــلُّ فيــه المسَــابِرُ⁽⁹⁴⁾

ويصفُ سِــهامَه التــي لا تبارحُهُ، ولا تفارقُهُ، مُتَساويةً من حيث طولُها وعرضُها وصلابتُها؛ يصيدُ بها الأعادي، والحُمُرَ الوحشــيَّة، قد صُنِعَت بمهارةٍ وخبرةٍ:

---

93 - شعر تأبط شرًا، ص 199. قرنُ القوم: سيدهم. (اللسان، مادة: قَرَنَ).

- النواجذ: الأضراس التي تلي الأنياب. (اللسان، مادة: نَجَذ).

94 - شعر تأبط شرًا، ص 82. الخلس: الأخذ في مخاتلة في القتل والصراع. (اللسان، مادة: خَلَس).

- رشاش الطعنة: دمها. والسَّبْر: التجربة. (اللسان، مادة: رش. وسبر).

سَـماحيجُ أشْـباةٌ على قَـدرِ واحدٍ
تُبيـدُ أَعَاديهـا وتَغْلـي قُدورُهــا(95)

ويمتلكُ الصعلوكُ الشّعريُّ وعيَ المبادرةِ/المبادأةِ التي يَستوعبُ
بهـا اللحظَة الزمنيـةَ، والبؤرةَ المكانيَّةَ؛ ولا ينتظرُ مُداهمةَ أعدائهِ
لـه بغتةً؛ إذ شبَّههُم -وهم وراءهُ يطاردونَه مُطاردةً شعريةً- بالنحْلِ
المتجمّعِ في خليتهِ تشبيهاً صوريّاً مُتحرّكاً يُرسّخ فيه مداهَمته لهم مع
كثرتِهم وسلاحهم:

ولـم أنتظِـرْ أنْ يَدْهَمُونـي كأنّهم

ورَائـي نَحْـلٌ فـي الخليّـةِ دَاكِنَا(96)

ويتخذُ من الليلِ الأدهمِ مَطيَّةً يَسترهُ سوادُهُ، وهو يقطعُ القِفارَ التي
تعرفُهُ، ويَعرفُ مَجاهيلها، ولا يُخطئ مسالكَها:

وأَدهَـمَ قـد جبْتُ جِلْبَابَـهُ

كمـا اجتابَتِ الكاعِـبُ الخَيْعَلا(97)

____

95 - شعر تأبط شراً، ص 96. السماحيج: الطوال. والسمحجة: الطول في كل شيء.
(اللسان، مادة: سمحج).
96 - شعر تأبط شراً، ص 145.
97 - شعر تأبط شراً، ص 122. الخيعل: ثوب أو درع يخاطُ أحدُ شقيه تلبسه المرأة
كالقميص. (اللسان، مادة: خَعَل).

ويُطـارِدُ الصُّعلوكُ آخرَ الليلِ، يطلبُ فيه طَعامـاً ليومِهِ، يُقيمُ به أوَدَه؛ لأنّ الجـوعَ يكادُ يُنهِكُه في رحلة بحثِهِ عن الحريةِ، وقد يحصلُ على بُغيتِهِ، أو تلفظُهُ الفيافي يعتصرُهُ الجوع:

أَاَطْـرُدُ نَهْبـاً آخـرَ الليـلِ أبتغِي

عُلالَـةَ يـومٍ، أو تعـوقُ العَوائقُ⁽⁹⁸⁾

ثـمّ يقفُ أمامَ الليلِ يبتغي طلوعَ الفجرِ الـذي يُوحي بتجدُّد الحياةِ؛ لكـنّ الفجرَ بمدلولِهِ التبشيريِّ ـ الإشـراقيِّ يفقدُ مُحتـواه، لأنّ القلقَ النفسيَّ يُهيمنُ على تأبّط شـرّاً؛ الذي تتنازعُهُ فكرةُ التحررِ من عُقدةِ اللونِ، ويترقّبُهُ الخصومُ:

وليلٍ بَهيـمٍ كلّمـا قُلـتُ غَـوَّرَتْ

كواكبُـهُ عَـادتْ فمَـا تَتزيَّـلُ⁽⁹⁹⁾

<hr>

98 ـ شعر تأبط شرّاً، ص 113. العلالة: بقية اللبن في الضرع. وبقية قوة الشيخ علالة. (اللسان، مادة: علل).

99 ـ شعر تأبط شرّاً، ص 132.

ـ ليل بهيم: شديد السواد. غارت الكواكب: غربت.

ـتزيل القوم: تفرقوا. وتزايلت النجوم: تباينت وتفارقت. (اللسان، مادة: بهم، وغور، وزيَل).

159

* الصُّحبةُ/الرِّفقةُ هي التي تمنحُ الصُّعلوكَ إحساساً بالحياةِ؛ لأنه هَجَرَ طواعيةً مُجتمعاً قبليّاً مُتكوّناً؛ ليقيمَ مُجتمعاً بديلاً يُساهمُ فيه برؤيةٍ تُغيِّرُ في واقعيةِ الأشياءِ؛ لذلك يفخرُ تأبّط شرّاً برفاقهِ الصَّعاليكِ الذين يعيشونَ معه في مجاهيلِ الصحراءِ، وشِعابِ الجبالِ وأوديتها الغائرةِ؛ ويُغيرونَ/يغزونَ مُتعاضِدينَ؛ فيرسمُ صورةً مثاليةً أنموذجيةً للصُّعلوكِ الذي يُشاركهُ في غزواتِهِ، والذي يتصفُ بسبقِهِ إلى المحامدِ في عشيرتهِ -وهو المفارقُ لها-ويتصفُ بجهارَةِ صوتهِ، وبضمورِ جسدهِ وقوتهِ، وجرأتِهِ في الحربِ التي يتقدَّمُ إليها، ويُقدَّمُ فيها، ويحملُ لواءَها؛ حتى إذا كان السَّلمُ كان ذا مشورةٍ صَائبةٍ، ورأي يتردَّدُ في المجالسِ والأنديةِ:

لكنّمـا عِوَلـي إنْ كنـتُ ذا عِوَلٍ

على بَصيـرٍ بكسْـب الحمْدِ سَبّاقِ

سَـبّاقِ غَاياتِ مجدٍ في عَشـيرتِهِ

مُرَجِّـع الصَّوت هَـدّاً بيـن أرْفاقِ

عَاري الظنابيـب مُمْتَدٌّ نَواشِـرُهُ

مِـدلاج أدْهَـمَ واهِـي الماء غَسَّـاقِ

حَمّـال ألويـةٍ، شـهّادِ أنديـةٍ

قـوّالِ مُحكمـةٍ، جوّاب آفـاقِ

فذاكَ همّي وغَـزْوِي أسـتغيثُ بهِ

إذَا اسْتَغَثْتُ بضافي الرأس نغّاقٍ(100)

ــــــــــــــــــ
100 ـ شعر تأبط شراً، ص 107.

ويشكّلُ البيتُ الرابعُ نسقاً مُتناظراً مع قولِ الخنساء في أخيها صخر:

حَمَّـالُ ألويَـةٍ هَبّـاطُ أوديَـة

شَــهّادُ أنْدِيَـةٍ للجَيــشِ جَــرّارُ

إذ تتوافقُ صُورةُ الصُّعلوكِ تأبّط شــرّاً وصُورةُ الفارسِ؛ بتوافق الصِّيـغ والدلالاتِ، وتكـرار الألفاظِ والصفاتِ، فيكتسـبُ الصُّعلوكُ سمةَ الفروسيةِ، وتتجاورُ الفروسـيةُ والصَّعلكةُ واقعيّاً ومعنويّاً باللغةِ والفعلِ في نسقٍ أفقيٍّ واقعيٍّ:

الصُّعلوك تأبطَ شرّاً	الفارس صخر السُّلمي
حَمّالُ ألويَةٍ	حَمّالُ ألويَةٍ
شَهّادُ أنْدِيَةٍ	شَهّادُ أنْدِيَةٍ
جوَّاب آفاقٍ	هَبّاطُ أودِيَةٍ

لكــنَّ الصُّعلوكَ (قوَّالُ مُحكمةٍ) في المجالسِ والشــعر، والفارسُ (للجيــشِ جرّارٌ) في الوقائعِ والغزواتِ، فهما يفترقانِ في خِصيصةِ القيادةِ.

وتبتلعُ غـارةُ الشَّـنفرى الأزْدِيَّ صَاحب تأبَّط شـرّاً، وقرينه في التصعلُكِ، والمطاردةِ؛ فتتأجَّجُ التجربةُ الشعوريةُ، وتتضخَّمُ المعاناةُ، ويطفو الإحسـاسُ المعنويُّ الذي يُسجِّلُ فيه الشاعرُ مساربَ القتيلِ، ومسـايلَه، تعبيـراً عـن الوفـاقِ الفكريِّ والسُّـلوكيِّ فـي الصَّعلكةِ، وإقراراً بالقطيعةِ الماديةِ ـ الأبديةِ بينهما؛ التي أحدَثَها القتْلُ الفجائيُّ، والتي تُرسِّخُ الصُّحبةَ تقليداً في الحياةِ، ومنهجاً في الرؤيةِ والفعلِ، و تُلخِّـصُ تجربةَ الشـاعرِ الصُّعلوكِ، ونظرتَه إلـى الحياةِ والموتِ، والصاحبِ/الرفيقِ، وتكشفُ عقلانيّتَه، وتأملَه؛ إذ صرَّح تأبَّط شـرّاً بعلَميةِ صاحبِهِ بداءَةً:

على الشنفرى سَاري الغَمام فرائحٌ

غزيرُ الكُلى وَصيّبُ الماء باكرُ (101)

وأبّنه، فذَكَر شـجاعتَه، وشبَّه أعداءَهُ بالغَنم المذعورةِ يدهمُها ذئبٌ أطلسُ، مُستعيناً بالتشـكيلاتِ المجازيةِ التي تُصوّرُ الفعلَ، وما يرتَدُّ منه، والحدثَ وما يصدرُ عنه:

<hr>

101 ـ شعر تأبط شراً، ص 81 ـ 82.
ـ عولت إليه: أي فزعت إليه حين أعوزني شيء.
ـ الهدُّ من الرجال القوي، ومن الأصوات الشديد.
ـ عار الظنابيب: أي عاري عظم الساق من اللحم لهزاله.
ـ النواشر: أعصاب الذراع من داخل وخارج.
(اللسان، مادة: عول، وهدَد، وظنب، ونَشَر).

يُجيلُ سِلاحَ الموتِ فيهـم كأنّهم

لِشـوكِتِكَ الحـدّى ضَنينٌ نَوافِـرُ

ويستذكرُ الشاعرُ مأزقاً حَرِجاً يُسْتَدرجُ إليه الصُّعلوكُ القتيلُ، فيفرِّجه
عنه عزمُهُ الذي يُخرجُه من محنتِهِ، وسهامُه الصائبةُ، وسيفُه الذي
يقطعُ، وجوادُه الذي يقرنُه بالعُقابِ:

يُفرِّجُ عنه غمَّـةَ الـرَّوعِ عزمُهُ

وصفـراءُ مِرْنـانٌ وأبيـضُ باتـرُ

وأشـقرُ غيداقُ الجراءِ كأنَّـه

عُقـابٌ تدلَّى بيـنَ نيقينِ كاسِـرُ

وتصويـرُ الجوادِ بفاعليَّةٍ حركيَّةٍ دونَ السَّاقَيْن؛
يُوحـي بلحظـةِ مُبـارزةٍ فروسيةٍ متوازنـةٍ، يُسـاعدُ فيهـا
الجـوادُ المجـرَّبُ الفـارسَ الصُّعلوكَ مُسـاعدةً أدائيَّـةً.
*الرؤيةُ الذاتيةُ الواعيةُ بماهيَّةِ الأشياءِ الموجودةِ خارجَ الذاتِ الفرديَّةِ؛
هي التي تَستلخصُ فكرةً نابعةً من فلسفةِ التصعلكِ في الحياةِ القاسيةِ
التي يعيشُها الصُّعلوكُ في الصَّحراءِ؛ والتي يُدركُ بها مُقارعُ الفرسان
وصارِعُهم أنه سَيُضْرَبُ بهم يوماً، ويُقرَعُ، ويُصرَعُ:

ومَـــنْ يضــرِب الأبطالَ لابـــدَّ أنَّه

سَيلقَى بهم من مَصرَع الموتِ مَصرَعا(102)

ويحسبُ الصُّعلوكُ لكلِّ أمرٍ حسابَه؛ فلا يبدو نَزقِاً عَجولاً غُفْلاً غُفْلاً، بل ينظـــرُ برويَّةٍ ودهاءٍ لكلِّ مأزقٍ نظرةً خاصةً قبل أن تتنازَعَه الهمومُ، ويطويَه الندمُ:

إذا المـرءُ لـم يحْتَلْ وقـد جَدَّ جَدُّه

أضاعَ وقاسَــى أمره وهو مُدْبِرُ(103)

ويُدركُ تأبَّط شـــرّاً أنَّ الحربَ إنْ نشبتْ؛ فإنَّ على المرءِ أنْ يخوضَها مُقاتِلاً؛ وليس من الحكمةِ والعقلانيَّةِ أن يُديرَ لها ظهرَهُ جزَعاً وفزعاً، لأنها لن تَدومَ:

إذا الحـــربُ أولتْكَ الكليْبَ فولِّها

كَليبكَ واعلمْ أنَّها سوفَ تَنْجلي(104)

<hr>

102 - شعر تأبط شراً، ص 100.

103 - شعر تأبط شراً، ص 98.

104 - شعر تأبط شراً، ص 139.

وَيعي الصُّعلوكُ أنَّ الشــرَّ عُدوانٌ وضيـعٌ، ومَرْكَبٌ قَميءٌ، ومنَ الحكمــةِ أن يغـادِره العاقـلُ، ولا يتمناهُ المرءُ، ولا يسـيرُ إليه اللبيبُ مــادامَ بعيداً عنه، ولكنْ إنْ أوقِعَ بهِ فيـهِ عُنوةً، فليخضْهُ مُرغماً مُقدِماً غيرَ هيَّابٍ:

ولا أتمنَّــى الشَّــرَّ والشـــرُّ تَاركي

ولكنْ متى أحملْ على الشرِّ أَرْكبِ(105)

كأنـي به يجدُ في الحيلةِ مخرجاً؛ بوصفِها وسيلةً فاعلةً في التخلُّص الفعلــيِّ من لحظاتِ الضيقِ، التــي يقتربُ فيها الموتُ منه؛ لأنها دليلُ نشاطٍ ذهنيٍّ عقليٍّ يدفعُه إلى النجاةِ.

ويعرفُ الصُّعلوكُ بفراسَتِهِ وحكمتِـهِ أنَّ صروفَ الدهرِ لا تَدومُ، ولا تثبـتُ؛ فلا يغترُّ إنْ سرَّه الدهرُ يوماً، وأقبلتْ عليـه الدنيا أيَّاماً قِصاراً؛ ولا يجزعُ إنْ أثقَلتْهُ الحياةُ بأعبائها:

ولستُ بمفْراحٍ إذا الدَّهرُ سَرَّني

ولا جازعٌ من صَرْفِـه المتقلِّبِ(106)

<hr>

105 - شعر تأبط شراً، ص 153.

106 - شعر تأبط شراً، ص 153.

165

يُشكِّل الشاعرُ مُقابلةً ضديَّةً تتمحورُ في (الدهرِ)، وتؤكدُ توازُنَه النفسيَّ، وثباتَه السُّـلوكيَّ مع تقلبِ الأحوالِ، وفي ذلك اعتدادٌ بالنفسِ وبيانُ حقيقةِ الذاتِ.

ويَستحضرُ الصُّعلوكُ الموتَ قدراً يُصيبُـه، ونهايةً لن يغادرَها، ولـن يفرَّ منه مُدركاً أنَّ الخلـودَ الماديَّ محـالٌ؛ وإن كانَ يرغبُ في خُلودٍ معنويٍّ:

وإنّـي، وإن عُمِّـرْتُ، أعلـمُ أنني

سَألقَى سِنانَ الموتِ يبرقُ أَصلَعَا(107)

والبيتُ في مَضمونه الفكريِّ حقيقةٌ وجوديَّةٌ تناقلهَا الشُّعراءُ بأطيافِهم كافـةً، لكنَّ الصُّعلوكَ مُحاربٌ ـ مُقاتلٌ يُدركُ أنَّ القتْلَ مُدركُهُ وقدرهُ، فاخْتـارَ ميتَتَهُ، وخصَّ سِنانَ المـوتِ قاتِلاً مؤنْسنـاً وفقاً لمُعطياتِه الحياتيَّةِ، وسلوكهِ الإنسانيِّ المُتمردِ.

* * *

إنَّ الصُّعلوكَ الشِّعريَّ، كائنٌ يتركَّبُ في سياقٍ لغويٍّ، مُتناسقٍ، لا تنفصلُ فيه الفكرةُ المتراكمةُ عنه في الذاكرةِ عـن الفعلِ الواقعيِّ والشِّـعريِّ، وتلتقي فيـه دلالاتُ التجربةِ المخزونةِ ذهنيّاً، بالتجربةِ

<hr>

107 ـ شعر تأبط شراً، ص 99.

166

الواقعيَّـةِ الموجَّهـةِ بالوعـي والإرادةِ في نَسقٍ موضوعـيٍّ يحتوي مرجعياتٍ تكمنُ في اللاشعورِ.

ويكتسبُ الصُّعلوكُ الشّعريُّ قيمَتهُ؛ بوصفه جزئيَّةً في بنيةٍ مُتناميةٍ مُتعاضِدةٍ؛ تمنحُه إحساساً بديمومةِ التحولاتِ الفكريةِ والسُّلوكيةِ، حتى يمتلكَ قابليةَ التشـكيلِ المقترنِ بالزمنِ، وينظِّمَ الأشياءَ بتفاعله معها، ووجودِه بينها، إذ يُخرجُها من حيِّزِ الإمكانِ إلى حيِّزِ الفعلِ؛ في علاقةٍ مُتلازمـةٍ يغذِّيها الصُّعلوكُ بالتواصلِ معها؛ فيكون وجودُه مُكمِّلاً لها، وليس مُستقلاً عنها.

ويتحوَّلُ الصُّعلوكُ الشّعريُّ إلى كائنٍ لغويٍّ يتحرَّكُ به شـعريّاً وصُوريّـاً، ويفارقُ الواقعَ، إلـى ذاتٍ تتخطَّى الـذواتِ الأُخَر، وإلى مُرْسِلٍ يقـومُ بوظيفةٍ مَضمونيَّةٍ توصيليةٍ في اللحظةِ التي يتمكَّنُ فيهـا من التعبيرِ عـن قيمِ الحياةِ المتجدِّدةِ؛ ويستوعبُ مُقوماتِ النموّ الحضاريِّ وسـطَ شـبكةٍ مُتعددةٍ من المؤثِّراتِ، التـي لا تنفصلُ عن الفكرِ المُتموضِع فيها؛ حتَّى باتَ (الصُّعلوكُ الشّعريُّ) فارساً مُغامِراً، وسـيِّداً يتصفُ بالمروءَةِ والفتوَّةِ، يتصلُ بالصحراءِ، ولا تتصلُ به القبيلةُ، أو الخمرةُ، أو المرأةُ؛ لأنه وجودٌ معنويٌّ يطيرُ في عالمِ الشعرِ.

بَوَاعِثُ الصِّرَاعِ

في دَالِيَّةِ حَاتِمٍ الطَّائِيِّ

إنَّ الدراسـةَ في سـياقهَا التَّحليليِّ بِبنيةٍ نقديَّةٍ، ورؤيةٌ تأويليةٌ، تتخذُ من (داليَّـةِ) حاتمٍ الطائيِّ[108] ميداناً تطبيقيّاً لصياغـةِ خطابٍ لغويٍّ يُوازيها، وينبثقُ منها؛ بحثاً عن المسكوتِ عنه، بتوظيفِ أنماطٍ سرديةٍ تُظهِرُ آثارَ الحدثِ الواقعيِّ، والمحفزّاتِ الخارجيةِ التي تحتوي وجوداً ماديّاً بالفعلِ، ينتقلُ بنا إلى كونٍ خياليٍّ، أو واقعٍ آخرَ مُتخيَّلٍ بالشعرِ.

وتسـتندُ (القـراءةُ) إلى (الصِّراعِ) مفهوماً فلسـفيّاً جدليّاً، وقيمةٌ فكريــةٌ وواقعيةً في أفقٍ مُتنامٍ من التراكمِ المعرفيِّ، يخترقُ فضاءً واقعيّــاً منظوراً يتجلَّى سـلوكاً ماديّاً له شُـعَبٌ مُتناثرةٌ، ويَعتمدُ على (التفكيكِ) أداةً مَنهجيَّةً في صياغةِ التحليلِ الدَّلاليِّ، الذي يتسعُ للمعنى النسـقيِّ، ويرتبـطُ بالثقافـةِ الموروثةِ من خلال التوافقِ السـياقيِّ بين الأنــا المعرفيةِ والراوي، والمواءمةِ في الوظيفةِ بين الفعلِ والفاعلِ، والتضادِّ السلوكيِّ بين الأنا والآخرِ؛ للدخولِ إلى العالمِ الشّعريِّ.

****

108 - حاتم الطائي: ترجمته وأخباره في: الشعر والشعراء ص 321، الأغاني 61/69، والعقد الفريد 1/18، وديوان شعر بن عبد الله حاتم الطائي وأخباره، صنعة يحيى بن مدرك الطائي، رواية هشام بن محمد الكلبي، دراسة وتحقيق: الدكتور عادل سليمان جمال، القاهرة، ط 2، 0991م، القصيدة في ص 712 - 912، مع مقدمة المحقق ص 9 - 25.

يبـدأ النَّصُّ من لحظةٍ حِكائيةٍ تُمثِّلُ بؤرةَ صراعٍ وأزمةً يعرضُها السَّـردُ في صورٍ على تُخومِ الواقعِ، وتقومُ على التَّصويرِ، والتذكُّرِ في زوايا تتوافرُ على نتوءاتٍ تُحيلُ على التَّبئيرِ، وتتصلُ بالتركيبةِ اللغويَّةِ التي تتبلورُ في نسقَينِ، يكشفانِ رؤيةً ومُغامرةً، يتمفصلُ فيها الخطابُ بمرجعيَّةٍ نفسيةٍ، تطرحُ ثنائيةً تستوي وجوداً بإشاراتٍ نصيَّةٍ ـ أسلوبيةٍ تتمدَّدُ جذورُها إلى واقعٍ خارجَ دائرةِ النَّصِّ، تؤسِّسُ صراعـاً تكتنفُهُ المعاناةُ التي تتجمَّعُ وتظهـرُ؛ لتتفرَّقَ، ولا تنتهي في سياقٍ تتشاجرُ فيه الأفكارُ، وتتعالقُ الرُّؤى.

ويقـومُ الشـاعرُ بوظيفَتينِ مُزدوجتَينِ: فهو الـراوي الذي يمتلكُ صوتـاً ينهضُ بالإخبـارِ والإعـلانِ، والفاعلُ المركـزيُّ في الحدثِ الموضوعيِّ الذي يتَّسـعُ؛ ليضيءَ جوانبَ مظلمةً في الحياةِ، إذ يتكلَّمُ، ويحكـي قصَّتَهُ الذاتية بأفكارٍ تستندُ إلى موضوعٍ تتغيَّرُ مضامينُهُ، وتتداخلُ مسـاربُهُ على وفْقِ رؤيةٍ موجَّهةٍ، تشـغلُ مساحةَ البناءِ الذي يركِّـزُ على الذاتِ، أو على موروثٍ يتَّصلُ بهـا، ويدخُلُ في فضائِها وزمانِهـا؛ فتتحققُ العلاقةُ الزمنيَّةُ بيـن الحاضرِ والماضي بالتداعي والتماثُلِ والتَّعاقُبِ والسردِ.

يَضبِطُ النَّصُّ ـ بالرَّاوي المشاركِ في الأحداثِ ـ صورةً متناسقةً للشـاعرِ، وينظِّمُ علاقتَهُ بالعالمِ، ويُقيمُ صلةً واقعيةً حِواريةً جدليَّةً بين الأيقونـةِ الذّهنيَّـةِ، ومِرآتِها الواقعيَّةِ، التي تسـتحيلُ إلـى كائنٍ لُغويٍّ يتخلَّلُهُ الوعيُ الشِّعريُّ.

النَّصُّ المَقْروءُ

وعاذلــةٍ هبَّـتْ بليـلٍ تلومُنـي
وقـد غـابَ عَيُّـوقُ الثريَّـا فعـرَّدا

تلـومُ علـى إعْطائيَ المـالَ ضِلَّةً
إذا ضَـنَّ بالمـالِ البخيـلُ وصـرَّدا

تقـولُ: ألا أمسـكْ عليـكَ فإنني
أرى المَـالَ عنـد المُمْسـكينَ معبَّدا

ذرينــي وحالـي إنَّ مالَـكِ وافـرٌ
وكلُّ امـرئٍ جـارٍ علـى مـا تعوَّدا

أعـاذلُ لا آلـوكِ إلا خليقتـي
فـلا تَجعلي فَوقـي لسانَكِ مِبْردا

ذَرينـي يكـنْ مالي لعِرْضِـيَ جُنَّةً
يقـي المـالُ عِرضِـي قبـلَ أن يتبدَّدا

أرينــي جَـوادًا ماتَ هُـزْلًا لعلَّني
أَرى مـا تَرينَ أو بخيلًا مُخلَّـدا

وإلا فكُفّـى بعـضَ لومِكِ واجْعلي
إلـى رأي مـنْ تلْحَينَ رأيَكِ مُسْندا

ألـم تعلمي أنِّي إذا الضَّيفُ نَابني
وعزَّ القِرى أُقري السَّديفَ المُسَرْهَدا

أُسوَّدُ ساداتِ العشيرةِ عارفاً

ومِنْ دونِ قومي في الشَّـدائدِ مِذْوَدا

وأُلفَى لأعراضِ العشـيرةِ حافظاً

وحَقِّهِـمُ حتـى أكونَ المُسَـوَّدا

تقولينَ لي: أهلكـتَ مَالكَ فاقتصدْ

ومـا كنـتُ لـولا ما تقولينَ سيِّدا

سـأَذْخَرُ من مالي دِلاصاً وسابحاً

وأسمَرَ خَطّيـاً وعَضْباً مهنَّـدا

وذلـك يكفيـني مـنَ المـالِ كلِّه

مَصونـاً إذا ما كانَ عنديَ مُتْلَـدا

****

أولاً : الصِّراعُ النَّفْسِيُّ (صِرَاعُ الذَّواتِ)

تُحيل فاتحةُ النصِّ على بناءٍ يقومُ على نسقَينِ يفترقانِ، ولا يلتقيانِ، نُعيدُ بهما مرجعيَّاتِ الصِّراعِ إلى التكوينِ النفسيِّ للشاعرِ، الذي شطرَ نفسَه في لحظةِ تأزُّمٍ فكريٍّ وشعريٍّ إلى شطرينِ؛ مُتخالفينِ مُتباينينِ، يَخوضانِ صراعاً وُجودياً واقعيّاً:

- الشطرُ الأوَّلُ ← العقلُ الواعي ← الشعورُ ← الذاتُ الواعيةُ التـي تبني، وتدركُ، وتتغلغلُ في نسقِ الراوي/المتكلِّمِ، وتتحرَّكُ في وجودٍ واقعيٍّ منظورٍ.

ـ الشَّطرُ الثاني ← العقلُ الباطنُ ← اللاشعورُ ← الذاتُ المكبوتةُ، التي تخترقُ القيودَ المعنويةَ، وتعيشُ في مَساراتٍ سرابيةٍ، وتتحـرَّكُ فـي زوايا الذهـنِ، ولا تتمظهرُ في وجودٍ بذاتـهِ، وتحاولُ التأثيرَ السلبيَّ في الشَّـخصيَّةِ الواعيةِ، وتستقيمُ في المخاطَبةِ/العاذلة؛ لأنَّ «الجدَلَ بين العاذلةِ والشعراءِ الجاهليينَ يتضمنُ أبعاداً أسطوريَّةً، ويعكسُ مواقفَ ذاتيةً، ويعكسُ جدلاً بين الشـاعرِ وصوتهِ المضمَرِ، أو بينَـهِ وبين الأنَا الأعلى أو الأنَا الأسـفلِ»[109] في كائنٍ تتجاورُ فيه الذاتانِ، وتتساكنانِ.

إن الصِّراعَ في النَّـصِّ صراعٌ بين ذاتَينِ: الذَّاتِ الواعيةِ، والذَّاتِ المكبوتـةِ، يحتويهما الخطـابُ بصياغتهِ النهائيَّةِ بمـا يوظَّفُ فيه من صيغِ التَّتابُعِ، والتناوبِ، والتَّراكمِ، إذ يُشـكِّلُ الشّاعرُ خصمَينِ لدودَينِ يستخدمُهُما على وفق ما يقولانِهِ، ويفعلانِهِ سابقاً، ولاحقاً؛ حتى تتحقَّقَ له حريةُ السَّردِ بمُتوالياتٍ من الأفعالِ:

وعَاذلـةٍ هبَّـتْ بليـلٍ تلومُني

وقـد غـابَ عَيُّـوقُ الثريَّـا فعرَّدا

تلـومُ على إعْطائيَ المـالَ ضِلَّةً

إذا ضَـنَّ بالمـالِ البخيـلُ وصرَّدا

<hr>

109 ـ العذْل في الشعر الجاهلي: حسني عبد الجليل يوسف، مكتبة الآداب، مصر، 1409 هـ ـ 1989م، ص 13 ـ 14.

تقولُ: ألا أمسِـكْ عليكَ فإنني

أرى المالَ عند المُمْسِكينَ مـــعَبَّدا

إنَّ العاذلـةَ قوةٌ تملأُ آذانَ الشَّــاعرِ بصوتِها المُدَوِّي الذي دخلَ في عقلِـه؛ فتحدَّثَ عنه بمجاهـدةٍ حادَّةٍ؛ ليتمكَّنَ صوتُــه الحقيقيُّ! صوتُ الواقـعِ والضَّميرِ، من أنْ يفرضَ نفسَــه على صوتِ العاذلةِ مُستعيناً بالمعرفـةِ العقليَّةِ، والخِبرَةِ الذاتيَّةِ؛ لأنَّ «إثارةَ الشُّعورِ والإحسـاسِ مُقدَّمةٌ في الشِّعرِ على إثارةِ الفكرِ»(110) بالرؤيةِ، والصورةِ، والمجازِ، والسَّردِ الشِّعريِّ.

ويَظهَـرُ أن العاذلـةَ علـى غيرِ وِفاقٍ مـع المتكلِّم. إنَّهـا بَرِمةٌ به، ثائرةٌ عليه، وهو يتوقَّعُ دفعَها إيَّاهُ إلى التَّغريبِ بدِلالةِ الفعلِ المشاكسِ المُفاجئ (هبَّتْ: ثارتْ وهاجَتْ)، والمفردةِ المنفِّرةِ (ضِلَّة: ضلالة، وضـلالاً)، والفعلَينِ الملتصقَينِ بها لُصوقاً أدبيّـاً (ضَنَّ، صرَّد) بما تنفُثُـهُ فيهما من رغائبَ تطمحُ أنْ تَتَخَلَّقَ بها الذَّاتُ الواعيةُ ـ المعطيةُ قياساً على الفعلِ المهجورِ (ضنَّ: أمسكَ، وبَخِلَ)، والفاعلِ المُهاجِرِ (الضَّنِـين: البخيـل). حتى بـاتَ الشـاعرُ/المتكلِّم يتوجَّـسُ خِيفةً من اللَّيل، ويرتـاحُ للصباحِ، ويتوحَّدُ معه، ويفرحُ لمقْدَمِهِ، ولزوالِ اللَّيلِ، ويتخطَّـى به عتباتِ العاذلةِ إلى الحياةِ الآملـةِ، والحركةِ الفاعلةِ التي تجـوبُ البلادَ ضمـنَ ديناميَّةٍ متداعيةٍ لا تعرفُ السُّكونَ والانتظارَ؛

110 ـ النقد الأدبي الحديث: د. محمد غنيمي هلال، ص 376.

بعد أنْ أمسى الليلُ عالَماً ينغلقُ على الآفاقِ، وزمناً متراكِماً تمارسُ
فيه العاذلةُ نشــاطَها اللسانيَّ المكروهَ في لحظةٍ ظلاميَّــةٍ، تَغيبُ فيها
نجومُ (الثُريَّا)، وتَفِرُّ الكواكبُ حيالَهَا من مواقِعِها وتُعَرِّدُ؛ والليلُ زمنٌ
يدلُّ على الهدوءِ والسَّـكينةِ تارةً، وعلــى الرهبةِ والخوفِ والغموضِ
تارةً أُخراةً؛ لكنَّه انقلبَ بفعلِ (العاذِلة) من الهدوءِ إلى الضجيجِ، ومن
السُّكونِ إلى الحراكِ، ومن السُّباتِ إلى الشَّتاتِ؛ إذ خَرقَ الفعلُ (هَبَّتْ)
السكينةَ، وأقلقَ الشُّعورَ بالطمأنينةِ، وأمسـى مبعثاً للهجومِ السَّاخطِ،
والألمِ النفسيِّ، وتجسَّدَ سُلوكاً مملوءاً بالحركةِ المفاجئةِ.

واللَّومُ عقابٌ قوليٌّ تتسـلَّطُ به العاذلةُ على الذَّاتِ الواعيةِ بسلسـلةٍ
موصولــةٍ من الأفعــالِ المنطوقةِ التي تمثِّــلُ نظامَ هيمنةٍ، وسَطْوَةٍ:
(هبَّــتْ، تلومُ، تقولُ). وتسمو الذَّاتُ الواعيةُ فـوقَ واقِعِها، وتغوصُ
إلى المخفيِّ، والمستورِ في العالمِ المنظورِ، وتَظهرُ شخصيةً ناضجةً
يـذوبُ فيها الحاجزُ الزمنيُّ بين زمنِ السَّـردِ وزمنِ الحدثِ، وتنطلقُ
رُؤْيَوِيَّتُهَا مصدراً؛ لتكوينِ الصُّورِ، ولنقلِ الأفكارِ والمشـاعرِ، في
حواريَّةٍ ضِدِّيَّةٍ تقومُ بتشكيلِ عناصرِ المُفاضلةِ في النيات:

ذَرينـي وحَالـي إنَّ مالَـكِ وافـر
وكلُّ امرئٍ جـارٍ على مـا تَعوَّدا

ذَريني يكـنْ مالي لعرضِـيَ جُنَّةً
يَقـي المـالُ عِرضي قبـلَ أنْ يتبدَّدا

ألم تَعلمي أنِّي إذا الضَّيـــفُ نَابني

وعزَّ القِرى أُقري السَّديفَ المُسَرْهَدَا

وإذا كانت العاذِلةُ في شعرِ حاتمٍ الطائيِّ كلِّهِ هي «زوجُهُ المحبَّةُ المشـفِقةُ ... وأنَّ عَذْلها له ليس كرهاً، ولا يحملُ في طياتِه البغضاءَ، ولا يَعنـي أنهـا تريـدُ أنْ تجعلَه يُقلعُ عن هـذا الطبعِ والخُلُـقِ»[111]؛ فـإن الشـاعرَ يرفضُ لومَ العاذِلةِ لـه زوجاً أو ذاتاً مكبوتـةً، ويعاتِبُها علـى لومِها عتاباً صريحاً، ويعنِّفُها، ويهجُرُهـا، وينهرُهـا عُنوةً حتى قمـعَ فيها تمرُّدَهـا، وكَبَتَ جهارةً نوازعَها الطفيليّـةَ المقْلَقَةَ، وخوفَها الغرائزيَّ من المستقبلِ، وقيَّدَ حركتَها المشوَّهةَ بأقوالٍ تستنِدُ إلى إرادةٍ قويَّةٍ نافذةٍ:

(ذَريني ← لا تجعلي ← ذَريني ← أريني ← كُفِّي).

وكان حـوارُهُ معهـا يتَّسمُ بالموضوعية؛ لأنها جُزءٌ مـن تكوينِهِ النَّفسـيِّ، بعد أنْ أيقنَ أنَّ قلقَها سلبيٌّ مُنْتَهِ، ونفسيٌّ يصطدمُ بالواقعِ، وأنَّ ذاتَهُ الواعيةَ قد غلبتْها، وحجَّرتْها في سياقِ الفعلينِ (يكنْ، ويقي) بما يحملانِهِ مـن دِلالاتٍ زمنيةٍ وِقائيَّةٍ تتجدَّدُ بهما الأحداثُ، وتتحرَّكُ الأزمنـةُ، وتتغيَّـرُ الوقائعُ، والشَّـخصيَّاتُ التي يراهَا الشـاعرُ بعينِ الخيالِ، ويُشكِّلُ بها مُجاوزةً مَجازيَّةً تُحقِّقُ وجوداً فنيّاً مخصوصاً.

111 - ظاهرة العذْل في شعر حاتم الطائي: د. علي أبو زيد، مجلة جامعة دمشق، المجلد (18)، العدد الأول، 2002م، ص 95.

ويُعاتبُ الشاعرُ العاذلةَ على عتابِها؛ لأنها لم تُدركْ غايتَهُ الواقعيةَ،
ورؤيتَهُ الفكريَّةَ النَّاشطةَ؛ فيتخذُهَا «ذريعةً لينقلَ الحوارَ الداخليَّ القائمَ
في نفسِهِ بين الطمعِ بالمالِ واقتفاءِ أثرِ الآخرينَ، وبين التمرُّدِ والتوسُّلِ
بـه للخيرِ والمحبةِ»[112] فذهبَ يعتني بصورةِ الأنـا: صورةِ الكائنِ
والإنسـانِ والذاتِ الواعيةِ بالفكرِ الشـعريِّ الَّذي يَصنـعُ واقعاً يعمِّقُ
الإحساسَ بالحياةِ، ويَنْفُثُ وِفاقاً ذهنياً بين إرادةِ الرَّغبةِ، وإرادةِ الفعلِ:

سـأذْخرُ من مالي دِلاصاً وسَابحاً

وأسْـمَرَ خَطّيّـاً وعَضْبـاً مهنَّـدا

وذلـك يكفينـي منَ المـــالِ كلِّه

مَصونـاً إذا مـا كان عنـديَ مُتْلَـدا

يؤطِّرُ الشاعرُ في البيتَينِ صورةً معنويةً ناميةً للمالِ الذي يصونُه،
ويحرصُ عليه برموزٍ لها محمولاتٌ دلائليَّةٌ وقيمٌ واقعيةٌ، تتجمَّعُ في الدِّرْعِ
الـذي يحميه من ضربـاتِ خصومِهِ، والحصانِ الذي يمتطيهِ في الفلواتِ
والمعـاركِ، والرُّمـحِ الخطِّيِّ الذي يخرقُ به صـدورَ المدجَّجينَ الكُماةِ،
والسَّيفِ الذي يُبارِزُ به خَصْماً، أو يطعنُ به فارساً مُعلِماً في موازاةِ المالِ
المهتوتِ الذي يثْلِفُهُ، ويهلكُه؛ حتى تكتملَ شخصيتُه النموذجيَّةُ، وتتوافقَ
فيها مقوِّماتُ المروءةِ في مضمارِ الفروسيَّةِ والبطولةِ.

<hr>

112 - موسوعة الشعر العربي (الشعر الجاهلي): خليل حاوي وآخرون، شركة الخياط،
بيروت - لبنان، 1974، 294/1.

ويتمحورُ (اللومُ) حولَ وظيفةِ المالِ، وغائيَّتِهِ المعلَنةِ والمُضْمَرةِ، في سياقٍ مزدوجٍ ـ متضادٌّ يفترقُ به الفاعلُ الـذي يُعطي (المالَ)، ويُنْفِقُهُ عن القابضِ عليه الذي يضِنُّ به، ويُمسِكُه ويكدّسُهُ؛ حتى أمستْ لفظةُ (المال) مرتكزاً سَرْدِيّاً، ومُنْطلقاً حِوارياً نَثَرَهُ الشاعرُ تسعَ مرَّاتٍ في النَّصِّ، بثَّ فيها فلسـفتَه للحياةِ، والسـلوكِ والإنسانِ؛ كأنَّ العاذِلةَ «تُحـاولُ أن تُنبهَهُ علـى ما هو عليهِ من مُبالغةٍ تصلُ إلى حدِّ الإفراطِ الذي سَيودي في النهايةِ بكلِّ ما يملكُ، ويُحيلهُ إلى فقيرٍ مُعْدَمٍ»(113) لكنه واعٍ وعياً كاملاً بحقيقةِ الخلودِ المعنويِّ في الذاكرةِ الإنسانيةِ.

* * * *

ثانياً: الصِّراعُ الواقعيُّ (صِراعُ القِيَمِ)

يتمثَّلُ الصراعُ الواقعيُّ في صفتَينِ متضادَّتينِ لا تلتقيان: صفةِ الكرمِ التـي تُخْصِبُ الحياةَ، وتنضُجُ بها النفوسُ، وصفةِ البُخْلِ التي تتقوقعُ، وتغورُ. ويَتَمَظْهَرُ الصِّراعُ في شخصيَّتينِ متناقضَتينِ: شخصيةِ الكريمِ الذي يفكِّرُ، ويُحسُّ ويُدركُ، ويتكلمُ بالحقيقةِ الموضوعيَّةِ، والنفسـيةِ، وشـخصيةِ البخيلِ الذي يغدو قَميئاً معزولاً تسيطرُ عليه الهواجسُ؛ فلا يدخلُ في علاقةٍ حميمةٍ مـع الآخرين؛ فيتقلَّصُ، ويتوارى وجودُهُ بين المتناقضات، ويتجسَّدُ في فعلَيْنِ متنافرَيْنِ: فعلِ العطاءِ الموصولِ بالجماعةِ/العشيرةِ، وفعلِ القبضِ المنفصلِ عن القومِ، والعالَمِ.

---

113 ـ ظاهرة العذل في شعر حاتم الطائي، ص 95.

180

وتتجمَّعُ الصفتانِ، والشخصيَّتانِ، والفعلانِ في ثنائيَّةٍ تشكيليةٍ تخترقُ الأداءَ اللغويَّ، والمرتسمَ الصُّوَريَّ للجملةِ؛ حتى يصلَ الشاعرُ إلى الغايةِ الفكريةِ، بعد أن يُمْعِنَ في التلوينِ، والتكْوينِ، والتَّذَكُّرِ، ويتقنَ البناءَ الشعريَّ بتجسيدِ الوقائعِ المزدوجةِ بنيويّاً. ويأتي تناوبُ الضَّمائرِ والرَّوابطِ والصِّيغِ؛ ليسردَ كميةً من الأفكارِ المتداخلةِ زمنيّاً، والمتباعدةِ حَدَثيّاً ؛ حتى يتمكَّنَ القارئُ من التمييزِ بين بُؤرتين أساسيَّتين: بؤرةِ الكرمِ الذي تنتهجُه الذاتُ الواعيةُ، وبؤرةِ البُخْلِ الذي تُحيلُ عليه خِفيَةَ الذاتُ المكبوتةُ، إذ يُعمِّقُ صراعُ الأضدادِ معنى الأشياءِ والكلماتِ في الوجودِ؛ لأنَّ الخيالَ «لا يَستعينُ في تنظيمِ مادتِه بوسائلَ خارجةٍ عن نطاقِ الذاتِ الإنسانيةِ، وأنّه في إبداعِه عوالَم جديدةٍ مرتبطٌ بالتجاربِ الشخصيَّةِ والمدْرَكِ الحسيِّ»[114] لأنه خيالٌ مُبدعٌ مُتألقٌ يُحلّقُ في عالمٍ من الرُّؤى والأحلامِ.

ويعـادلُ (الكرمُ) الحيـاةَ، والوجودَ، والذاتَ، والخلـودَ في ذاكرةِ الزمـنِ، ويرتبـطُ بالإرادةِ، وينشئُ صِلـةً، أو عَلاقةً وشـائجيةً بين الأنا المرسِلةِ، والجماعةِ المتلقِّيةِ؛ حتى باتَ الكرمُ والحياةُ صِنوينِ مُتماثلَينِ، ومُتداخلَينِ في شخصيةٍ واحدةٍ:

ألـم تَعلمي أنَّي إذا الضَّيفُ نَابني
وعزَّ القِرى أُقري السَّديفَ المُسرْهَدا

114 ـ الخيـال (مفهوماته ووظائفه): عاطف جودت نصر، الهيئة المصرية العامة للكتاب، القاهرة، 1984م، ص 264.

أُسوَّدُ سـاداتِ العَشيرةِ عارفـاً
ومِنْ دونِ قومي في الشَّـدائدِ مِذودا

وأُلفَى لأعراضِ العَشـيرةِ حافظاً
وحقَّهـمُ حتَّـى أكونَ المسوَّدا

وذلــك يكفيني مِـنَ المـــالِ كلِّهِ
مَصونــاً إذا ما كــانَ عنـديَ مُتلدا

يمثِّـلُ الضيفُ بؤرةَ صـــراعٍ ماديٍّ، ومعنويٍّ في سياقِ الشـدِّ،
والجذبِ بين العاذلةِ، والباذلِ المعْطاءِ في زمنٍ تشحُّ فيه الأقواتُ حتى
تكادَ تختفي، أو تذوب، بدلالـةِ الفعلِ المتأجِّج (نابني)، وكأنَّ الضيفَ
في تلـك اللحظةِ القاتمةِ نائبـةٌ من نوائبِ الدهرِ التـي لا تُطاقُ؛ حتى
تظهرَ شـخصيَّةُ الكريمِ مُضيئةً، تختالُ في التوافقِ النَّفسيِّ والإنسانيِّ.
وتُشكِّلُ الجملةُ الحياتيَّةُ (أقري السَّديفَ المُسرهدا) بؤرةَ صراعٍ ثانيةٍ،
تتجدَّدُ شواظُها حين يَبْذُلُ الكريمُ لضيفهِ خيارَ زادهِ؛ قياساً على المدلولِ
الماديِّ المنظورِ (للسديفِ المسرهدِ: شحم السنام السَّمين المقطَّع قِطعاً
قِطعاً)؛ وبذلكَ يُخالفُ الشــاعرُ صوتَ (العاذِلةِ) في القولِ الشِّـعريِّ،
والفعْـلِ الواقعيِّ «مبالغةٌ فيما هو فيهِ، وإصراراً منهُ عليهِ؛ لأنَّهُ يَرى
في ذلكَ معنىً جديداً يُضافُ إلى ما يَفتخرُ به من مكارمِ الأخلاقِ، ومنَ
القيمِ والخصالِ الحميدةِ»(115) بفعلٍ إراديٍّ ينهضُ به بنفسهِ.

<hr>

115 - ظاهرة العذل في شعر حاتم الطائي، ص 86 – 87.

ويخترقُ (الكرمُ) الأزمنـةَ، والأمكنةَ، ويمتدُّ، ويتسعُ؛ ليصبحَ حضـوراً حيويّـاً دائماً، وفعـلاً متنامياً شـموليّاً، ينفلتُ مـن الدُّروبِ المسـتكينة؛ ويغدو تعبيراً عن أصالةِ الإنسـانِ، وتطلُّعِهِ إلى الحريةِ والعـدلِ. وحيـن يعلنُ (الكريمُ) حقيقـةَ كينونتهِ الإنسانيَّةِ في صورةٍ سـلوكيَّةٍ، تسـاعدُ الجماعةَ علـى التمييزِ بين الأنا، والآخَرِ؛ تترسَّخُ شـخصيَّتُهُ فـي التاريخ، وتقـدِّمُ نظريةً تفسِّـرُ بقاءَ الحيـاةِ؛ لأنه يعي قدرتَهُ في تقويةِ القيمِ المثاليةِ داخلَ عالَمٍ يختلطُ فيه الواقعيُّ بالمتخيَّلِ؛ بتداعياتٍ، وإشاراتٍ تختلفُ فيها التعابيرُ؛ فيتحقَّقُ للكريمِ وجودان:

وجـودٌ ماديٌّ يُصـانُ فيه عِرضُهُ، وتُصانُ به أعراضُ العشيرةِ، وتُحفَـظُ سـيرتُهُ النقيَّةُ حيةً بيـن الناسِ، ويَحْفَظُ حقوقَ العشـيرةِ التي تنتخبُهُ ساداتُها سيِّداً لهم.

وجـودٌ معنويٌّ يكتسـبُ به الخلودَ الذهنيَّ في الذاكرةِ الشـعبيَّةِ، والشعريةِ، وتتحدَّدُ صورتُهُ، وتتواصلُ نتوءاتُهُ بالثَّواثرِ؛ حتى يتحقَّقَ المضمونُ الإنسانيُّ؛ لذلك يوظِّفُ الشاعرُ (الجملـةَ الفعليةَ) القائمةَ علـى الحركـةِ بَدَلَ الجملةِ الاسـميَّةِ، التي تدلُّ على الثبـوتِ/ الثباتِ. ويستخدمُ أفعالاً حركيَّةً تحتوي على دِلالةٍ تعبيريَّةٍ:

(أقري ⇇ أسوَّد ⇇ ألفى ⇇ أكون ⇇ أَذخر)

ويمثِّـلُ (البُخْلُ) بـؤرةً قاتمةً تنخـرُ في مكوِّناتِ الـذاتِ المكبوتةِ الغارقةِ بالخَواءِ المتناهي، والمتمظهرةِ بالسلبيَّةِ، والعجزِ عن تكوينِ علائقَ مَشـروعةٍ مع الـذاتِ، والعالمِ، والوعي الفـرديِّ والجماعيِّ. ويُضْمِرُ (البخيلُ) ذاتَهُ، ويُخْفيها في الكواليسِ، ويُفرِّغُها من وشيجتِها

الترابطيَّةِ مع الواقعِ، فلا تتتابعُ وُجهاتُ نظرِها، ولا تتنوَّعُ مشاهدُها الرؤيويَّةُ، ولا تَنْفَذُ إلى عقولِ الجماعةِ، ولا تغنَى، ولا تتطوَّرُ؛ لأنَّ البُخْلَ (يقتلُ) البخيلَ قتلاً سلوكيّاً، ويُميثُهُ معنويّاً بالصِّيتِ السَّيِّءِ قبلَ موتِهِ الواقعيِّ الحقيقيِّ:

تــلــومُ عــلــى إعطائيَ المــالَ ضِلَّةً

إذا ضَــنَّ بالمــالِ البخيـلُ وصَــرَّدا

تقــولُ: ألا أمْسِــكْ عليكَ فإنَّنــي

أرى المـــالَ عنــدَ المُمْسِــكينَ مُعبَّدا

أريــنــي جَــواداً ماتَ هُــزْلاً لعلَّني

أرى مــا تَريــنَ أو بخيــلاً مُخلَّــدا

يجري الفعلانِ (ضنَّ وصرَّدَ) في مَسـارٍ أحاديٍّ، يَصُبُّ في حُفْرةِ (البخيل)؛ حتى تلتصقَ به صفةٌ قميئةٌ تنحدرُ من الفعلَينِ، وتتقوقعُ في المُمْسكِ. وتعجزُ ذاتُ البخيلِ عن المغامرةِ التي تستوعبُ الآخرينَ بسيلٍ مفتوحٍ؛ لأنَّها تنسحبُ عَمْداً من شبكةِ العلاقاتِ القَرابيَّةِ، ولا تمتلكُ قابليةَ النَّماءِ والتجدُّدِ، وليست لها القدرةُ علــى تطويرِ الحياةِ الفكريةِ، والماديةِ.

وحسبنا أنَّ وجودَ البخيلِ في الواقعِ والشعرِ وجودٌ مسيَّجٌ بالسُّوءِ، مأسورٌ بالتَّقْتيرِ، مُثْقَلٌ بالحِرمانِ، والكبتِ، والإقصاءِ، كأنَّه مخلوقٌ

مهـزومٌ مهتوتٌ؛ لأنه لم يـدركْ أنَّ (البُخْلَ) يُضعِـفُ المـهابةَ، ويُفقِدُ الهيبةَ والوقارَ، ويَميلُ به عن الفعلِ الناشطِ، وكان جزاؤُه أنْ مسحتْهُ الذاكـرةُ من مخبوءاتِهـا، ونبذَتْه زاويةً سـوداويَّةً فـي حركةٍ حوَّلت سكونَ الخطاب الشعريِّ إلى فاعليّةٍ مُوازية لفاعلية السلوكِ في جدليةِ الصراعِ التي تُوضِّحُ الأخفى، ولا تُخفي الأوضح.

* * * *

ثالثاً: الصِّراعُ الوجوديُّ (صِراعُ الأزمنةِ)

إنّ الكـرمَ من شروطِ الوجـودِ الموضوعيِّ، والوعـي الحركيِّ. والكريمُ مَنبعٌ من مَنابـعِ الكينونةِ الحياتيةِ، ومُقوماتِها النَّهضويَّةِ حين يقترنُ بـالإرادةِ، وينمو بالحركـةِ، ويُثري الواقعَ بالعقـلِ، والمعرفة الإدراكيـةِ، والفعـلِ الذي يصنعُ أنظمـةً تتجدَّدُ بها سلوكياتُ الكائنِ ورؤيتُهُ للعالمِ:

تَقولينَ لي: أهلكـتَ مَالكَ فاقْتصدْ

ومــا كنتُ، لـولا مـا تَقولينَ سيِّدَا

ويتأجَّجُ الصـراعُ بدورةٍ زمنيةٍ تبدأ بالماضويَّـةِ القابعةِ في الفعلِ (أهلكـتَ)، وتنتهي نهايـةً نظريةً بالآنيَّـة المتجذِّرة فـي الفعلِ الآمرِ (اقتصدْ) بدلالتِه القسرية القمعيةِ، وينشَطُ في حركةٍ دائريَّةٍ تنْسَلتُ فيها

185

الآنيَّةُ إلى الماضويَّةِ في بؤرةِ تقاطعٍ سرديَّةٍ، تَظْهرُ في فعلِ الكينونةِ الناقصِ (كنتُ/ أكونُ)؛ فيفقِدُ الفعلُ (أهلكتَ) دلالتَه التناقصيَّةَ، ويكتسبُ دلالةً تمحقُ منه السلبيةَ، وتمنحُهُ قيمةً تنمويةً ينالُ بها الكريمُ (السيادةَ) المأمولةَ.

وإذا كان الفعلُ (أمْسِكْ) في البيتِ الثالثِ فعلاً مُباشراً آمراً صَرَخَتْ بـه العاذلةُ بقصديةِ المنْعِ، والتحوّلِ من العطاءِ المَمدودِ إلى الإمساكِ الممقوتِ المهتوتِ، فإنَّ (الجوادَ) قد ألقاهُ وراءَه، وتولَّى عنه، فأطلقت العاذلـةُ فعـلاً ثانياً أقلَّ فاعليةً منه هو الفعلُ (اقْتصِذْ) في البيتِ (12) لتحجيمِ حركـةِ (الجوادِ)، وتضييقِ فضاءِ عطائهِ. والمسـافةُ الزمنيةُ بين الفعلين نَشطَ فيهـا (الجوادُ) فكريّـاً وواقعيّاً. وفـي اللحظةِ التي أدركـت العاذلةُ أنهـا تتهافَتُ برؤاها، وتغورُ مَقاصِدُها، تودَّدت إليه بالفعلِ (أهلكْت)؛ لتشعرَه أنَّ الهلاكَ موتٌ ماديٌّ للمالِ، وفناءٌ واقعيٌّ للثراءِ والثروةِ، لكنَّ ذكاءِ السَّاردِ ونُضْجه العقليَّ والسُّلوكيِّ، قد حوَّلا فعـلَ الإهْلاكِ من الموتِ إلى الحياةِ، ومن الفناءِ إلى الإخصابِ، ومن الزوالِ إلى الخلودِ المعنويِّ.

وقـولُ العاذلـةِ لا يكتملُ إلاَّ إذا نقلتْهُ الـذَّاتُ الواعيةُ؛ لأنَّ ما تقولُهُ ينبغـي أن يعرفَهُ الآخرون؛ ولأنَّ الذاتَ الواعية ترفُضُ أنْ تفنى فيه، أو تختفيَ في جِلبابِهِ. والتكرارُ المقصودُ للفعلِ (تقولين) تقزيمٌ ضمنيٌّ للذاتِ المكبوتةِ، وتفريغٌ للقيمةِ الدِّلاليةِ التي تُومضُ فيه، وإشارةٌ بارقةٌ إلى المعنى المخبوءِ والمُعلنِ في الفعلِ (أهلكتَ) الذي يرغبُ الشـاعرُ بإعطائـهِ قـوةً تأثيريةً فاعلةً في الآخرينَ، وإنْ كان السـاردُ مُنضَبطاً في حوارهِ اللغويِّ مع العاذلةِ، ولم يخرقْ سننَ المجتمعِ وأعرافَه في الحوارِ المباشرِ والمضمَر معها.

أمّــا البخيــلُ فيمكنُ أن يُلْغَى من الوجــود المعرفيِّ، ويُرْكَنَ في زاويــةٍ ساكنةٍ يُغلِّفُها الضَّبابُ؛ لأنَّه مرهونٌ بالتقوقع، ومسكونٌ بالعُقْــمِ، الذي لا يغنَى بالموجوداتِ، ولا ينمو بالأفعالِ، والأشكالِ، ولا يُخْصِبُ بالحركةِ، والمعرفةِ، ولا يتأثَّرُ بقوانينِ الطبيعةِ، ويحملُ بنفسِــهِ الكمونَ، والخفاءَ في سياقٍ مُشوَّشٍ مضطربٍ، فَقَدَ فيه حَصانةَ الكينونةِ ووَقارَها، حين تنازلَ عن إرادةِ المجابهةِ، ومتعةِ المغامرةِ.

ويستعينُ الكريمُ بالزَّمن؛ حتى يُؤرِّخَ به أحداثَهُ، ويَنْسُجَ لنفسِــهِ مُستقبلاً مفتوحاً في تركيبةٍ صُوريَّةٍ تتحرَّرُ من الهواجس؛ لأنَّهُ يتفهَّمُ فِكرةَ التَّناغمِ المتكرِّرِ، والتتابعِ المستمرِّ في الزمنِ الذي يجري فيه، ويشعُرُ بتدفقِهِ من الماضي إلى المستقبلِ، ويُضفي عليه الحيويةَ بعد أن تطهَّرَ من عقدةِ الأنانيَّةِ والمرحليَّةِ الضيّقةِ:

أُسَــوّدُ ساداتِ العشــيرةِ عَارفــاً
ومِنْ دونِ قومي في الشَّــدائدِ مِذْوَدا
وألفَى لأعراضِ العشــيرةِ حافظاً
وحقِّــهِمْ حتــى أكــون المسوَّدا

يواجــهُ الكريمُ نفسَــهُ، والمجتمعَ، ويتآلفُ مــع الحاضرِ والوجودِ الواعــي بذاكرةٍ تمتلئُ بالخصوبةِ والفاعليَّةِ في (الشدائد)، وتتجذَّرُ شــآبيبُ الشــخصيَّةِ النّموذجيَّةِ الواعيةِ فــي الفعلينِ (أُسوّد وألفى)

في سياقِ الزمنِ المتكوّرِ حولَ الـذاتِ الواعيةِ، بحضورٍ مشهودٍ للشخصياتِ القياديَّـةِ في (المجتمع ⇄ العشيرة). ويتحرَّكُ الكريمُ في الزمنِ بدِلالةِ الأحداثِ المخبوءةِ في الأفعالِ المتواليةِ توالياً حلقيّاً: (أسـود ⇄ ألفي ⇄ أكون) مع الضغطِ الشعوريِّ على حضورِ الجماعةِ النُّخْبويَّةِ (سـاداتِ العشـيرةِ)؛ حتى يمتلكَ الفعلُ مشروعيةً قبَليةً، وتمتلكَ الشخصيَّةُ بناءً نموذجيّاً حيّاً. ويخوضُ الكريمُ في الزمنِ صراعاً وجوديّاً مع نفسِهِ ونظرائِهِ (السَّاداتِ) في كِنايةٍ عن السلطةِ المعنويـةِ المقرونةِ بالسِّيادةِ المطلقةِ في أحداثٍ واقعيَّـةٍ؛ لها وجودٌ يتمظهرُ في (الشَّدائدِ)، إذ يتسلَّحُ (الكريمُ) بالمعرفةِ الناشطةِ التي تفتح له آفاقَ الرؤيةِ، وبالذَّاكرةِ التي تُغدِقُ عليه نواميسَ القومِ، وبالقيم التي تستحقُّ الحِفظَ، والمُغالبةَ.

ويُغفلُ البخيلُ الزمنَ بعشـوائيَّةٍ، ويتوقَّفُ في عالَمٍ خالٍ من الحياةِ والخصوبةِ، ويقفُ من العالَمِ موقفاً يتَّسِـمُ بالهُزلِ الماديِّ ـ والنفسيِّ، والهشاشـةِ المفهوميَّـةِ، مُتجاهلاً الفتوحـاتِ المعرفيةَ، والمُعطياتِ الواقعيةَ، والشـروطَ الوجوديَّةَ، قابعاً في بـؤرةٍ بلا حركةٍ، يتوحُّدُ مع الخمـولِ فـي قبضةٍ بلا نشـاطٍ؛ فيعصفُ به الزمنُ الـذي يتذمَّرُ منه، ويتشـكَّى من طولِهِ وثِقَلِه، ويتمنَّى أَنْ ينحَرفَ عن وجودِهِ المأسورِ بالبخْلِ، وينقشعَ عن حياتِهِ، بعد أَنْ فقدَ إحساسَهُ بالحَدَثِ، وإدراكَهُ للوقائعِ بذاكرةٍ صفريَّةٍ فارغةٍ لا تكتشفُ الماضي، ولا تُقيمُ علاقةً متناسـقةً مع المستقبلِ؛ فيلجأ إلى (النسـيانِ) منهجاً سلوكيّاً يعتاشُ به بتقصيرٍ ونقصٍ، يعجزُ بهما عن التآلفِ مع الجماعةِ بعد أَنْ وصلَ إلى الحضيضِ الذي يتشوَّفُ منه عاقبتَهُ المتعثِّرةَ، وعِلَّتَهُ المزمنةَ.

ويستوعبُ الكريمُ اللحظةَ الآنيّـــةَ البارقةَ بإدراكـهِ الواعي الذي يكسَـبُ به الماضـي البعيدَ، والمستقبلَ اللامتناهي، ويقفُ في عالمِ الذِّكرياتِ مزهوّاً، يعتريهِ الكبرياءُ:

(7) أَريني جواداً ماتَ هُزْلاً لعلَّني

أرى مـا تَرَيْـنَ، أو بَخيــلاً مُخلَّــدا

يحتجنُ الفعلُ (أريني) سخريةً من الذاتِ المكبوتَـةِ، التي تُغلِّفُها ضبابيـــةُ العجزِ عن فهمِ بَدَهِيّاتِ الحيــاةِ، وتكريماً للذاتِ الواعيةِ التي تتخلَّلُها الإرادةُ والرؤية. ويشيرُ الفعلُ (أرى) إلى ضلالةِ العاذِلةِ التي تفتقرُ إلى البصيرةِ الكشـفيَّةِ، ويدلُّ على وُثوقيَّةِ الذّاتِ الواعيةِ بالفعلِ المُنْجَزِ واقعيّاً، وشعريّاً. ويمثّلُ الفعلُ (ماتَ) حقيقةً ماديَّةً يسيرُ إليها (الكريـمُ، والبخيلُ) بِقَدَريَّــةٍ حتميَّةٍ، وبضديَّةٍ تَنْفِرُ مـن نقطةِ التقاطعِ السُّـلوكيِّ. ونـدركُ أنَّ (البخيلَ) غيـرُ مُخلَّدٍ في الذاكرةِ الوجدانيةِ، والوجودِ؛ لأنَّـهُ ملفوظٌ من الذّاكرةِ، ومُلغىً مـن القرطاسِ المعرفيِّ؛ حتـى نفهمَ فهمـــاً فلسـفيّاً أنَّ (الكريمَ) مُخَلَّـدٌ في الذّاكرةِ، والوجودِ، والتاريخِ، في إشـارةٍ ملموسـةٍ إلى هُزَالِ البخيلِ هُزالاً جسديّاً، ونموِّ الكريمِ نموّاً جسديّاً، وفكريّاً في عالمِ الموجوداتِ والأشياءِ.

أمَّا البخيلُ فيعتريهِ النَّدمُ وهو يُشاهِد الكريمَ مُنتصبَ القامةِ يمشي، ويُدركُ نفسَـه تُطارِدُهُ اللعناتُ، وتُحاصرُهُ الشَّـتائمُ. ويصعُبُ عليه أن

يواجهَ نفسَهُ والمجتمعَ، وتـراهُ يجترُّ الأيّامَ، والهواجسَ، وينسُجُ له ماضياً مُقفلاً يُثيرُ السخريَةَ؛ لأنَّهُ لا يملكُ حِسّاً واضحـاً، يفرِّقُ فيه بين ما يمكنُ أَن يحدثَ، وما قد حدثَ فعلاً؛ ولأنَّهُ يكرِّرُ نفسَهُ بسلوكٍ أحاديٍّ، ويتجاهلُ حقيقةَ المعادلةِ الفكريَّةِ، والنفسيَّةِ، التي تُهيمنُ على الوجودِ و الأشياءِ، والكائناتِ.

* * * *

وينتهي (الصراعُ ⇄ اللومُ ⇄ العتابُ) إنْ أمسكَ (الكريمُ) بالمـالِ، وضنَّ بِهِ، وتنازلَ عن شـخصيَّتِهِ الحيَّةِ وسُـلطويَّتِهِ الواعيةِ المترسِّخةِ في الفعلِ (أُقري)، أَوْ أَنْ تعتنقَ العاذلةُ عقيدةَ الآخَرِ، وتدركَ أَنَّ (الكرمَ/العطاءَ) يقتُلُ الفقرَ، ويجلبُ الخصوبةَ للنُّفوس الناضِبةِ، في فعلٍ ختاميٍّ تختنقُ به تمتماتُ الذّاتِ المكبوتةِ وتنكمشُ نوازِعُهَا.

ولم ينتَهِ (الصِّراعُ) الفكريُّ بين الذّاتين، وبقيَ سُمُّهُ مُستمرّاً، وسمةً مُتكرِّرةً في الحياةِ، والواقع الشِّـعريِّ، والوجودِ الإنسانيِّ، والذاكرةِ معـاً؛ لأنَّ العاذلةَ لم تقتنعْ بسـلوكِ (الآخَرِ)؛ فتتنازلَ عن هواجسِها، ولم يقبلِ الآخَرُ برأيِ العاذلةِ، ومنهجِها، ولم يتلذَّذْ به حتى ينفرطَ عِقْدُ اللُّجاجَةِ بينهما.

* * * *

190

الصُّورَةُ في الشِّعرِ الجاهليِّ

(حَيويةُ الألقِ والقَلقِ)

الصورةُ الشعريةُ وجودٌ لغويٌّ ـ حيويٌّ يشكلُ ما ليس كائناً، كأنه كائنٌ موجودٌ بوقائعَ جزئيةٍ، تخالفُ العقلانيةَ والواقعيةَ بدَلالتها الموضوعيةِ، وتستحثّ الكوامنَ والمكبوتاتِ بالمؤثراتِ والمُحفِّزاتِ، فتتفاعلُ الذواتُ التي تُدركُ ثراءَ الوجودِ في اللحظةِ الإنشائيةِ التي تتقنعُ فيها الصورةُ بالغموضِ الـذي يمتنعُ معه المعنى، ويحتجبُ المقصدُ، الذي يعسرُ معه الفهمُ، والتواصلُ الآنيُّ، قبل أن يتسلَّح القارئ برؤىً منهجيـةٍ، وأدواتِ حداثـةِ التأويـلِ، وكشفِ دلالاتِ الغموضِ، التي تمتلكُ مفاتيحَ التفكيكِ بالتحليلِ والشرحِ والتفسيرِ، التي تكتشفُ أن الصـورةَ كُلٌّ مُتجانسٌ في صياغةٍ لغويةٍ شعوريةٍ، تستوعبُ الفكرةَ والموضوعَ في «عمليةِ إدراكٍ تُحيطُ فيها الذاتُ المتأملةُ علماً بصورةِ الموضوعِ المركبةِ المسـتقلةِ»[116]، وتشـعرُ بالكثافـةِ برؤيةٍ ضاجّةٍ، تنـزاحُ فيها الكلمةُ عـن معناها المألوفِ، وتتحررُ ممـا يُحاكي العالَمَ الخارجيَّ، وتكتسبُ فاعليةً تتمحورُ في نسقٍ جديدٍ، تُعبّر فيه الذاتُ الشـاعرةُ عن بَواطنِ وعيها بالتشكيلاتِ الجزئيةِ الصوريةِ، وتنتقلُ بـه من الحيرةِ و(القلق) إلى الفعلِ المتموضعِ باللغةِ، تجسيداً لتجربةٍ فكريـةٍ، تمنـحُ الصورةَ معناهـا، وقيمتَها في المواءمـةِ أو المناقضةِ

____

116 ـ مشكلة الفن: زكريا ابراهيم، ص 29.

بيـن الرغبـةِ والقدرةِ، وبيـن المثالِ والواقعِ، بمهـارةٍ تصوغُ الرموزَ الإشـارية بفعاليةٍ، تُجسّـد المعرفـة الإدراكية للموضوعِ، والفكرةِ، بفيضانٍ من شعورٍ قويٌّ، ينبعُ من عواطفَ وأفكارٍ، تتجمعُ في بنية لغويةٍ، تبدأ فيها لغةُ الغيابِ، والمستورِ (الباطن)، تنفتحُ عن مشـاهدَ ورؤىً دائريةٍ، ترتبطُ بالمُغامرةِ الذهنيةِ التي يماثلُها التعبيرُ المكتوبُ فـي كينونتِها الجوهريةِ، بلغةٍ مَنطوقةٍ في شـكلٍ بصريٍّ، تصبحُ به الصورةُ سجيةً ومُكابدةً ومهارةً وصناعةً إبداعيـةً، تُحققُ المغايرةَ، والمُغامرةِ، وتخرجُ عن الحقيقةِ، ولا تشوِّهها.

والصـورةُ في الدرسِ النقديٌّ المعاصرِ سـياقٌ تركيبـيٌّ مُتكاملٌ، ونسـقٌ مجازيٌّ مُتضايفـٌ لا تنفصلُ فيه الفكرةُ عـن الفعلِ في وحدةٍ جدليةٍ ودلاليةٍ، تقومُ على الحدسِ والشـعورِ والرؤيةِ، وتضمّ عناصرَ متفاعلةً، يكوّنها الوعي الذي تتساكنُ فيه الأفكارُ وتتجاوزُ في علاقاتٍ متعاقبةٍ متزامنةٍ؛ مشيرةً إلى تجاربَ رؤيويةٍ عَمَّقَها الحسُّ والوجدانُ، الذي يسـتحيلُ نبضاً إبلاغيّاً، يستقطبُ تداعياتٍ مُتلاحقةً، تتداخلُ فيها الأشياءُ بوحدةٍ موضوعيةٍ، يؤثلُها نظامٌ معرفيٌّ، وذاكرةٌ من التراكيبِ، في سـياقٍ لغويٍّ، ينتظمُ عالمين: عالمِ الحضورِ، وعالمِ الغيابِ، اللذين فيهما وَقْعُ الحادثةِ، ووقعُ القراءةِ، التي تستدعي القدرةَ التكوينيةَ، والعلمَ بالماهيـةِ، وتجمعُ بيـن البنى والدلالاتِ في علاقـاتٍ تتخطّى النمطيّةَ والركودَ، وتنأى عـن الحرْفيةِ والجمودِ، وتقصدُ إلى القيمةِ التعبيرية بإدراكِ الرُؤى الفكريةِ، والذهنيةِ؛ المستوَدعة في اللغةِ.

يقولُ عروةُ بن الورد[117]:

وإنْ جارتي أَلْـوَتْ رياحٌ بِبَيتِها
تغافَلْتُ حتى يَسترَ البيتَ جانِبُه

إن تشخيصَ المكانِ (البيـت ← الخيمة) بالجوارِ يَحمـلُ أبعاداً نفسيةً وسلوكيةً، تتمحورُ في (المروءةِ)، ويُشيرُ إلى محمولاتٍ دلاليةٍ (واقعيـةٍ)، تتبلورُ في (الحمايةِ). والجارةُ أيقونةٌ إنسانيةٌ مرهونةٌ في (البيـت ⇄ الخيمـة)، يُخيّمُ عليها الأمنُ والأمانُ، حتى طرأ على السياقِ الحياتيِّ لها حدثٌ قَسريٌّ، فكسرَ نمطيةَ الحركةِ وحريَّتَها، وكشفَ الأطنابَ المستورةَ.

و(الشـاعرُ ⇄ الجارُ) شخصيةٌ واقعيةٌ خارجيةٌ مُتحرِّكةٌ، تتمتعُ بالحَميَّـة والنجـدةِ الآنيةِ، أيقظَ هبوبُ الرياحِ فيها سـلوكياتٍ تسـتندُ إلى عاداتٍ وتقاليدَ تنسـجمُ مع قيم العفةِ فـي لحظات الخَرْقِ المفاجئة للخصوصيـةِ الذاتيةِ؛ إذْ يُعَدّ الفعلُ (تغافلـتُ) فعلاً واعياً، يصدرُ عن إرادةٍ تمثّـلُ درعـاً معنويّـاً، يحمي الجارةَ، ويمنحُها وقتاً تَستِرُ فيه مـا كشـفتْه الرياحُ، بعـد أن كان (البيتُ) ملاذاً صائناً لها، تشْعرُ فيه بالطمأنينةِ، كأن الشـاعرَ وقفَ يدرأ عنها النظـراتِ المتلصّصةِ، في اللحظـةِ التي مُزِّقَـتْ فيها أوتادُ الأمـانِ؛ فإذا التـي أفزعثْها الرياحُ،

117 - ديوان عروة بن الورد، شرح ابن السكيت (يعقوب بن إسحاق، ت 244 هـ)، تحقيق: عبد المنعم الملوحي، طبعة وزارة الثقافة والإرشاد القومي، سوريا، 1966م، ص 29 - 30.

وسَرَت عليها من الجوزاءِ ساريةٌ، تستترُ بعد أن أدركَتْ أنه قد تغافلَ عنها بقصديّةٍ صيانيّةٍ؛ ليحميَها من قسوةِ المفاجأةِ، ويخفّفَ عنها وطأة الصدمةِ، ويُبعدَ عنها غائلةَ الأعينِ.

يقولُ النابغةُ الذبياني[118] في الملكِ النعمانِ بن المنذرِ:

وأنتَ ربيعٌ يُنعشُ الناسَ سَـيْبُه

وسيفٌ أُعِيرَتْـه المنيّـةُ قاطعُ

يُضخّمُ الشـاعرُ بالصورةِ التشبيهيةِ حركيةَ الموصوفِ، فيمنحُهُ فاعليـةً وظيفيـةً، تُغايرُ كفاءتَـه الواقعيةَ مُغايرةً ماديـةً، وتتوافقُ في الدلالةِ الجزئيةِ مع الصفةِ الملصقةِ به شعريّاً، التي تُوازنُ ذهنيّاً بسياقٍ خبريٍّ عطايـاهُ (المحدودة)، التـي تُخْصِبُ قحطَ النفوس، بشموليةِ الربيـعِ في الإخصابِ المكانيّ، وتنسربُ في جعبتـهِ المنيّةُ المقولبةُ بقدرتِهِ الإفنائيةِ (الإهلاكيّةِ)، بوصفهِ سيفاً مُشَخَّصاً، تتهيكلُ به الذاتُ الموصوفةُ التي تُؤدي فعلاً قدريّاً مُتَخيّلاً، تَستلبهُ المنيةُ بتشخيصيةٍ مُستعارةٍ، تكتسبُ به وجوداً، يغيّرُ في ماهيةِ الموجوداتِ، مع مُعاينةِ المُماثلةِ التشبيهيةِ في الفعلِ الجزئيِّ المُخصبِ والمهلكِ، والمُخالفة الواقعيـةِ في القدرةِ الكليـةِ الإنفاذيةِ، التي نقيمُ بهـا تفرقةً جماليةً بين الصياغةِ الشعريةِ التي تحتقبُ المعانيَ الرمزيةَ التي يحتويها الشكلُ البنائـيُّ، وبين التعبيرِ (العلميِّ - التقريريِّ)، الذي نُبصرُ به الأشياء بحقيقتها المنطقيةِ الموصوفة.

---

118 - ديوان النابغة: تحقيق: محمد أبو الفضل إبراهيم، دار المعارف، القاهرة، مصر، 1977م، ص 38.

وتُسهمُ الصورةُ في تكثيفِ العاطفةِ، «وتقدمُ عقدةً فكريةً وعاطفيةً في برهةٍ من الزمن»[119]، وتربطُ بين جواهرِ الأشياءِ التي تتسايلُ مــن منابعَ مُتباعدةٍ، تجمعُها الكلماتُ في نسيجٍ، تتلاحمُ شآبيبُه، ولا تتراكمُ فوضويّاً، أو تحتشدُ عشوائيّةٍ؛ بغائيةٍ تكشفُ أعماقَ اللاشعورِ، وتحققُ قسماتِ المعاني بالتداعي الحرِّ لمعطياتِ الشعورِ الذي يخلقُ مُعادِلهُ الموضوعيَّ في أثناءِ التشكيلِ، الذي يربطُ بين الأشياءِ التي تقـومُ بها الوحدةُ النفسيةُ والموضوعيةُ، ويبلغُ البنـاءُ اللغويُّ غايتَه بالتجربةِ الشعريةِ التي تقومُ على صراعٍ بين الوجودِ والعدمِ، تتكاملُ فيه الموجاتُ الشعوريةُ التي تتجسَّدُ في الوحداتِ الصوتيةِ، وتستثيرُ تنبيهـاتٍ ذهنيةً بتشـخيصِ المعانـي، بالتوافقِ الدلاليِّ بين الأسلوبِ الصياغـيِّ والإيحاءِ الصوتيِّ، الذي يكسـرُ الرتابةَ بالتنوعِ، والنمطيةَ بالدهشـةِ؛ بخلقِ مسربٍ تتزاوجُ فيه العاطفةُ مع الإيقاعِ الذي يمزجُ فيه الشـاعرُ بنيةَ المخالفةِ ببؤرةِ المماثلةِ، حتى يثيرَ العقلَ والوجدانَ، ويبثَّ الحياةَ والحركةَ والحيويةَ في المتلقي.

يقول حاتم الطائي[120]:

مَهــلاً نـوارُ أقلِّي اللـومَ والعَذَلا

ولا تقولـي لشـيءٍ فاتَ: مَـا فَعَلا

---

119 - نظرية الأدب: أوستن وارين ورينيه ويليك، ترجمة: محيي الدين صبحي، مراجعة: حساب الخطيب، ط 3، 1962، ص 241.

120 - ديوان شعر حاتم الطائي، دراسة وتحقيق: عادل سليمان جمال، مطبعة المدني، القاهرة، 1975م، ص 200.

وَلا تقـولـي لمـالٍ كنـتُ مُهلِكَه:

مَهلاً، وإنْ كنتُ أعطي الجنَّ والخَبَلا

يرى البخيلُ سـبيلَ المـالِ واحدةً

إنَّ الجـوادَ يـرى في مالِهِ سُـبُلا

إن البخيـلَ إذا مـا مـاتَ يتبعُـه

سوءُ الثّناءِ، ويحوي الوارثُ الإبلا

لا تعذليني على مـالٍ وصلتُ بِهِ

رحماً، وخيرُ سبيل المالِ مَا وَصَلا

لقد جرّد الشاعرُ (النوارَ) لتحفزَ كوامنَ نفسه، وتنطلقَ بها رُؤَاه في الحيـاةِ والكون. إنها صوتُه الداخليُّ المكبوتُ في أعماقه؛ فلم يكشفْ مُقومـاتِ علاقتِه بها، ولم يضغطْ على نشـاطِها الأنثـويِّ معه؛ لأنها مُغيبةُ الجسدِ، لكنها تُوحي بأثرٍ من آثارِ التجربةِ، إذ يبدأ الشاعرُ دفاعَه عـن كيانهِ بحوارٍ مُتوازنٍ هادئٍ، مع نمـوذجٍ تحتويه العلميَّةُ (نوار)، ويتخلّله الرفضُ السلميُّ بالمصدرِ (مهـلاً)؛ ليؤطّرَ أيامَه بالخِصبِ، ويتخلصَ من سـطوةِ اللومِ (العذْل)، ويتحرَّرَ من الهواجسِ التي تنفثُ في مشـهدِه الحياتيِّ نكوصاً يكدّرُ صفـاءَه، ويؤرقُه في لحظاتِ تجليه بالعطاءِ (الكرمِ)، فيقدم رؤيةً شـخصيةً في الخلودِ المعنويِّ، بصراعٍ تنافـريٍّ، يتخذُ من (اللـوم) مُدخلاً يقيمُ به بنيـةَ الموازنةِ الضدية بين (الكـرمِ ⇄ الحياةِ)، و(البخلِ ⇄ الموتِ)، ويصوغُ جدليةً حواريةً تقابليـةً بين العاذلةِ (اللائمةِ)، وعقله الواعي الذي يمتلكُ حرية الفعلِ،

وبراعةً الكلمةِ، التي يوثقُ بها الحدثَ شعريّاً، ويُعلنُ فيها مقدرتَه على ممارسةِ طقوسهِ الأدائيَّةِ المشحونةِ بالسخاءِ.

ويحققُ التقابلُ السُّلوكيُّ والمعنويُّ بين (البخيلِ) و(الجوادِ) تحوُّلاً من الصَّمتِ إلى الثناءِ، ومن الرؤيةِ الفقيرةِ المقيَّدةِ بالذاتِ الفرديةِ، إلى الآفاقِ الإنسانيةِ التي تتحرَّكُ فيها الذواتُ بسُبُلٍ وفَضاءاتٍ مَفتوحةٍ على الوصْلِ والعطاءِ. وتكرارُ (المالِ) خمسَ مراتٍ في أربعةِ أبياتٍ يتمحوُر حولَ (البخيلِ)، يكشفُ وظيفتَهُ الماديَّةَ والواقعيةَ، وُيرسِّخُ غائيَّتَـهُ في الوجودِ؛ بوصفهِ وسيلةً إلى غايةٍ، وليس غايةً بذاتها؛ إذ يتحول (المالُ) إلى عطاءٍ عميمٍ يشملُ (الجنَّ والإنسَ) شمولاً شعريّاً يقـودُ (الجوادَ) إلى مَرابعِ الثناءِ، وتكـرارُ (البخيلِ) مَرتينِ في بيتينِ مُتتاليينِ يُرسِّخُ صورتَـهُ القميئةَ في المجتمعِ، وينفُر مـن وجودِهِ المزَّيـفِ، وقدراتـهِ الضئيلةِ في صياغةِ الوعي الفرديِّ والجماعيِّ؛ يقابلُهُ (الجـوادُ) بوعي مُتحركٍ، وإرادةٍ متفاعلـةٍ مع الجماعةِ، وأداءٍ ترتقي به النفوسُ في مَسـالكِ الإنسانيةِ. وحضوُر (الموتِ) في النصِّ لـه أوجهٌ مُتعـددةٌ، وجهانِ للبخيـلِ يموتُ فيهما مـرةً بموتهِ المعنويِّ بالبخْلِ، وثانيةً بموتهِ الحقيقيِّ الواقعيِّ بأجلهِ المحتومِ، يتبعُهُ فيه سـوءُ الثناءِ؛ لسوءِ السُّلوكِ، وخنوعِ الذاتِ. ووجهٌ مشرقٌ (للجوادِ) يحدو به (الثنـاءُ) بأفضالهِ. وتكرارُ الفعلِ (يـرى) تتغلغلُ فيه ثنائيةٌ ضديَّةٌ في الرؤيةِ الواقعيةِ والذهنيةِ يتخالفُ فيها (الجوادُ والخيلُ)، ويفترقانِ؛ إذ يمثـلُ (الموتُ) حيويَّةً معنويةً للجوادِ في الذاكرةِ الجماعيةِ، ويستقرُّ (الموتُ) كابوسـاً مُخيفاً في مُخيلةِ البخيـلِ؛ فإذا بالفعلِ (أعطى) فعلاً مُخْصِباً مُتحركاً نشيطاً بفاعلهِ الذي يحملُ قيماً إنسانيةً راقيةً.

وتتأصَّلُ مشكلةُ الشاعرِ في الزمنِ مع العاذلةِ لحظةَ يطلبُ منها التمهلَ؛ بعد أن أدركَ أن الحركةَ دؤوبةٌ، وأن اللائمةَ عنيدةٌ، لا تكفُّ ولا تتأنَّى، فتشكَّلَتْ بؤرةُ معاناتهِ لحظةً تُصرخُ له بأن (كرمَه) نقمةٌ؛ لكنه يستدركُ غلواءَها نحوه؛ ليصحِّحَ المُعادلةَ الزمنية، وليعلنَ بأن عطاءَهُ خيرٌ ونعمةٌ ورحمةٌ.

ويتحرَّكُ الفعلُ (فاتَ) في فضاءٍ ضبابيٍّ، وزمنٍ أوشكَ على الرحيلِ والغيابِ، وينطلقُ الفعلُ (أُعْطِي) بشحنةٍ حركيةٍ، وبزمنٍ دائريٍّ يهيمنُ على المشهدِ الحياتي المعيش؛ لينعش الأنا المعرفية بالخصبِ والنماءِ. وتتكاملُ في الأفعالِ (يرى، ويتبعـه، ويحوي) المقابلاتُ الضديةُ، التي تشكلُ عناصرَ الغوايةِ والنكوصِ في النصِّ، وتمنحُه إيقاعاً يتردَّد بين الهدوءِ والقوةِ.

ويُعدُّ الخيالُ القوةَ المكونةَ للصورةِ الشعريةِ، بوصفهِ قدرةً عقليةً «تحيلُ الكثرةَ إلى التوحد»[121] وملكةً ذهنيةً تخلقُ نسيجاً بين المدركاتِ الحسـيةِ والمعنويـةِ، التي لا تُعزَلُ عـن حقائقِ الأشياءِ، التي تُبرِز الحقيقةَ الكليةَ في صورةٍ محسوسةٍ، تعبّر عـن ذاتٍ عاطفيةٍ خارجةٍ عن حدودِ العقلِ والمنطقِ. ويحوِّلُ الخيالُ الأفكارَ الجوهريةَ إلى تعبيرٍ لفظـيٍّ، يتحقـقُ بالصورةِ، فتُدرَكُ به حقيقةٌ كونيةٌ، وشخصيةٌ واحدةٌ «تتنفسُ الـذاتَ والموضوعَ في اتحـادٍ مطلقٍ يُعيدُ للرؤيةِ الإنسانية مداها اللامحدود»[122]، وينشـئ من خلال التعبيراتِ التقليديةِ أشكالًا،

121 - كولردج: محمد مصطفى بدوي، القاهرة، 1958، ص 59.
122 - الصورة والبناء الشعري: د. محمد حسن عبد الله، دار المعارف، القاهرة، مصر، 1981م، ص 33.

تظهرُ فيها الأفكارُ متراسِلةً تراسلاً ذهنيّاً تركيبيّاً، تُصقَل به صياغيّة التراثِ؛ وتُشكّل تعبيراتٌ فنيةٌ، تغايرُ النمطيةِ والنعوتَ الثابتةَ، وتُقدم تحوّلاً جوهريّاً بجزئياتٍ وافرةٍ تعيدُ بناءَ الفكرةِ، فتتحولُ مادياتُه إلى مفهوماتٍ نفسيةٍ، لا تعبثُ بالواقع الذي يتسمُ بالحركةِ والتغيرِ، بل تبتعدُ عن نسخِه ومحاكاتِه(123). وتكمنُ حيويةُ الصورةِ في الرّبطِ بين حركةِ الأفكارِ والعقلِ والعاطفةِ التي تتماهى فيها الفروقُ في أسلوبٍ لغويٍّ سياقيٍّ، يوجهه الذوقُ الذي يأنفُ الصياغةَ التقليديةَ للكلماتِ، بتجربةٍ تنفرُ من تفككِ الجُمَل تفكيكاً تتشتّت به مدلولاتها من الأفهامِ.

يقولُ امرؤ القيس(124) في (حصانه):

مِــكــرٌّ مِــفــرٌّ مُقبــلٍ مُدبــرٍ معاً

كجُلمُودِ صخرٍ حطّه السّيلُ من عَلِ

ترتبطُ صورةُ الحصانِ بالحركةِ الناشطةِ التي تتوالـدُ بقصديّةٍ موصولــةٍ بزمنٍ رؤيويٍّ غير محدودٍ؛ وبدلالـةٍ رمزيةٍ مخبوءةٍ، كأن (الحصانَ) يتشظّى إلى أربعةِ أحصنةٍ مُستنسخةٍ في مشهدٍ كرنفاليٍّ: حصانٌ يكرُّ، وحصانٌ يفرُّ، وحصانٌ يقبلُ، وحصانٌ يدبرُ، في زمنٍ مُختزلٍ، وسرعةٍ خارقةٍ تنجذبُ إلى قطبٍ إشعاعيٍّ دائريٍّ، ثم تُلفظُ

---

123 - الصورة الشعرية في النقد العربي الحديث: بشرى موسى صالح، بيروت، لبنان، ط 1، 1994م، ص 47.

124 - ديوان امرئ القيس: تحقيق محمد أبو الفضل إبراهيم، دار المعارف، مصر، ط 3، 1966م، ص 15.

بقوةِ (الطردِ المركزيّ) إلى الجهاتِ الأربع. ولم تعدْ كل حركةٍ تمتلكُ نقطـةَ بدايةٍ ونهايةٍ؛ بل تحولتْ بكفاءةٍ لغويـةٍ خياليةٍ إلى بدايةٍ ونهايةٍ معـاً: بدايـةٌ لذاتِها ونهايةٌ لغيرِها، في سياقٍ لولبيٍّ تقودكَ خطواتُ الحصـانِ فيـه إلى الأمامِ، فتكتشـف أنه تحركَ إلى الـوراء، ولحظةَ يتحولُ يساراً تجدُه يميناً؛ كأنه يتحركُ في كل ناحيةٍ؛ إنه الغيابُ في الحضورِ، والحضورُ في الغيابِ.

إنـه حصانٌ أقامه خيالٌ شعريٌّ باللغةِ من غيرِ تقليدٍ أو مُحاكاةٍ، وبناه شاعرٌ على غير نموذجٍ منظـورٍ بالحركةِ أو الفعلِ. والحركاتُ الأربـعُ التي يؤديها (الحصانُ) مفردةً ـ متفرقةً فـي أزمنةٍ متفاوتةٍ، وأمكنـةٍ متباعدةٍ، ينهـضُ بها أيّ حصانٍ واقعـيٍّ، وتكمنُ الفرادةُ في الصفـة، والخصوصيةِ فـي الحركةِ في المفـردةِ الناصّة (معاً)؛ التي جعلته حصاناً أسطوريّاً، يستعصي على التنبؤ، ويقاومُ الثباتَ، إنه طوفانٌ من المراوغةِ الهائجةِ، تتلهفُ إليه النظراتُ في مُجَسَّمٍ أحادي الكينونـة، ويتصفُ الحصانُ بسرعةٍ غيرِ منظـورةٍ، وبفاعليةٍ غيرِ معهودةٍ في الكائنِ والواقعِ (معاً)؛ وحتى تدركَها الأذهانُ التي أصابَها الذهـولُ، وخيَّمتْ عليها الدهشـةُ انبسَـاطاً وانقباضاً، وفي التشظّي والتلاحـمِ، وفي القوةِ والمفاجأةِ؛ قرّر الشـاعرُ أن يقربَها إلى المخيّلةِ الظمآنةِ بالصخرةِ الصّلدةِ الثقيلةِ الوزنِ؛ الكبيرةِ الحجمِ، تغفو مرقونةً على جرفِ جبلٍ عالٍ، يهوي بها سيلٌ عرمٌ في لحظةِ هياجٍ وعنفوانٍ؛ فتسـقط فتتجاذُبها قوتانِ مُزدوجتـانِ: قوةُ الجاذبيةِ الأرضيةِ، وقوةُ السـيلِ الغاضبِ المؤنسنِ. فلم يستطع الرائي مُتابعةَ منظرِ السقوطِ، ولـم يقوَ على قياسِ الزمنِ المستغرقِ له؛ كأن (السيلَ) عفريتُ من الجنِّ، يتخطّفُ الأبصارَ بالصدمةِ.

وتتلاءمُ العناصرُ المشكلةُ لبنيـةِ الصورةِ مع الموقـفِ العاطفيِّ والفكـريِّ، الذي لا يقـومُ بنظرةٍ جزئيةٍ تنفصلُ فيها عن سياقِ البناءِ اللغـويِّ للنـصِّ؛ فتتكامـلُ العلاقاتُ التي تتـذاوبُ فيهـا خصائصُها الجوهريةُ الواقعيةُ، أو المتخيلةُ، وتتناسلُ معانيَ تستدعيها الأخيلةُ التي تثيرُ الوعي، وتجعلُ الوجودَ المنطوقَ شفاهيّاً وجوداً ممكناً باللغةِ الكتابيةِ، التـي تتجاوزُ اللغةَ المحكيةَ، وتحتقبُ وظائفَ الأصواتِ في سـياقٍ من الكلماتِ، يتواصلُ فيه الفكرُ مع الشيء الموصوفِ، برؤيةٍ متناسبةٍ لا متنافرةٍ، تتطلـبُ فهماً عميقاً، يتوحَّدُ فيـه الوجودُ الماديُّ الحسـيُّ، والوجـودُ الفكريُّ الوهميُّ؛ فتنهارُ فيهـا «ما بين المُدركاتِ مـن حواجزَ طبيعيةٍ»[125]، ولا تقنـعُ بصورها الخارجيةِ المقابلةِ لها؛ فتتغلغـلُ في صميمِ حقائقها الجوهريةِ. وعندما تتداخلُ ألوانُ الأشياءِ وأشـكالُها في الصورةِ تطالعنا الحقيقةُ عليها مسحةُ حلمٍ، وغفوةُ إبهامٍ في أجواءٍ غريبةٍ[126].

يقولُ أبو خِراشٍ الهذليُّ[127]:

وإنِّي لأثوِي الجـوعَ حتّى يمِلَّنِي

فيذهبَ لم يدنسْ ثيابـي ولا جَرمِي

125 - الرمز والرمزية في الشعر المعاصر: د. محمد فتوح أحمد، دار المعارف، القاهرة، مصر، ط 2، 1978، ص 333.

126 - ينظر: الصورة الشعرية ونماذجها في إبداع أبي نواس: د. ساسين عساف، المؤسسة الجامعية للدراسات والنشر والتوزيع، بيروت، لبنان، ط 1، 1982م، ص 29.

127 - ديوان الهذليين: نسخة مصورة عن طبعة دار الكتب، الدار القومية للطباعة والنشر، القاهرة، 1965م، 2 / 127.

وأغْتَبِقُ المـاءَ القَـراحَ فأنتـهي

إذا الـزادُ أمسـى للمُزَلِّـج ذا طَعمِ

يسردُ الشـاعرُ بأناةٍ أزليةً الصراعٍ، بين مُقوماتِ الحياةِ، وبواعثِ الموتِ، ببؤرةٍ نافرةٍ، يشـخصُها (الجوعُ) الذي يُعانيه، ويسوقُهُ إليه (الفقرُ)، فيسـري بكراهةٍ بين الضلـوعٍ؛ فحوّله بصيرورةٍ واعيةٍ من إحساسٍ فرديٍّ قاهرٍ إلى كائنٍ حيٍّ يخاصمُه، ويتوقُ إلى صرعه؛ فلم يعد (الجوعُ) شـعوراً يزولُ بما يسـدُّ الرمقَ، أو رغبةً تطفئها نشـوةُ الطعـامِ بعد أن تسـللَ بدرايةٍ إلى أعماقٍ (الشـاعرِ)؛ ليسـلبَه أنسـاغَ القوةِ والوعي، ويوشّـحه بالدنسٍ والضَّعةِ؛ فتغشـاهُ المذّلـةُ والمهانةُ والصَّغار، مع أن الشـاعرَ قد جالَده فأطالَ مكوثَه في جسـدِه الضئيلِ؛ ليصونَ مروءتَه بوعيهِ، وقوامَ شـخصيتهِ بصبرهِ؛ فتحولَ جسـدُه إلى سجنٍ، بعد أن ظنَّ الجوعُ أنه قد قيَّده فحجّره، وشلّ حركتَه فأقعَده؛ فإذا بالفعلِ (أثوي) يخرجُ بالشـاعرِ من كآبةِ الموقفِ، وينتشلهُ من همومهِ التـي أبطأتْ عليه، ويتبختـرُ به تياهاً، ويدفعُ به الضعفَ والهشاشـةَ والخنوع؛ لأنّ له نفسـاً عنيدةً أبيةً، ترفضُ ما يشـينُها بإرادةٍ متمردةٍ مگّارةٍ، فتمزجُ فيها الصورةُ بين الواقعِ الحسـيِّ المأساويِّ والهاجسِ الوجوديِّ والحياةِ الآمنةِ؛ بمعادلاتٍ تتوحدُ فيها الرؤيةُ والقسـوة معاً. وبعد أن صارَ الجوعُ خصماً تحولَت الخصومةُ تحولاً جدليّاً إلى الغنيِّ البخيلِ (مُكتنز المالِ) المسـكوتِ عنــه، وعلةِ الجوعِ الأزليةِ (الفقر)؛ فأراد الشـاعرُ إرهاقَه بالفعلِ (أثوي) بإرادةٍ نفسيَّةٍ ـ ذاتيةٍ، يقهرُهُ بها،

بحبسه حبْساً معنويّاً بين أضلاعِه الخَوافي مُسْتوثقاً فيها؛ حتى يؤنسنَه؛ فيصيبهُ الملكُ العقيمُ ـ المُستديمُ؛ فيغادِرَهُ حاسراً إلى سِواهُ بدلالةِ الفعلِ (يملّني) الذي يكتنزُ طاقةً دلاليةً في أفقٍ غيرِ محدودٍ، وطردِه بالفعلِ (يذهب) الذي يحملُ أنقاضَ الموتِ وحرقةَ المعاناةِ.

وفـي لحظةٍ من لحظات التجلّي يصبحُ إناءُ الماءِ أميلَ إلى التفاؤلِ منه إلى التشاؤمِ، ويصيرُ الزادُ (المـالُ) المكتَنزُ في دهاليزِ (البخيلِ) إلـى ربقةِ الظلام، في مواجهـةٍ فكريةٍ بين وجودٍ قاهرٍ ومجتمعٍ قامعٍ، كأن البخيـل ميـتٌ معنويّـاً، وإن كان حيّاً في الواقع، يكتنفه التشـويه والعقوقُ، وكأن الجائعَ (المتمرد) حيٌّ بوعيهِ وتمردهِ وحريتهِ.

يقولُ النابغةُ الذبيانيُّ في النعمان بن المنذر [128]:

فإنـك شمسٌ والملـوك كواكبُ

إذا طَلَعَتْ لـم يَبْدُ مِنْهُنَّ كوكبُ

شـكّل الرّاوي بنيـةَ الصورةِ؛ فأقامَ المخاطَبَ شمسـاً، تمتلكُ قدرةً توصيليـةً تأثيريةً، تضيء ما حولها بفوقيةٍ إشـراقيةٍ جسّـدها مجازيّاً فيـه؛ فأصبحَ بديلها اللغـوي، وحتى تكتمل الرؤيةُ التجسيديةُ في المخاطَـبِ أوجَـد المتكلمُ معه ملـوكاً (كواكب) يُعاصرونَـه زمنيّاً، ويقلّـون عنه حجماً، ويسـتمدّون ضوأهـم منه؛ ووجودُهـم مرهونٌ

<hr>

128 ـ ديوان النابغة، ص 74.

به؛ فهو المضيء (المشعّ) بذاتهِ، وهم يستضيئُون بهِ، في صراعٍ وجوديٍّ يطلعُ فيختفون؛ ويتحركُ فيثبتون مهابةً وخشـيةً، بسـلطويةٍ تُحْدِثُ مقابلةً متناقضةً في الفعلِ (الحدثِ) بثنائيةٍ ضدّيةٍ، يتمحورُ فيها النّعمانُ بن المنذر بوحـدةٍ موضوعيةٍ يهيمنُ فيها زمنيّاً وحركيّاً على الآخرين هيمنةً واقعيّةً وذهنيّةً.

وقد يستمدُّ الشاعرُ مادةَ صورتهِ من واقعهِ الحياتيِّ، ويؤلفها تأليفاً عقليّاً بوعي إنسانيٍّ ورؤيةٍ تخترقُ أعماقَ الـذاتِ، لا يغايرُ ما بينها وبينه في المكوناتِ الماديةِ تغييراً يقطعُ شـآبيبَ المشابهةِ المحسوسةِ في الحقيقةِ الواقعيةِ، وإن كانت الصورةُ (تشـكيليّاً) لا تقابلُ بين الفن والواقع، والخيـال والحقيقة، ولا تخلقُ بالضرورة وجوه شـبهٍ ماديةٍ ونفسيةً بينهما بل «تحقّـقُ توازناً بين المجهـولِ والمعلومِ، المدهشِ والمعقول»[129]، وقد يُنتِجُ الخيالُ الشـعريُّ صوراً تنقطعُ عن الحقيقةِ الواقعيةِ، ويكنّي عنها بحقيقةٍ أدبيةٍ ذاتِ صفاتٍ مُجسمةٍ، تمتلكُ شكلاً متطوراً؛ فيه وحدةُ الشـعورِ النفسيِّ والعضويِّ التي تتابعُ فيها الفكرةُ الكامنـةُ في المعنـى المكثفِ، والعاطفةِ المركّزةِ، فـي جملٍ مُترابطةٍ تُمعِنُ فـي الخيالِ، وتمـوجُ بالحركـةِ والحياةِ؛ فتبدو الصورةُ غير واقعيةٍ، وإن كانت مُنتَزعَةً من الواقعِ[130].

يقول السُّلَيكُ بنُ السُّلَكَةِ[131]:

---

129 - الصورة الشعرية في النقد العربي الحديث، ص 60.

130 - ينظر:الشعر العربي المعاصر، قضاياه وظواهره الفنية والمعنوية: د.عز الدين إسماعيل، بيروت، لبنان، ط3 ، 1981م، ص 127.

131 - المفضليات: أبو العباس المفضل بن محمد الضّبّي (ت 178هـ) تحقيق: أحمد محمد شاكر، وعبد السلام هارون، دار المعارف، مصر، ط 2، 1952م، 1 / 530.

أشابَ الـرأسَ أني كلَّ يـومٍ

أرى لـي خالـةً وسْطَ الرِّحـالِ

يشـقُّ علـيَّ أن يلقَيْنَ ضيماً

ويعجـزُ عـن تَخَلُّصِهـنَّ مالي

تتجاذبُ (السُّـليكَ) عُقدتانِ قميئتانِ عَصيَّتانِ عليه: عقدةُ العبوديةِ مع الفقرِ والهوانِ المُتراكمِ، وعقدةُ الغنى مع التحررِ والأمانِ المأمولِ، عبر رحلةٍ مسكونةٍ بالكَبْتِ والقلقِ؛ وهو راغبٌ في التخلصِ من العقدةِ الأولى؛ إن تمكَّنَ من الحصولِ على مُكوناتِ الثانية؛ فإذا به يقفزُ فوق الأحلامِ، ويخترقُ حواجـزَ الواقع بالكلمةِ؛ ليصلَ عبر الوهم والزمن إلـى غايته الغائرة في المجهول؛ لكنَّه ضعيفٌ مقهورٌ، والآخرُ قويٌّ عاتٍ فيه جبروتٌ وقسـوةٌ، وشُحٌّ في كل شيءٍ. (وشيبُ الرأس) تعبيرٌ عن تشاؤمٍ وقلقٍ وجوديٍّ مخافةَ الفناءِ، يلومُ به نفسه القلقةَ التي تتقاذفها الأنواءُ في حيرةٍ تغلفُها المهامهُ والبلاقعُ. فشكلت ياءُ النسبة (أني، لي، عليّ، مالي) ضغطاً نفسيّاً قاتماً طغى علـى وعيه؛ ومفاصلِ النص، موحياً بالعجزِ والمذلة. ويتجددُ الضغطُ النفسيُّ بفعلِ الرؤيةِ البصريةِ لشخصيةِ (الخالةِ) المُهانةِ التي يعتقدُ بتعاطُفها معه؛ أنه يرى فيها بديلاً موضوعيّـاً منظوراً لـلأمِّ المفقودةِ أو الضائعةِ في شـعابِ العبوديةِ، ودهاليزِ الأثرياءِ؛ فتتجسّدُ فيها مأساتُه المُركَّبةُ، وهو ينظرُ بقتامةٍ إلى (خالاتِـه) المتبعثراتِ بعد لحظاتٍ ذاهلةٍ؛ فيحتضنُ ضعفَه، وهشاشـةَ موقفِـه، وضآلته الماحلةَ الجـرداءَ في (اليوم) المكرورِ والمُتعاقبِ

فلكيّاً؛ بتعبيرٍ لغويٍّ يومئ إلى مناظرَ حافلةٍ بالبؤسِ والقَتامةِ؛ ويحملُ مشاعرَ شقاءٍ وتبكيتٍ.

ويمتلكُ الشـاعرُ وعياً تحرّريّاً، ورغبةً في المسـاواةِ في الكينونةِ الإنسـانيةِ والوجودِ الحرِّ. وإذا مـا تخلّصَ من العبوديةِ بالتصعلكِ والتمـرّدِ؛ فإنه لا يسـتطيعُ تخليصَ خالاتهِ من (الضيـمِ) إلا بالمالِ؛ فتحـولَ الصراعُ بين العبوديةِ والحريةِ إلى صراعٍ بين الفقرِ والغنى، وصراعٍ بين البخلِ والكرمِ، وصراعٍ بين البقاءِ والفناءِ؛ فإذا ما انتصرَ في صراعهِ مع العبوديةِ والفقرِ، وتمكنَ من أسـرِ المالِ، فإنه يقدرُ به أن يفكَّ أسـرَ خالاتِه؛ فالمالُ وسيلةٌ من وسائلِ التحررِ والعتْقِ إلا أنّ الفعلَين (يشـقّ ويعجز) يقولان: إنه لا يسـتطيعُ لملمةِ وجودِه المُبعثرِ والآخـذِ بالأفولِ والغيـابِ بين تَضاعيفِ الزمنِ الضائعِ، والسـنينِ الذواهبِ؛ لأنه أسيرُ واقعٍ بائسٍ أجدبتْ خلجانهُ وأمحلتْ.

يقولُ عنترة بن شـداد العبسـيُّ[132] يصفُ معركةً خاضَها بفرسهِ المحجّل:

ورميتُ مُهْري في العَجَاجِ فَخاضَهُ

والنـــارُ تقـدَحُ مـن شِـفَارِ الأنْصُلِ

خاضَ العَجَـاجُ مُحجّلاً حتّى إذا

شَـهِدَ الوقيعـةَ عـادَ غيرَ مُحَجَّلِ

____

132 - شرح ديوان عنترة بن شداد: سيف الدين الخطيب وأحمد عصام الكاتب، دار مكتبة الحياة، بيروت، لبنان، ص 171.

تتفاعـلُ مكونـاتُ الصورةِ بجزئيـاتٍ واقعيةٍ، تكمـنُ بالتواصلِ
التركيبـيِّ بين حدوثيةِ الفعلِ وشـعريةِ التشـكيلِ، وبالتكثيفِ الجماليِّ
الـذي يمتـحُ بنيته من الرؤيةِ الحياتيةِ التي تجسـدت بالحدثِ المنَجز
بإراديّـةٍ واعيةٍ، تدركُ فاعليةَ المبـادرةِ التي يحتجنُها الفعلُ (رميتُ)،
الذي يكشفُ التآزر الفعليَّ بين الفارسِ ومهرهِ، بمدلولٍ قتاليٍّ واقعيٍّ،
يقـودُ فيه الفارسُ الفعلَ الأوليَّ الأدائيَّ؛ فيوجّه به المُهرَ الذي يحتوي
الفعلَ بحركيةٍ تواصليةٍ، يتسـارعُ فيها الزمنُ في سياقٍ وصفيٍّ ينطلقُ
مـن التصادميةِ المُخيفةِ للأنصُلِ التي تتوالدُ من شِـفارها المتلاحِمةِ؛
نـارٌ مُتَخيَّلَةٌ لا تحـرقُ، بل تقتلُ، تمهيـداً للنهايةِ التـي ترتبطُ بالمهرِ
المحجَّـلِ حقيقةً، ثم بالتحولِ الوصفيِّ من الواقعيةِ إلى الشـعريةِ التي
تَـذاوَب فيها التحجيـلُ بالعجاج، بحدثٍ تراتبيٍّ مشـتركٍ تُحَتّمُهُ ذهنيةُ
الفـارسِ وديناميكيـةُ المهـرِ، التي تتمثلُ بالدلالـةِ اللونيةِ والرؤيةِ
البصريةِ، وتَسـتوعبُ جماليةَ التحويلِ الحسـيِّ الذي يتحوَّلُ بصريّاً،
فتختفـي بياضيّتـهُ بالعجاجِ في يـومِ (الوقيعة) اختفـاءً زمنيّاً مؤقتأً،
يرتبطُ بالحدثِ الواقعيّ المنْجزِ بغائيةٍ سـببيةٍ تغيّرُ في جدليةِ التصادم
بأفعالٍ تتداخلُ فيها الرغبةُ والإرادةُ والفعلُ (خاضَ ← شهدَ ← عادَ)،
مسبوقةً بفعلٍ يشكلُ بدايةَ الحدثِ وتطورهِ (رميتُ).

وتَكمـنُ حيويـةُ الصـورةِ في ألقِ التشـكيلِ اللغويِّ بألفاظٍ سلسـةِ
التركيـبِ مُتباعدةِ المخارجِ، ونسقٍ تتراتبُ فيه الدلالاتُ المتناسـقةُ
إيقاعيّاً ونفسـيّاً؛ إذ تحتوي في سياقِها المجازيِّ وأُفقِها المسكوتِ عنه؛
قلقاً نفسيّاً تتحولُ به اللغةُ من أفقٍ مُعجميٍّ إلى آفاقٍ تأويليةٍ، تنفتحُ على
الإنسانِ بوعيهِ ومشاعرهِ المتلازمةِ ووجودهِ المتأزِّمِ.

تقولُ الخنساءُ في بكائيةِ صخرٍ (133):

أَعينَـيَّ جُـــودَا، ولا تَجمُــدَا

ألا تَبْكِيـــانِ لصخرِ النَّــدَى

ألا تبكيـــانِ الجريءَ الجميـلَ

ألا تَبكيـــانِ الفَــتى السَّــيِّدَا

طَويـــلَ النَّجــادِ رَفيـعَ العِمَـا

دِ، ســـادَ عشـيرتَه أمـرَدَا

إذا القــومُ مـــدُّوا بأيديهِـمُ

إلـى المجْـدِ مـدَّ إليهِ يَـدَا

فنَـــالَ الـذي فـوقَ أيديهِمُ

من المجْـدِ ثمّ مَضَـى مُصْعِدَا

يُكلّفُـه القــومُ مـا عَالَهُـم

وإنْ كان أصغرَهُـم مَولِـدَا

تَـرى المجْـدَ يهوي إلـى بيتِهِ

يَـرى أفضلَ الكسْـبِ أن يُحْمَدَا

وإن ذُكِـرَ المجْـدُ أَلفَيتَـهُ

تـأزَّرَ بالمجْـدِ ثـمّ ارتَـدَى

---

133 - ديوان الخنساء: دراسة وتحقيق: د. إبراهيم عوضين، مطبعة السعادة، مصر، ط 1، 1406هـ - 1986م، ص 83.

هل تبكي الخنساءُ صخراً، أم تبكي نفسَها في صخرٍ؟ إنها تدركُ أن وجودهَا مرتبطٌ بوجودهِ، ويكتملُ بـه قائماً وكائناً، تبكي حتى تتطهرَ الذاتُ الشاعرةُ من آلام الكبتِ المتراكمِ، ومن فعلِ البكاءِ الواقعيِّ الذي لم تستنفذْ به عاطفتَها، وتفقذْ به وعيَها الشعوريَّ، فبكتْ بكاءً شعريّاً حتى تستعيدَ وعيَها، ويمنحَها التطهيرُ توازنَها النفسيَّ والعقليَّ، وإن كانت تبكي صخراً الواقعيَّ الذي كان يشكلُ وجوداً حقيقيّاً؛ فإنها تبكي وجودَها الذي بدأت تفقدهُ، وهي تريدُ أن تطردَ عن كينونتها الشعورَ بالفناءِ، وتريدُ أن تعيدَ للغائبِ حضورَه، وتوثقَ فاعليته بالحركةِ، التي تنتقلُ فيها من اللحظةِ التي أصبحَ فيها صخرٌ الحقيقيُّ ميتاً، إلى الزمن الـذي يكونُ فيه حيّاً حياةً معنوية؛ فأمسـى البكاءُ صوتاً تستدعي به صخراً الذي يـكادُ يختفي هيكلُه الماديُّ الذي كان يحتويها، إذ أطلقت الشـاعرةُ فاعلية صخرٍ في الجماعةِ، وطاقتَها في الوجدِ والبكاءِ حتى تُقيمَ ترابطاً عُضويّاً بين الفعلِ ورد الفعلِ.

لقد جعلت الشـاعرةُ (صخراً) رمزاً من رمـوزِ الحياةِ، وعلَّةً من عللِ الوجودِ؛ بل عدَّته ضرورةً فكريةً وسلوكيةً في الوجودِ، وعدَّتْ غيابَه بفقدهِ الحياة رمزاً من رموزها، أي: أن الحياةَ التي فقدتْ صخراً الواقعيَّ، قد فقدتْ ركناً من أركانِ وجودِها وديمومتها، إذ منحتْ نفسَها مشـروعيةً صنعتْ بها صخراً الشعريَّ الذي منحتْه حركيةً فاعلةً في السّلمِ والحربِ، مشـيرةً إلى ضرورةِ الحركةِ الذهنيـةِ الواقعيةِ التي تغيرُ في ماهيّة الأشياءِ وجوهرِها، والذي يعي دوره الفكريَّ في توجيهِ الجماعـةِ وحمايتها؛ لأنه يمتلكُ القدرةَ التي تغيرُ وعيَ الجماعةِ من السلبيةِ إلى الإيجابيةِ برؤيةٍ واعيةٍ، ويتمتعُ بمواصفاتٍ جماليةٍ تُشعرُ

الجماعةَ بقيمـةِ الجمالِ، كأن الجمالَ صفةٌ مُكملـةٌ لصفاتِ (الرمز)، حتى ينقلَ بجماليتِهِ إحساساً بالجمالِ إلى الجماعةِ، وفعلُ (الرمز) ليس فعـلاً يختصُّ بالفردِ، وإن صدرَ عنه، ولكنه فعلٌ يختصُّ بالجماعةِ، وتحتويه الجماعةُ؛ لأن (الرمز) ترتبطُ كينونتُه بوجودِ الجماعةِ.

وترغبُ الخنساءُ في أن تنقلَ سلوكية (فاعلية) صخرٍ الشعريِّ من الذهنية إلى الواقعيّةِ نقلاً لغويّاً وشعوريّاً، بدلالةِ الزمنِ والحدثِ، وإن كانت بدايةً وبداهةً قد نقلتْه من الواقع إلى الشعرِ باللغةِ؛ لتعودَ به إلى الفعلِ الواقعيِّ بالتصوُّرِ والتَّمنِّي، حتى تتكاملَ الرؤيةُ، وتتَرابطَ عضويّاً وموضوعيّاً في سيـاقٍ لغويٍّ بنائيٍّ؛ تتراتبُ فيه الأشياءُ تراتباً منطقيّاً عضويّاً لا عشوائيّاً فوضويّاً؛ فتتفاعلُ معه الأذهانُ تفاعلاً واقعيّاً.

وبذلكَ تجسمُ الصورةُ موجوداتِ العالمِ باللغةِ التي تتطلبُ ملكةَ الإبـداعِ، وتتـزودُ بمضمونٍ يُوحي بالتغيير، ويمتلكُ قيمـةً جماليةً، تستحدثُ بنياتٍ كتابيةً، تتطورُ بها اللغةُ في الموقفِ الحضاريِّ، الذي يستوعبُ فيه المتلقي فهمَ الإشارةِ اللغويةِ، التي تتجمعُ في بُؤرٍ تُهَيكِلُها الأصـواتُ في كلمـاتٍ، والكلماتُ فـي جُملٍ، والجُمَـلُ في نُصوصٍ تحتـوي خصوصيات الفكرِ اللغويِّ، بطريقةٍ تركيبيةٍ تُضفي التجانسَ الكونيَّ على العالمِ، وتختـرقُ المُهمَّشَ والمجهولَ والمُغيبَ في وحدةٍ شعوريةٍ متماسكةٍ متراصّةٍ.

الشِّعريُّ في النثريِّ

قراءةٌ في خُطبةِ هانئ بن قَبيصة الشيبانيّ

تُعلنُ الخطبةُ الوئامَ الأدبيَّ بين الشِّعريِّ والنثريِّ في ظهورٍ لغويٍّ يلغي الفروقَ بين الأجناسِ، ولا يُقيمُ الحدودَ العازلةَ بينهما. ولا يظننَّ قارئ أنني سـأضعُ شعريةَ الخطبةِ قُبالةَ شعرية الأعشـى والنابغة الذبيانـيّ والمتنبي وصفي الديـن الحلي ومحمد مهدي الجواهري؛ لكنني سأجمعُ الشـعريَّ والنثريَّ بعلاقةِ التنوعِ والمشابهةِ والمشاكلةِ اللغويـةِ، وليس التناقضِ والاختلاف والنفور الإجناسـيّ، وحضورُ أحدهمـا في الخطبـةِ لا يُلغي الآخرَ؛ بل يَستدعيه بوعي وشـفافيةٍ؛ إذ تمنحُ الشعريةُ الخطبةَ سـمةَ الإيجازِ والتكثيفِ والمجازِ، وتُزيلُ الاسترسالَ والإطنابَ والترهُّلَ؛ فإذا بالدراسةِ عنايةٌ تطبيقيةٌ بالشِّعريِّ في أُفُقٍ نثريٍّ بحلولِ الشّعريِّ في سياقاتٍ نثريةٍ.

وقـد ميـزت نظريةُ الأجنـاسِ الأدبيـةِ كلَّ جنسٍ فـي أدبيتهِ، بما يحكُمُه من مقاييسَ أو معاييرَ، وبما يحتويه من سـماتٍ في الأسلوبِ والصياغةِ؛ بمعياريةٍ صارمةٍ، تكادُ تكتسبُ وشماً من القداسة يحتفظُ بالأشـكال، ويتحفظُ علـى المزواجة بينها؛ لكن الشـعريَّ في النثريِّ يـؤدي وظيفةً معرفيةً ذات طابعٍ جمالـي، يرتبطُ بتغييرِ موقع الرؤيةِ وطبيعتهـا جذريّاً، إذ تقضمُ الدراسةُ الحدودَ الفاصلةَ بين الأجناسِ الأدبيةِ، فيخترقُ الشـعريُّ النثريَّ في الموروثِ الفكريِّ، الذي يعتقدُ قيـامَ فواصلَ صارمةٍ بين الأجناسِ الأدبيـةِ، ولا يتقبلُ دمجَ الأجناسِ

التـي تتداخلُ خصائصُهـا تداخلاً كبيراً؛ لأن التواصلَ بين الشـعريِّ والنثريِّ لا يحكُمُه الشـكلُ؛ بل التشـكيلُ الذي يشع بالمعرفةِ وحركية الوعي، ولم يعد الوزنُ يشكلُ خندقاً فاصلاً بين الشعريِّ والنثريِّ؛ لأن مفهومَ (الشـعريِّ) وحَدَّه المصطلحيَّ يتغيرُ، ويتجددُ مع تغيرِ الزمنِ، وتجددِ الفكرِ والنظريةِ والمنهجِ والرؤيةِ.

* * * *

إنَّ الخطبةَ، في حقيقتِها الأدبيةِ، وسياقِها الواقعيِّ؛ قولٌ شفاهيٌّ ترَدَّدَ على الألسُنِ، ونُقِلَ بالتواتُرِ، أدركتْهُ الأسماعُ ثم قيَّدَته الأقلامُ. لم يفقدْ حركتَهُ وحيويتَهُ ونشـاطَه الفكري، وخطابٌ سرديٌّ لا يُضعفُ طاقاتِه الكامنةَ، ولا يحدُّ من جمالياتِه انتماؤه المعلَنُ إلى (فنِّ الخطابة)، وبناءٌ لغويٌّ متماسـكٌ تتحرَّكُ فيه مقولاتٌ تحتوي مفاهيمَ منسجمةً، نهضتْ بها سلسلةٌ من العلاماتِ تحملُ قيمةً معنويةً ونظاماً دلالياً يمكنُ تأويلُهُ. إنهـا منظومةٌ فكريةٌ متسقةٌ تستندُ إلى دعامـاتٍ مفهوميةٍ ومقولاتٍ نشـأتْ من مواقعَ ووقائعَ لتحيلَ إلى عالمٍ متكاملٍ، وتصوغُ حقائقَ موضوعيَّـةً عن الموتِ في الحياةِ، والحياةِ في المـوتِ، والحياةِ في الحياةِ والموتِ في موقفٍ أثار جدلاً بين الأشياءِ والمواقفِ، يعلو على الكتابـةِ المُلْغِزَةِ والكثافةِ المتصدِّعة، وبـكارةِ المعنى، وفحولةِ اللفظِ؛ إذ تعيـدُ القراءةُ الموضوعيَّـةُ تركيبَ الخطبةِ وتحليلها ذهنياً ولغوياً بالأفكارِ التي تولَّدُ وعياً تتراسَـلُ فيه الصورُ والتراكيبُ الصياغيَّةُ؛ حتى تغدو القراءةُ تجليّاً رؤيوياً يُرْشِـدُ إلـى الذاتِ الفاعلةِ التي تعاني التجربةَ وأزمةَ الوجودِ.

وقارئ الخطبةِ يقرأ قوةً معنويةً في اللغةِ، ولغةً في القوةِ الواقعيةِ،

216

يتصرَّفُ بها الخطيبُ، وينتقلُ من حضورٍ ماديٍّ تراجيديٍّ إلى غيبةٍ معنويةٍ، ومن غيبةٍ مُفْتَرَضَةٍ إلى حضورٍ مُتوقَّع؛ يقرأ الواقعَ بتجلياته والمستقبلَ بتوقعاتِه، يقرأ الآتيَ في الآنيِّ، والمأمولَ في المجهولِ، والمكبوتَ في المعْلَنِ، والفعلَ دون الصِّفة.

* * * *

قال هانئ بن قبيصةَ الشيبانيّ يحرِّضُ قومَه (يوم ذي قار)[134]:

«يا مَعْشَرَ بكْرٍ، هالكٌ معذورٌ خيرٌ من ناجٍ فرورٍ. إنّ الحذرَ لا يُنجي منَ القَدرِ، وإنّ الصّبْرَ من أسْبابِ الظَّفَرِ. المنيَّةُ ولا الدَّنيَّةُ. استقبالُ الموتِ خيرٌ من اسْتدبارِه. الطَّعْنُ في ثُغَرِ النُّحورِ أكرمُ منه في الأعجازِ والظهورِ. يا آلَ بكرٍ، قاتِلوا فما للمنَايَا من بُدٍّ»[135].

* * * *

1. جدليَّةُ الوجودِ ورؤيويَّةُ الحياةِ

الخطبــةُ في مَضمونِها تاريخٌ في سطورٍ، قبل أن يتغلغلَ التاريخُ بين السـطورِ، وحدثٌ ثقافيٌّ يتصلُ بحدثٍ تاريخيٍّ له قيمةٌ حضاريةٌ

---

134 - وقعة ذي قار كانت وقد بُعثَ النبي محمد صلى الله عليه وسلم، وخبَّر بها أصحابه، فقال: «اليوم أول يوم انتصفت فيه العرب من العجم، وبي نصروا».

ينظر: تاريخ الطبري: محمد بن جرير الطبري (ت 310هـ)، تحقيق: محمد أبو الفضل إبراهيم، دار المعارف، مصر، ط 5، 1986م، 2 /193 - 212.

وينظر: أيام العرب في الجاهلية: محمد أحمد جاد المولى، ود. علي محمد البجاوي ومحمد أبو الفضل إبراهيم، منشورات المكتبة العصرية، صيدا - بيروت، ص 6 - 39.

135 - تنظر الخطبة في: كتاب الأمالي لأبي علي القالي، دار الفكر، بيروت، 1344هـ - 1926م، 169/1.

217

في حياةِ العربيِّ عبر الأزمنةِ المتعاقبةِ. تكشفُ عن قوَّةِ اللغةِ وغوايتِها في الزمنِ الصعبِ، وكفاءةِ القائدِ/الخطيب في البيانِ والفصاحةِ؛ كفاءةً تُوازي مَضاءَ السيفِ، وسَدادَ الرمحِ، ونفاذَ السَّهمِ في الرميَّةِ؛ فتشكَّلَ تاريخٌ شـعريٌّ وواقعيٌّ، أنتجَ تجربةً معرفيَّةً بالكونِ والإنسانِ، وظهرَ وجودٌ يستجيبُ للحدثِ اللسانيِّ بممارسةٍ فرديةٍ في عالمٍ جماعيٍّ؛ تبرزُ فيه قدرةُ الخطيبِ وعبقريَّتُه «في تحقيقِ التوازنِ والانسجامِ بين الشَّكلِ والمضمـونِ من ناحيةٍ، وبيـنَ الذاتِ والموضوعِ مـن ناحيةٍ أخرى، بحيث لا يمكـنُ الفصلُ بينهما نتيجةَ سيطرةِ الأديبِ على موضوعِه ووسـائلِه الفنية»(136)؛ إذ تشكِّلُ الخطبةُ مشـهداً مسرحيّاً مضمونيّاً له محمولاتُهُ الدلاليةُ، وحركيّتُه التي خَلَقَت توازناً بين الخطيبِ والمتلقي بمحـاورةٍ ذهنيةٍ مكتظَّـةٍ بالتأويل الذي تخضعُ فيـه للتأمُّلِ، وتتخطَّى الافتعـالَ بمـا تمتلكُه من طاقةٍ مـوَّارةٍ بالحركة، تتعمَّقُ في الأشياءِ، وتُناسِبُ واقعاً تتوهَّجُ فيه وظيفةُ الكلمةِ وحركةُ التاريخِ؛ لتناسبَ لحظةً اتصاليةً مُحتدمةً (لحظـةَ ماقبل المعركة)؛ لأنَّ الذاتَ المعرفية تحتوي بوعيها المرجعياتِ التي تُسْتَحَثُّ بالتجربةِ المنشِّطة، والتي تؤدي إلى المشاركةِ الفكريةِ المقترنةِ بالزمنِ المتغيِّرِ، والفعلِ المُغيِّرِ.

إنَّ فلسفةَ الخطبـةِ تجربةٌ تعودُ بالحياةِ الفرديةِ إلى حياةٍ جماعيةٍ حقيقيةٍ، تعلنُ التوحُّدَ بين الذاتِ والموضوعِ، وتَدلُّ على وحدةِ النسقِ الفكـريِّ، والعقلـيِّ الذي يحتقبُ قدرةً تُمكِّنُ الإنسـانَ من التغلُّبِ على ضعفِه؛ فيسـتبدلُ قصورَه ويشـكِّلُ واقعَه، ويحقِّـقُ مَوْضَعَةً وجودِه،

136 - مفهوم الأدب في النقد العربي المعاصر: د. عمار زعموش، مجلة الآداب، جامعة قسنطينة، الجزائر، العدد (3)، السنة 1417هـ - 1996م، ص 127.

وعلاقتِه بالمدركاتِ الحسـيةِ التي لها وظيفةٌ تواصليةٌ تمنحُ المفاهيمَ دلائليـةً تُصَوِّرُ المسـتحيلَ ممكناً، برموزٍ لغويَّةٍ تكتسبُ مشروعيةً إجرائيـةً في عالمٍ موضوعيٍّ يتكثَّـفُ؛ ليتحوَّلَ عبر إرادةٍ تشكيليةٍ إلى فعلٍ يؤدِّي وظيفةً، تتواصلُ مع الوجودِ الإنسانيِّ الذي ينشـدُ فيه الخطيـبُ آفاقاً يتغيَّرُ فيها الواقعُ، ويبغي تفاعُلاً بين ثلاثة عوالم: عالم الأنا وعالم الأنتَ وعالم الأنتم، ويُقيمُ مواجهةً مباشرةً بين كينونَتَيْن: الحياة والموت؛ تعبيراً عن موقفِ الإنسـانِ مـن الوجودِ، وخضوعِه لمحنـةِ الفناءِ وفكرة تناهي الأحياءِ؛ ومـا تحويهِ في داخلها من حقيقةٍ كونيـةٍ تنطـوي على ⇄ فكرةِ القدرِ، بدعـوةٍ تصدرُ عن عقلٍ فرديٍّ يؤديهـا المجتمـعُ في ذهنِ الجماعةِ، وحضورٍ جديٍّ لعقليَّـةٍ واقعيَّةٍ، تحوي دواخِلُها عناصرَ التناقُض بفعلِ المواجَهةِ الإراديِّ.

وتتطوَّرُ البنيةُ الموضوعيةُ للخطبةِ دائريّاً؛ نتيجةً لعلاقاتِ التوازُنِ بين الوحداتِ التكوينيةِ، التي تقومُ على التعارُضِ والتداخُلِ بين رؤيةِ الواقـعِ، وجدليَّةِ المـوتِ في الكشـفِ الرؤيويِّ عن عالـمٍ لا يعترفُ بالوجـودِ المزيَّفِ، ويقترنُ بالوجودِ الحقيقيِّ، والوعي الفكريِّ الذي يقرِّرُ بدايةَ البحثِ عـن الماهيَّةِ/الكينونـةِ بهجرانٍ سـوداويَّةِ العجْزِ المنظـورِ بإشـراقيَّةِ الفعلِ المنْجَـزِ بقرارٍ واعٍ؛ يُعَدُّ نـواةَ التحررِ من عقدهِ الخوفِ التي تُمثِّلُ فناءً حقيقيّاً للذاتِ التي لم تَعِ وجودَها الحقيقيَّ بالحياةِ المعنويَّةِ بنظرةٍ تتصوَّرُ الموتَ نهايةً أبديَّةً.

والخطبةُ بوصفها رسالةً لغويَّةً، ومدوَّنةً كتابيةً تواصليَّةً تقومُ على الدعائمِ الآتية:

أ. المرسِـلُ ← الخطيبُ: الذي يُرسِـلُ الخطبةَ/الرسالةَ إلى (آل بكر)، يتلفَّظُ بها «عبرَ الفضاءِ الخارجيِّ في حالةِ التواصُلِ الشـفويِّ، وهذا المتلفَّظُ ما هو في الحقيقةِ إلا سلسلةٌ فيزيائيةٌ تتكوَّنُ من الأصواتِ البشريَّةِ»[137].

إنَّ الخطيبَ ← المرسِـلَ صوتٌ جَهورٌ في أصواتٍ تخفَّتْ خلفَه؛ فأظهرهَا، وأصواتٌ كثارٌ تجمَّعتْ في صوتِه فأقامَتْهُ صُلْبَ النحيزةِ بعد أنْ تماهَـتْ فيه، فإذا الكلُّ في الأنا، والأنا تذوبُ في الكلِّ عبرَ مرحلةٍ من مراحلِ الوجْدِ الصوفيِّ، إنه فاعلٌ مؤثِّرٌ في مشهدٍ متحرِّكٍ متموِّج يقدِّمُ وجهةَ نظرِه؛ التي تقومُ على المفارقةِ الواقعيَّةِ والذهنية، وتصوِّرُ العالَم بوحداتٍ لغويةٍ تجمعُ القريبَ المنظورَ والبعيدَ المأمولَ. يُعطيكَ الظاهـرَ، ويُغريـكَ بالباطنِ. يُريكَ السَّـطحَ ويُحيلكَ علـى العُمقِ في نظامٍ من الأفكارِ، وصراعٍ بين الوعي واللاوعي، والواقعِ والإنسانِ، والقوَّةِ والضعفِ. يبني الـذواتَ الفاعلةَ المقاتِلةَ، ويحرِّكُ القوَّة الخفيَّة فيهم. لا ينقلُ القلقَ إلى الجماعةِ، ولا يُعلنُ الضعفَ؛ بل يُحرِّضُ على تجاوزِه؛ ليقيمَ إرادةً فكريةً لا تنكسرُ، ويدعمُ قوةً جسديةً لا تتكسَّرُ بلغةٍ منطوقةٍ شـفاهيةٍ تخترقُ الأفهامَ قبل الآذانِ. تنبـضُ بالحياةِ، وتنطلقُ مـن الفردِ إلى الجماعـةِ، ومن الجماعةِ إلى الأمةِ؛ فيغيبُ الخاصُّ في إهابِ العامِ؛ لأنَّ الخطيبَ لا يَحكمهُ إرثٌ متراكمٌ من التقاليدِ الفنيةِ في صياغةِ الشَّكْلِ؛ بل يتحرَّكُ بفاعليةٍ ذاتيةٍ في الوجودِ من خلالِ التعبيرِ (الشِّـعريِّ) والتأسـيسِ الجماليِّ في (النثـريِّ)، وكان على وعيٍ بما يقولُهُ؛ ليضاعِفَ من تأثيرِه على متلقيهِ.

137- نظريةُ التواصل عند رومان جاكبسون: عبد الحميد عبد الواحد، مجلة الأقلام (بغداد)، العدد (5)، السنة (33)، تشرين أول - تشرين ثاني، 1988، ص 36.

ب. المرسَـلُ إليهـم ← آلَ بكرٍ: الذيـن يتلقونَ الرسالةَ/الخطبةَ مشـافَهةً؛ فيتحـوَّلُ وعيُهـم بها مـن الإدراكِ السـمعيِّ/الصوتيِّ إلى الإدراكِ الذهنيِّ/المعنويِّ، ويحاولـونَ فهْمَ الإشـاراتِ والرموزِ في الملفوظاتِ الشفهيةِ الموجَّهة إليهم.

وتكمنُ قصديةُ المرسِلِ واعيةً ناصَّةً بإشهارِهِ علميَّةَ المرسَلِ إليهم بخصوصيَّةِ النداءِ (يا مَعْشَرَ بكرٍ ⇄ يا آلَ بكرٍ) للحيلولةِ دون ضَبابيةِ التفسيرِ، وتعميميةِ الخطابِ في لحظةِ المواجَهةِ مع الذاتِ الجماعيَّةِ.

ج. الرسـالةُ/الخطبةُ: جوهـرُ عمليـةِ التواصُـلِ، وركنها الذي تنهضُ عليه. تقومُ على مبدأ الانتخابِ والانتقاءِ ثم التنظيمِ والتنسـيق. لا تحتضنُ الفرديَّ/الذاتيَّ؛ بل تتدفَّقُ بالجماعيِّ/القَبَليِّ. تُلغي النقائضَ، وتُعلنُ الحدودَ بين الأقطابِ في الزمانِ والمكانِ، وتؤسِّسُ لقيمٍ تجمعُ بين التأريخيِّ والشـخصيِّ والماضي والحـاضر «تؤاخي بين الشـيء ونقيضه، وتجمعُ المختلِفَ بالمؤتلِفِ، وتُدخِلُ الحركةَ في السكونِ، ثم تُخرِجُ السـكونَ مـن الحركةِ، ضمنَ إيقاعٍ نغميٍّ متناسـقٍ يُزاوجُ بين الداخلِ والخـارجِ، ويخلطُ بين العامِّ والخاصِّ، ويكشفُ الطبيعةَ بما وراءَهـا والواقع بالحلم»(138)، في رؤيةٍ شـموليةٍ للكونِ والحياةِ في (يوم ذي قارٍ).

وميزةُ الخطبةِ ← الرسـالةِ أنّ المرسِـلَ والمتلقي يظهران معاً؛ وجهـاً لوجهٍ، نظراً لوجودِهما الزمنيِّ والمكانيِّ في أثناءِ إلقاءِ الخطبة التي يُواجهُ لحظتَها الخطيبُ أبصارَ القومِ بفصاحةِ اللسانِ وسلامتهِ،

138 - مدخل إلى بنية اللغة الشعرية: د. علوي الهاشمي، مجلة البيان (الكويت)، العدد (284) لسنة 1410هـ - 1989م، ص 53.

وجَهارةِ الصوتِ وامتدادِهِ، وحلاوةِ النغمةِ؛ ليستوعبَ الجوَّ النفسيَّ المشحونَ بأخلاطٍ من الهواجسِ.

وتتجسَّدُ القيمُ في الخطبةِ في صفاتِ المـدحِ والـذمِّ، والصِّدقِ والكذبِ، والشجاعةِ والجُبْنِ، والمواجَهةِ والفرارِ، والثباتِ والقهقرى. والمفاضلةُ بين تلكَ الثنائياتِ المتضادةِ يحكمُها التفضيلُ المنظورُ في السياقِ؛ في نغماتٍ تعلو بلا ضجيجٍ، وتنخفضُ بلا ضياعٍ أو ضُمورٍ، وتشتدُّ بلا كِبرٍ ولا غرورٍ، وتلينُ من غيرِ ضعفٍ أو هوانٍ أو خورٍ.

* * * *

2. حركيَّةُ الفكرةِ وجمالياتُ الدَّلالةِ

تنفتـحُ الخطبةُ عن تجربةٍ تستندُ إلى رؤيةٍ تمنحُ الأشياءَ وجوداً تأويليّاً؛ بنسقيَّةٍ بنائيةٍ، تستلزمُ قدرةً ذهنيةً تتآزرُ مع الفكرةِ؛ وصولاً إلى الدلالةِ التي تُرشـدُ الذاتَ القارئةَ إلى الحقيقةِ الغامضةِ، والمصيرِ الأزليِّ على وفقِ البؤرِ المشعَّةِ الآتيةِ:

- (يا معشرَ بكرٍ ← يا آلَ بكرٍ) مُفْتتحٌ ينتمي إلى الحدثِ المرتَقبِ يتوجَّه به المرسِلُ إلـى (المروي عليهم)؛ الذيـن لهم حضورٌ خاصٌّ فـي المتنِ المسرودِ، وهذا التخصيـصُ يتبعُهُ إعـلانٌ مُقتضبٌ يُمثِّلُه مضمونُ الرسالةِ/الخطبةِ في آنيَّةٍ تنطوي على الخطورةِ التي مخّصها قائدٌ يمتلكُ ناصيةَ الكلمةِ وبراعةَ القيادةِ وقوةَ السّاعدِ. إنه نداءٌ مشحونٌ بالدلالاتِ، تغطِّيه الهواجسُ والوساوسُ في لحظةٍ مسكونةٍ بالمجهولِ، ممتزجةٍ بالتوترِ، إنها لحظةٌ تُحاكي التعدُّدَ والتنوُّعَ، ويُحاكيها الشَّتاتُ

222

والتوحُّدُ، لا تحاكي الماضي في الواقع، ولا يُحاكيها الماضي في الفعلِ والصفةِ، وإن كان (آلُ بكر) ينهضُ بهم ماضيهم في حاضرِهم؛ لأنَّ النِّداءَ في الخُطبةِ عبورٌ من الفوضى إلــى الوحدةِ، والمنادي صوتٌ يعبــرُ التخومَ والآكامَ إلى أسماعٍ تنتظرُ؛ يختــرقُ الأعماقَ المجهولة في المخاطَبين. خاطبَ القومَ بما كلفوا به، وشُغِفوا بأسبابه، والمنادَى أسماعٌ تَستقبلُ نداءً أحاديّاً؛ نداء العلاقةِ الحميمةِ الذي يُنطقُ الصمتَ، ويُعلنُ المسكوتَ عنه.

وإذا مــا أدركُنَا أنَّ (المعْشَــرَ والعشيــرَ والعشيرةَ: أهلُ الرجلِ وجماعتـهُ وقبيلتُهُ ورهطُه من الرجــالِ)[139]، وأيقنَّا أنَّ (الآلَ: الأهلُ والاتباعُ)[140]، وأعلمتْنَا الأنسابُ أنَّ القائدَ (هانئ بن قبيصة) ينتسبُ إلى بني شيبانَ، وأنَّ الشيبانيينَ بطنٌ من قبيلةِ بكر بن وائل[141]؛ سكنتْ نفوسُــنا الثائرةُ في (النّداءِ) لِثِقَتِنَــا أنَّ المنادي يُنادي ذواتاً عاقلةً فاعلةً بصوتٍ غير مفكَّكٍ حتى يُفْهَمَ قولُه، وهم يُنصتون إلى كلماتٍ مفهومةٍ بأصواتٍ متناسقةٍ، ويخاطبُ الذاتَ الجماعيَّة الحاسَّـة النامية العاقلة في مجتمع شفاهيٍّ، ويغوصُ في الذاكرة النشــطةِ والوعي المتحفِّزِ، ويُعلنُ وجودَ المنادَى الحقيقيِّ، ولا يستحضرُ وجودَهم وهم غائبون؛ بــل يُناديهم لوجودِهم نداءَ القريبِ إلى القريبِ، وليس نداء البعيدِ إلى البعيدِ؛ ليشــعرنا أن البعيد قريبٌ منه. فإذا النداءُ تواصلٌ بين المنادي

____

139 - لسان العرب: ابن منظور، دار صادر- دار بيروت، ط 3، 1414هـ - 1994م، مادة عَشَرَ 574/4.

140 - اللسان، مادة أول 11 / 37 - 38.

141 - كتاب العقد الفريد: ابن عبد ربه الأندلسي، تحقيق: أحمد أمين، وأحمد الزين، وإبراهيم الأبياري، مطبعة لجنة التأليف والترجمة والنشر، القاهرة، مصر، ط 2، 1372هـ - 1952م، 3 /360 - 361.

والمنادَى. كلاهما يسـمعُ ويعقلُ، ويُقابِلُ الآخرَ، ويواجهُهُ، ويقبلُ به، ويحتوي المتنُ المسرودُ بين النداءَيْـن رؤيةً تمهيديةً تتهيَّأ فيها الذاتُ المتلقيةُ للجملةِ الختاميةِ؛ التي تمتلكُ حدثاً ينفتحُ على العالمِ (قاتلوا فما للمنايَا من بُدٍّ). وتتشظَّى عبارة (يا معْشر بكرٍ) إلى محمولاتٍ دلاليّةٍ ينطلقُ منها التوجيهُ الإراديُّ. وينتقلُ المتنُ الحكائيُّ في لحظةِ التنويرِ المتجسِّدة في عبارة (يا آل بكرٍ) إلــى بؤرةٍ تَتموضَـعُ فيها دلالاتُ السـردِ السابقة، وتتمظهرُ سـياقاتٌ فكريةٌ تنتظرُ أن تُعلنَ عن ماهيتها التـي تختفي خلفَ الحقائقِ المعنويةِ التي تغـوصُ فيها الرؤيةُ؛ فتعلن المكبوتَ، وتهجرُ صيغاً تغلِّفها قشورُ السَّلبية.

- (**القدرُ ← المنايا**): يُدركُ الخطيبُ أنَّ القدرَ قضاءٌ حتميٌّ يتسرَّبُ في كيانِ الإنسـانِ، ويمتزجُ بنفسهِ، ويشدُّهُ إلى عوالمَ رآها، وتذكَّرها، ويغـوصُ به فـي عوالمَ مجهولةٍ تعكسُ أزمةَ الواقعِ في الوجودِ التي تتخلَّـلُ الحياةَ الممتلئةَ برغباتٍ باطنيةٍ تنشـدُ السـلوكَ الجماعيَّ الذي يحتوي الوعي.

إنَّ الخطيـبَ لا ينكرُ الموتَ؛ بل يعلنُ حتميَّتَه الأبديَّة، وَيفهمُهُ قوةً محطِّمةً للحياةِ والوجودِ والحيويةِ والنشاطِ. يراهُ قوةً تجتاحُ كلَّ شيءٍ، ولا تُبقي أيَّ شيءٍ، يراهُ الواقعَ النهائيَّ الذي لا مفرَّ منه على الإطلاقِ. إنه شاملٌ كونيٌّ طاغٍ يسحقُ كلَّ صورِ الحياةِ، وليس بمقدور الإنسان أن يحميَ نفسـه ضد القوة المصيريَّـة النهائيَّة للموتِ؛ فهو يعجزُ عن دَرْءِ المـوتِ عن نفسهِ وعن الآخرين. وما مِـنْ طريقةٍ لتجنُّب حقيقة المـوتِ ومأسـاويَّته حتى حين يُكوِّنُ الإنسانُ وجوداً قائماً بذاتهِ في

معـزلٍ عن الآخرين فرداً قويّاً شجاعاً(142). إنّه في كلّ زمانٍ ومكانٍ حضـورٌ أزلـيٌّ، ووجودٌ شـاملٌ كلـيٌّ. لا مأمَن منه لكائـنٍ، ولا مفرَّ منـه لموجودٍ في الوجودِ. كأنَّ الخطيبَ عاشـقٌ للوجودِ، مُحبٌّ للحياةِ بكبريـاءٍ، وداعيةٌ للموتِ هربـاً من الذِّلَّةِ والصَّغارِ، مُسْتَيْقِنٌ بحتميَّةِ الموتِ التي لا تُقَاوَمُ؛ لذلك لا يُشَكِّلُ الموتُ خصماً في (الخطبةِ)، بل الخصمُ الذي تجبُ مقاومتُهُ هو الدَّنيَّةُ مقرونةً بالفرارِ.

ـ (المنيـــةُ ← المـــوت): تَقضـي المنية علــى الحيويةِ والقوةِ والشـباب، وتخلِّفُ وراءَها صوراً مأساويةً تمتلئ بالمرارة، تقتلعُ الجذورَ، وتحطِّمُ الشعورَ بالنجاةِ والديمومة؛ إنها وسيلةٌ إلى غايةٍ أبعدَ منها، وليسـت غايةً في نفسِـها؛ لأنها تحتقبُ تجربـةَ التناهي المحقَّقِ التـي تتتبدَّلُ فيها الحيـاةُ المليئةُ بالحركـةِ أطلالاً تحكمُها السكونيةُ، وتُعبِّرُ عـن موقفٍ من الحيـاةِ والكونِ يُزيلُ التناقضَ الوجوديَّ في العالـمِ الباطنيِّ بين الفناءِ والبقاءِ؛ فأصبحت الخطبةُ موقفاً من الحياةِ؛ يخلقُ علاقـةً جدليَّةً بين الناسِ والعالمِ بمعانٍ واضحةِ الدلالةِ والغايةِ، ترتبطُ بمفرداتٍ شُحِنَتْ مكامنُها المضمونية من البيئةِ.

ـ(الدنيَّـــةُ): كومةٌ مـن الهمـومِ والأحـزانِ، وكتلةٌ مـن المعاناةِ المملـوءةِ بالأوهـامِ المتواليـةِ في اليـومِ والغدِ، وضياعٌ فـي الوجودِ المـاديِّ والمعنويِّ، وشَـتاتٌ فـي الوعي حاضـراً ومستقبلاً. ومَنْ تغشـاهُ الدنيةُ يتناسَى أنَّ المـوتَ يتبـعُ الحيـاةَ، وأنَّ الفنـاءَ يعقبُ الوجودَ، وأنَّ النهايةَ تَسبقها البدايةُ وأنَّ «اللحظةَ هي الإنسانُ، وأنَّ

142 ـ ينظر: الرؤى المقنعة (نحو منهج بنيوي في دراسة الشعر الجاهلي): د. كمال أبو ديب، الهيئة المصرية العامة للكتاب، القاهرة، مصر، 1986م، ص 99.

الإنسـانَ هو دورٌ تخلقُه اللحظةُ»(143)؛ ولا يستوعبُ حضورَ الحركةِ إزاءَ السـكونِ، وحضـورَ الحيـاةِ إزاءَ الموتِ، وحضـورَ الليلِ إزاءَ النهارِ. إذ تتلاشـىَ صورةُ الحياةِ الثَّرَّةِ الخصبـةِ كالومضةِ مع الدنيَّةِ القميئـةِ التـي تجعلُ نهـارَ الفُرور غمّاً طويـلاً، وليلَه همّاً مُستديماً. لا ينتسبُ إلى معشرٍ أو قبيلةٍ؛ بل ينسبُه الآخرُ/المقاتلُ إلى الرذيلةِ، ولا يرتبطُ بأحدٍ، بل يربطُه غيرُهُ بسلوكهِ المشينِ، وفرارهِ الدنيءِ؛ فيعيشُ في جفافٍ وجذْبٍ وسكونٍ وصمتٍ وظلامٍ. إنها إحساسٌ بالعجزِ يتسلَّطُ على الكائنِ؛ فيفتقدُ فيه القوةَ الإراديةَ التي تُعدُّ نمطاً من أنماطِ الوجودِ.

- (المنيَّــةُ والدنيَّــةُ): لا يتعايشانِ؛ بـل يتناقضانِ فـي الوجودِ والمعرفـةِ والقيمِ وأسـاليبِ المواجهةِ. لهما وجـودٌ متزامنٌ في الواقع والزمـانِ والمـكانِ؛ فَمَـنْ أهلكَه القتلُ فقد أصابتْه المنيـةُ بأعذارِها وأقدارِهـا؛ فيرتحلُ نحو الخلودِ المعنويِّ، ويفيضُ بالقناعةِ والرضى. وَمَـنْ تولَّى وأدبرَ هلعاً فراراً؛ فأخطأتْه أظفارُ المنيةِ فقد لحقتْهُ الدنيَّةُ، ووسـمتْهُ بميسـمٍ أبديٍّ من الجبنِ والخسَّـةِ؛ فيعيشُ بقاءَ في مستنقعِ النفاياتِ، وسـياحَةً في كومةٍ من القـاذورات. إنها معادلةٌ فكريَّةٌ يَكمنُ فيها الموتُ في الحياةِ، وتسـطعُ الحياةُ في الموتِ، كأنَّ الحياةَ تترسَّخُ بالموتِ، ويتعزَّزُ الوجودُ المعنويُّ به.

- (قاتِلــوا): فعلٌ يحتملُ المفارقةَ والمراوغةَ. يقعُ في اليومِ والغدِ. فيه التوتُّرُ والترقُّبُ والحذرُ. ينتقلُ من حقلِ التمنّي والرجاءِ إلى دائرة الممكنِ. يُعلنُ زمناً حاضراً مستمرّاً بانتظارِ الحدوثِ والتحقُّق. تذوبُ

---

143 - الزمن والقدر عند فوكنر: عنيد ثنوان رستم، مجلة الجامعة، الموصل، العدد (1)، لسنة 1980م، ص 25.

فيـه الذاتُ الفرديةُ في الـذاتِ الجماعيّةِ. فعلٌ يهجرُ التعـدُّدَ والتنوُّعَ، ويختـزلُ الوجـودَ والحيـاةَ بالقتـالِ. إنّه حركـةٌ وخصبٌ وصَخَبٌ وجـلاءٌ، وصراعٌ من أجلِ البقاءِ؛ صراعٌ واقعيّ - فكريٌّ مع المنايا ضدَّ الدنايا، إنه وسيلةٌ ممكنةٌ تجعلُ المستحيلَ ممكناً والممكنَ واقعاً وحقيقةً، وقوةُ بناءٍ حضاريّ - حقيقيٍّ للعالمِ، تحملُ في طيّاتِها دلالاتٍ فكريةٍ وشعوريةٍ، تجسِّـدُ صورةَ وجودِ علاقةٍ سببيةٍ أو أسبقيةٍ زمنيةٍ بين الإنسانِ والوجودِ تحقيقاً للصورةِ المثاليةِ للـذاتِ الجماعيّةِ التي تستوجبُ الفعلَ التعاونيَّ الذي يدمِّرُ اليأسَ، ويقضي على العجزِ.

وخَـصَّ الخطيبُ (آل بكرٍ ← معشـر بكرٍ) بخطابـهِ التحريضيِّ الذي يمتلئ بالروحِ القَبليةِ التي يستحثُّها صهيلُ الخيلِ، ورغاءُ الإبلِ، وقعقعةُ السلاحِ؛ ليخرجَ بهم من الجهلِ إلى المعرفةِ، ومن التيهِ والقلقِ إلـى اليقينِ، ومن الوسوسةِ والموجَـدةِ إلى المغامـرةِ واللذةِ؛ فأدركَ (البكريـونَ) من خلالِ الفعـلِ (قاتِلوا) أنَّ «الماضي هو ذلك الزمنُ الذي أصبحَ غيرَ موجودٍ، وأنَّ المستقبلَ هو ذلك الزمنُ الذي لم يوجدْ بَعْدُ، والعالمُ يتعاصَـرُ في اللحظةِ الحاضرةِ»[144]؛ وإن كان الماضي القابـعُ في اللاوعي يُعَدُّ مـن المحرِّكاتِ الواقعيةِ والموثِّباتِ الذهنيةِ عند العربيِّ؛ الذي يبحثُ من خلالِ القتالِ عن امتدادٍ لماضيهِ المقترنِ بالبطولةِ، والفعلُ (قَاتِلوا) فعلُ أمرٍ صريحٍ ومُباشـرٍ جاء به الخطيبُ بصيغـةِ الجمعِ، ويحملُ دلالتينِ: دلالةً حقيقيةً في القتالِ الفعليِّ في زمنِ المعركـةِ، ودلالةً ضمنيةً بالحثِّ المعنويِّ، وشحذِ الهممِ؛ قُبيلَ الصِّدامِ البئيسِ.

---

144 - فلسفة الوعي بالزمن، وأثرها في العمل الأدبي: لوذ زيميريا ولوزوك، ترجمة: د. محمد هناء متولي، مجلة الثقافة الأجنبية، بغداد، العدد الثاني، السنة الثانية، صيف 1982م، ص 39.

- **(الطَّعْنُ بيــن النحورِ والظُّهورِ):** للطعنِ وجهانِ مُتنافرانِ في جسـدٍ واحدٍ، ودلالتانِ مُتناقضتانِ في الرؤيةِ والحدوثِ. إنهما طعنتانِ في حقيقةٍ موضوعيَّةٍ واحدةٍ تحتقبُ ثنائيةً فكريةً ـ ذهنيةً تتعارضُ فيها تفسيريَّةُ الحدثِ في لحظويَّةِ الواقعةِ، التي لا تخضعُ للوعي الذي يختــارُ المواجَهةَ إقبالاً أو إدباراً على وفق الوضع النفسيِّ والعاطفيِّ والإراديِّ للــذاتِ المقاتلــةِ؛ لأنهــا مُكابدةٌ مضغوطةٌ تتفجَّــرُ مُفارقاتٍ تتنافرُ ولا تترابطُ.

ويُعلــنُ الخطيــبُ بالطَّعنِ خيــاراتٍ مُمكنةً؛ فالبكـريُّ إمَّا قاتلٌ أو مقتولٌ؛ فاستعاضَ الخطيــبُ بمكانيَّةِ الطَّعنِ عــن جغرافيةِ (المكانِ) في مفارقةٍ دلاليةٍ ـ فكريــةٍ تحكُمُها الطبيعةُ الموضوعيَّةُ والحضاريَّةُ للحــدثِ المرتَقَبِ، ونأى عن التأمُّلِ فــي المكانِ وتفاصيلِه؛ لأنَّه معنيٌّ بالحــدثِ القتاليِّ في المكانِ؛ وإذا مــا كانَ البكريُّ قاتلاً لخصمِه، فإنَّه طاعنُــهُ في نحرِه دون ظهرِه، ويأنفُ أن يلاحِقَه هارباً مهزوماً؛ فلا يَطعنه من وراءٍ تاركاً إيَّاه في شِعابِ الدنيَّةِ ناجياً فروراً؛ ليكونَ غياباً فــي الحضــورِ؛ لأنَّ الدَّنيَّ من الرجالِ: السَّــاقطُ الضعيفُ الخسيسُ الخبيثُ(145)؛ أمَّا إذا كان البكريُّ مقتولًا فإنَّه المستقْبِلُ للموتِ والهالكُ المعذورُ الذي أقامَ لنفسِه حضوراً في الغيابِ؛ فلا يُجَزُّ مع المجزوزينَ. وكأنــي بالبكريِّ لا يعرفُ الفرارَ فلا يُطعنُ في الظهرِ والعجزِ، ولا يقـدِّمُ رِجـلاً ولا يؤخِّرُ أخرى، ويَعرفُ أنَّ الفَرورَ يعيشُ زمناً سـلبياً لحظةً غَدَرَ بنفسِه فذمَّها، وغَـدَرَ برفاقِه الذين وَثقوا به رجلاً محارباً مقبلاً غير هيَّابٍ ولا فَرَّارٍ؛ وإذا بي أُدركُ أنَّ لَفظَتَي (معذور ـ فرور)

---

145 ـ لسان العرب، مادة دنا، 373/14 ـ 374.

سـمتانِ تتغلغلانِ في الذاكرةِ الجماعيَّةِ التي تمتلكُ القدرةَ والقوةَ على بَعْثِ الأشياءِ التي غَيَّبَها الزمنُ.

- (الأعجازُ والظهورُ) هروبٌ من الفعلِ، وخروجٌ عن سننِ الرجولةِ، وهبـوطٌ نحو الهاويةِ/الدنيَّة، وخنوعٌ وعبوديَّةٌ في الوجودِ تتعارضُ مع الحريةِ والحركةِ، والأعجازُ محكومةٌ بالعجزِ، والعجزُ هلاكٌ.

- (الصّبْرُ والظَّفَرُ): يُقوّي الصبرُ ثقةَ الفردِ بنفسِهِ ومستقبلِهِ، ويمنحهُ قدرةً على المجابهةِ، تُكشفُ فيها الأشكالُ الباطنيةُ للحياةِ التي تزيدُ من سُبُلِ مَوْضَعَةِ الأشياءِ التي تَتواشَحُ وتَتراتبُ، ولا تَتراكمُ بأسلوبِ التصريحِ لا التلميحِ الخفيِّ.

والظَّفَرُ مرهونٌ بفعلٍ إراديٍّ تتوحَّدُ فيه الرؤيةُ والتجربةُ في سياقٍ جدليَّةٍ موضوعيَّةٍ، تُفجّرُ مجمعَ الثورةِ الكامنةِ في العقلِ بصراعٍ ذهنـيٍ- ماديٍّ بيـن حتميةِ الموتِ وغريزةِ الحياةِ التـي تُغذيها عُقدةُ الخوفِ من الفَناءِ.

****

3. شعريَّةُ اللغةِ وكثافةُ التشكيلِ

تقـومُ الخطبةُ علـى الثنائياتِ المتضـادَّة: الحياةُ والمـوتُ، البقاءُ والفناءُ، الموجودُ والمفقودُ في سـياقاتٍ تمتلكُ حضورًا باذخًا تتحرَّكُ بـه العناصرُ الإدراكيةُ التـي تمزجُ المتحوِّلَ بالثابتِ؛ فتندمجُ حقيقةُ كلٍّ منهمـا بحقيقةِ الآخرِ حتى تبدو متناظرةً/متماثلةً؛ لكنها في الرؤيةِ المختبـرةِ متغايرةٍ متخالفةٌ فـي الفعلِ والنتيجةِ؛ يمتـزجُ فيها الماديُّ

بالمعنويِّ، والذهنيُّ بالواقعيِّ، تحكمُها لغةٌ معياريـةٌ خرجتْ من سياقِ الإخبارِ إلى وظيفةِ التأثيرِ والتوصيلِ والإبلاغِ بمجموعةٍ من الوحداتِ الخطابيةِ، تربطُها علاقاتٌ فكريةٌ ودلاليةٌ تحيلُ على المعْنى الإيحائـيِّ أو المسـتنْبَطِ. لكنَّ الخطيبَ يُخلخِلُ العلاقـةَ المفترَضَةَ بين الـدالِ والمدلـولِ لحظةً يضعُ العلامةَ اللغويةَ في حقلٍ دلاليٍّ ينطوي علـى المفارقةِ والدهشـةِ، ويخـرجُ بها خروجاً مجازيّـاً عن حدودِها المعجميَّةِ من غيرِ تعسُّفٍ أو قسريَّةٍ، إنها المجازُ في الحقيقةِ، والحقيقةُ في المجازِ.

تتمتَّعُ الخطبةُ بتراكيبَ تتسـاوقُ سمتُها المقطعيةُ ونظامُها النبريُّ مـع القيمـةِ التعبيريةِ. ويقـومُ البناءُ الجمليُّ على التـوازُنِ الكميِّ بين المسـندِ والمسـندِ إليه. لكنَّ التركيـبَ الجمليَّ لا يخرجُ عـن المعيارِ والقيـاسِ الذي وضعَه علماءُ النحو واللغةِ؛ وإن كانتْ معانيه تَنْحَرفُ في دلالاتِها التـراكميةِ عن المألوفِ، إنها الفصاحةُ في الكلامِ، والبلاغةُ فـي الصِّياغةِ التي تنهضُ بهـا تراكيبُ تكادُ تنفصلُ نحويّاً، وتتنقطعُ سـرديّاً، غير أنها تتراتبُ فكريّـاً وذهنيّاً حتى تنجزَ رؤيةً تتكاملُ فيها مقوِّمـاتُ الحيـاةِ والموتِ؛ التي صُبِغَتْ بلغةٍ موجزةٍ، بناها الخطيبُ بنـاءً تربطُـه مخيّلةٌ بصريةٌ، تعتمـدُ الأفكارَ في التشكيلِ الذي يمثِّلُ ترجمـةً عقليةً للمقوِّماتِ؛ التي نسـتبطنُ بها البنيـةَ الجُمليةَ، بحثاً عن الطاقـةِ الكامنةِ فيها؛ فالخطبةُ فـي جوهَرِها وجودٌ لغويٌّ من الأنا من أجلِ الآخرِ ومن الآخرِ من أجلِ الأنا.

إنَّ الجملَ في الخطبةِ قصيرةٌ يُغذّيها نشاطٌ سرديٌّ متوتّرٌ في مشهِدٍ درامـيٍّ- تراجيـديٍّ. والألفاظُ ذاتُ بُعْدٍ دلاليٍّ - شـعريٍّ ينطوي على ثنائيةٍ في المعنى والوظيفةِ. فيها وضوحٌ مُثقَلٌ بالدلالةِ، وإبانةٌ تنهضُ

على طاقاتِ اللغةِ التعبيريةِ مُتعدِّدة الأبعادِ. إنها كلماتٌ مألوفةٌ في دلالاتٍ وسياقاتٍ ونُظُمٍ شعريَّةٍ، إذ تتسيَّدُ (الأسماءُ) النحويةُ للجملِ والتراكيبِ التي تبدو في حركةٍ متموّجةٍ تتماهى عبرهَا الأشياءُ والظِّـلالُ. تكادُ تخلو مـن الروابطِ بين الجُملِ؛ وإن ظهرتْ (الواو) ثـلاثَ مراتٍ بين التراكيب، وظهرت (الفاء) ظهوراً يتيماً في سياقٍ واحدٍ، وتغيبُ الضمائرُ فلا نسمعُ صوتَ المتكلّم المفردِ بضميرِ الأنا؛ بل ندركُ ضميرَ الفردِ المتوحِّدِ في الجمعِ، وصوتَ الضميرِ الذي يعلو فوقَ صوتِ الأنا بلا غموضٍ ولا مَخاتلةٍ.

ولعل الذي يُعطي السِّـمةَ الشِّـعريةَ للخطبةِ إيقاعُ الجُمَلِ الداخلي الذي يتسِمُ بالتوازنِ والتناسُقِ؛ لأنها ليست بالجملِ الطويلةِ الممتدةِ التـي تحملُ التفصيـلاتِ النثرية، لكنها جملٌ قصيرةٌ تُجَسِّـدُ ملامحَ (الشـعريِّ)؛ لأن الشـعريةَ مُتحققةٌ باللغةِ في (الخطبةِ) خارجَ قوانين الأوزانِ، وحدودِ القوافي.

إنّ المفردةَ في الخطبةِ منتظمةٌ في سياقٍ من النظمِ؛ لها قوةٌ توليديةٌ تَسـتدعي بها مفرداتٍ أخَر. والمفرداتُ منفردةً شائعةٌ، وليست بنادرةٍ أو مهجورةٍ، لكنها بتعالُقها المعنويِّ ونَظْمِها النحويِّ وترابُطها السياقيّ تخرجُ إلى التألُّقِ والتأنُّقِ والشِّـعرية؛ بإيقاعٍ يتصاعَدُ من غير صَخَبٍ ولا حِدّةٍ، وينخفضُ من غير أن يضلَّ أو يضيعَ. تَتوالى فيه الحركاتُ والسَّـكناتُ في سياقٍ محكمٍ، وتناوبٌ مقصودٍ بين التنغيمِ والنبرِ، من غير تمحُّلٍ أو تكلُّفٍ؛ فإذا بالخطبةِ «سلسلةٌ من الأصواتِ ينبعثُ عنها المعنى»(146). والخطيبُ صيادُ الشـواردِ، وطرَّادُ النوافرِ، يقتنِصُ من

146 ـ نظرية الأدب: أوستن وارين، ورينيه ويليك: ترجمة محيي الدين صبحي، مراجعة د. حسام الخطيب، ص 205.

الألفاظِ طاقَتها، ويحشدُ فيها دلالاتِ التمرُّدِ والعُنفوانِ، يهبها الحياةَ في الحركةِ، والنبضَ في الفعلِ؛ تراهُ يهجرُ المبالغاتِ الذهنية؛ ليعلنَ طاقةً كامنةً في السياقِ في لمحاتٍ إيحائيةٍ مُؤثِّرةٍ خاطفةٍ.

من الممتعِ المُدهشِ أن تخلو الخطبةُ من تنافرِ الحروفِ، وتتخلَّصَ من الغَرابةِ والكراهةِ والسَّماجة والمُعاظلةِ. ولم يظهر الإبدالُ والإدغـامُ في تركيبِ ألفاظها نظراً لبعدِ مخارجِ الحروفِ. ولم يقترنْ فـي أصواتها الظاءُ مـع القافِ، أو الجيمُ مع الـزّاي، أو الضَّادُ مع الذّالِ، أو الثّاءُ مع الجيمِ، أو الطّاءُ مع الظّاءِ. وقد تقترنُ هذه الحروف والألفـاظ مـع بعضها بعضاً فتأتي متلائمةً فصيحةَ الألفاظِ، رقيقةَ الحواشـي والأذيالِ، لا يَثقلُ اللسانُ بها، ولا تمجُّها الأسماعُ والنفوسُ بعد أنْ تنبّه الخطيبُ إلى «نوعينِ من الوسائلِ البلاغيّةِ: هما وسائلُ التشكيلِ الصوتيّ، ووسائلُ التشكيلِ الدلاليّ»[147]؛ لينسابَ إيقاعُها في وحداتٍ صوتيةٍ متماوجةٍ، إنها أنغامٌ شعريةٌ في يومٍ عاصفٍ، وأصداءٌ متعانقةٌ في لحظاتِ غضبٍ وثورةٍ. وبدايةُ قصيدةٍ رسمَ نهايتَها السيفُ واللسانُ في نظامٍ من المواجَهةِ والمبارزةِ والمنافسةِ وجهاً لوجهٍ، وفي سياقٍ من التحدّي والصّراعِ وحضورِ الوعي.

قلَّةُ الجُملِ الفعليةِ التي يتبلورُ فيها الحدثُ زمنيّاً مُوازنةً بكثرةِ الجملِ الاسميّةِ التي تخلو مـن الحدثيّةِ المقيَّدة زمنيّاً وصولاً إلى وعـي فكريٍّ بماهيةِ الموضوعِ، مع التوكُّؤ على صيغٍ صرفيةٍ مَنَحت الخطبَـة بُعْداً نفسيّاً يتفاعـلُ فيه الشعورُ بالفعلِ المنجَـزِ، والحدثِ المرتقبِ، لا سـيما صيغةُ اسـمِ الفاعلِ (هالكٌ، ناجٍ)، وصيغةُ مَفعول

____

147 - أقنعة النص (قراءة نقدية في الأدب): سعيد الغانمي، دار الشؤون الثقافية العامة، بغداد، 1991م، ص 99.

(مَعْذور)، وصيغةُ فَعول (فَرور) التي تبثُّ إشاراتٍ دلاليةً غير مقيَّدةٍ بزمـنٍ؛ لكنها محكومةٌ بقيمةٍ معنويةٍ تَنْطوي على الثباتِ والديمومة. وصيغة استفعال (استقبال، استدبار) التي يُستدعَى فيها الفعلُ إراديّاً، فضلاً عن الموازنةِ بين الفكرةِ والمعرفةِ في تشكيلِ الجملِ والتراكيبِ موازنةً تلتزمُ بخصوصياتِ الواقعِ البيئيةِ والمجتمعيَّةِ وتُضيء للقارئ الممرَّاتِ المؤديةَ إلى المستقبلِ، لكي يحسَّ بحلولِ الحياةِ الجديدةِ في فضاءٍ غير محدَّدٍ.

تَحتضنُ الخطبةُ جملاً تطايرتْ أمثالاً؛ إذ تُهيمنُ بنيةُ المَثَلِ والوصيةِ على البنـاءِ الجمليِّ للخطبةِ هيمنةً تَستوعبها الذاكرةُ حفظاً وترداداً، يترجمُ المشاعرَ المتوترةَ التي كانت تجيشُ في نفسيَّةِ الخطيبِ قبل أن تنفصلَ عنه، وتكوّنَ وجوداً مستقلاً، مثل: «المنيّةُ ولا الدَّنيَّةُ»[148].

بثَّ السجعُ المتوازنُ في الخطبةِ وحـدةً إيقاعيةً ذات تناغمٍ ولحنٍ عسكريٍّ- قتاليٍّ، ينسـابُ بين الجوارحِ بطَرَقَـاتٍ تحفيزيةٍ تحتضنُ الرؤيةَ الانفعاليةَ، وتخلقُ تلاحماً عضويّاً في معمارِ الخطبةِ وهندسَتها اللغويةِ التي تُسـتخدمُ فيها الكلماتُ التي تشعُّ تأثيراتٍ نفسيةً- فكريةً في سياقٍ توجِّهُه الدلالةُ بالموازَنةِ بين جدليةِ الموتِ ورؤيويَّةِ الحياةِ.

إنَّ زمـنَ الخطبةِ الواقعي مُوثَّقٌ تأريخيّـاً، لكنَّ الزمنَ في الخطبةِ مُطلقٌ وكونيٌّ لا ينتمي إلى زمنٍ ما أو عصرٍ ما، يصلحُ لكلِّ الأزمنةِ عبرَ الأزمنةِ، إنه خَرْقٌ للزمنِ التقليديِّ، وخروجٌ عن الزمنِ المألوفِ يُدغـدغُ مكامنَ الذاكرةِ، ويداعبُ الوجودَ. يقفزُ عبر الفجواتِ. يسيرُ

148 - مجمع الأمثال: للميداني (ت 518هـ)، تحقيق: محمد محيي الدين عبد الحميد، دار المعرفة، بيروت - لبنان، 1374هـ - 1955م، 303/2.

في الدروبِ والطُرقاتِ؛ إنه زمنٌ نفسيٌّ يستمدُ مشروعيَّتَه ووجودَه من زمنِ القَصِّ، وزمنِ القراءةِ؛ بعد أن غَيَّبَ السَّردُ زمنَ الحدثِ الواقعيّ بنداءٍ جماعيّ في مشهدٍ دراميٍّ، وصوتٍ يقفزُ عبرَ التاريخ؛ يعزفُ لحنـاً لا يعـرفُ الصَّمتَ، وإهابٍ شـعريٍّ تجاوزَ بـه الخطيبُ عوالَم مكبَّلةً إلى عوالِمَ طليقةٍ، وهجرَ كائناتٍ هشَّةً إلى كائناتٍ متماسكةٍ ثرَّةٍ في فضاءٍ دلاليٍّ ينفلتُ من إسارِ الدنيَّةِ إلى فلواتِ الظَّفرِ والحريةِ.

حقَّقتِ الخطبـةُ تفاعلاً بين الخطيـبِ والجماعة فـي التعبيرِ عن فكرةٍ مشـتركةٍ تتجسَّـدُ في القتـالِ. وحقَّقت وحدةَ الوجـدانِ الجماعيّ بوحدةِ المعاناةِ والشـعورِ، وجمعتْ بين الوجدانِ الفرديِّ والإنسـانيِّ؛ فحوَّلت الفكرةَ إلى حدثٍ يَستبطنُ اللاشعورَ، ويحيلهُ إلى رمزٍ جماعيٍّ بسلسلةٍ من التداعياتِ المتفجِّرةِ في الذاتِ والواقع معاً، وتُسجِّلُ تأريخاً يتصوَّرُ المجتمعَ مجموعةً من الأنَوَاتِ ترتبطُ فيها الذات بالآخرين في موقفٍ يُعَبِّرُ عن الممكنِ والدائمِ، ويُعارِضُ العشـوائية بوحدةِ الكلماتِ والأشياءِ. لأنَّ علاقةَ وعي الخطيبِ بالوعي الجماعيّ أكبرُ من علاقتِه بذاتِهِ؛ لأنَّه تمكَّنَ من موضَعةِ ذاتِه في الجماعةِ والعالمِ.

* * * *

إنّ قارئ الخطبةِ لا يُصادِفُ صُعوباتٍ تجعلُ الفهمَ مغلقاً وعصيّاً؛ لأنَّ الفكـرةَ واضحةٌ في ذهنِ الخطيبِ؛ الذي حوَّلَ الخطبةَ إلى أمداءٍ تتسعُ للحياةِ بوجهٍ مضادٍّ للأفقِ المقْفَلِ وللسكونيةِ المفزِعَةِ؛ فأصبحتِ الخطبةُ أفقاً يحتوي آفاقاً تكشفُها اللغةُ التي تسمحُ بالمقارباتِ التأويليّةِ، وتمتلـكُ صفاتِ ثباتٍ معنويَّةً في سـياقٍ مقصـودٍ يَنضوي في فضائهِ

234

الوعـي والحركةُ، إذ تُسْلِمُ الخطبةُ قِيادَها لقارئها بيسْـرٍ؛ حتى يعيشَ معها لذَّة القراءةِ التي تقومُ على التضادِّ والتقابلِ الذي يَستدعي العلاقة الترابُطيـةَ بين الجملِ من غيرِ حيرةٍ أو تنافرٍ، إنها فعلُ كائنٍ حيٍّ عن مخلوقـاتٍ حيَّةٍ تهزُّ المتلقي، وتوقظُهُ من غفوتِه أو غفلتِه في مداراتٍ تحتوي قيمةً مضمونيةً مرتَّبةً لها أقبيةٌ تقومُ بوظيفتها الإثاريّة بتداخُلٍ عضويٍّ يتغلغلُ، ويرتِسمُ في أمدادِ نفوسِنَا.

وتجنيـسُ الخطبةِ ضمـنَ أُطرٍ نثريةٍ تقليديةٍ ينطوي على قسـريةٍ في القيمةِ والدلالةِ، وسُـلطويةٍ في الرؤيةِ والمنهجِ؛ تسلبُ نصّاً متألّقا إبداعَه عبر الزمنِ بعد أن أقامت الخطبةُ مؤالفةً مُشروعةً بين الشّعريِّ والنثريِّ بإنشـاءٍ يتجاوزُ الزمنيَّ عبر الكونـيِّ، وصياغةٍ عبرتْ من النثريِّ إلى الشّـعريِّ، ومن اللاشعورِ إلى الشُّعورِ، ومن الشَّتاتِ إلى التوحُّـد، ومن التداعيـاتِ القلقةِ إلى الإرادةِ المتماسكةِ، ومن الحيرةِ إلى اليقين، إنها شعريةُ الوعي، ووعيٌ شعريٌّ في موقفٍ لا يحكمُهُ الوعي؛ بل تحكَّمَ فيه السيفُ مُنتصِباً ممشوقاً بين الهاماتِ والصدورِ، وفـي زمنٍ تغيبُ فيه الصياغـةُ المتينةُ والبناءُ المتـوازنُ، وفي آناتٍ يكثرُ فيها الهدمُ والتخريبُ والفناءُ، وفي لحظةٍ من لحظاتُ المُشـافَهةِ والمُكاشَـفةِ تسـقطُ فيها الذكرياتُ، وتغيبُ التداعياتُ، ويبقى الحاضرُ هو الواقعُ، والواقعُ هو الحدثُ، والوجودُ هو الفعلُ المنتظَرُ.

***

المصادر والمراجع

- الأبعاد الفنية للصورة التشبيهية في الشعر الجاهلي: الأخضر عيكوس، مجلة جامعة قسنطينة، الجزائر، العدد (5)، 1994م.

- الأزمنة والأمكنة: المرزوقي، حيدر آباد الدكن: جمعية دائرة المعارف العثمانية. باكستان.

- الأغاني: أبو الفرج علي بن الحسين الأصفهاني (ت 356هـ)، تحقيق: عبد الستار أحمد فراج، دار الثقافة، بيروت ـ لبنان، 1955 ـ 1959م.

- أقنعة النص (قراءة نقدية في الأدب): سعيد الغانمي، دار الشؤون الثقافية العامة، بغداد، 1991م.

- الأمالي: أبو علي القالي، تصحيح: محمد عبد الجواد الأصمعي، طبعة دار الكتب المصرية، 1926م.

- أيام العرب في الجاهلية: محمد أحمد جاد المولى وعلي محمد البجاوي ومحمد أبو الفضل إبراهيم، منشورات المكتبة العصرية، صيدا ـ بيروت.

- البطولة في الشعر العربي: د. شوقي ضيف، دار المعارف، القاهرة، مصر، ط 2، 1984م.

- البطولة في الشعر العربي قبل الإسلام: مؤيد اليوزبكي، دار الشؤون

الثقافية العامة ـ بغداد، ط 1، 2008م.

- تاريخ الطبري: محمد بن جرير الطبري (ت 310هـ)، تحقيق: محمد أبو الفضل إبراهيم، دار المعارف ـ مصر، ط 5، 1986م.

- جمهرة أنساب العرب: أبو محمد علي بن سعد بن حزم الأندلسي، تحقيق: ليفي بروفنسال، القاهرة، طبعة دار المعارف، 1958م.

- حديث الأربعاء: د. طه حسين، دار المعارف، القاهرة، مصر، ط 2.

- الحرب في شعر عنترة: مبروك المناعي، حوليات الجامعة التونسية، العدد (26)، لسنة 1987م.

- الخنساء: بنت الشاطئ (د. عائشة عبد الرحمن)، القاهرة، طبعة دار المعارف المصرية، 1963م.

- الخيال (مفهوماته ووظائفه): عاطف جودت نصر، الهيئة المصرية العامة للكتاب، القاهرة ـ مصر، 1984م .

- دراسات في الشعر الجاهلي: د. نوري حمودي القيسي، دار الفكر، دمشق، 1972م.

- دراسات في الشعر الجاهلي (دراسة نصية نقدية): د. أحمد موسى الجاسم، أضواء البيان للنشر والتوزيع، السعودية، ط 1، 1418هـ ـ 1997م .

- دراسة في لغة الشعر: د. رجاء عيد، مطبعة أطلس، القاهرة.

- ديوان امرئ القيس: تحقيق محمد أبو الفضل إبراهيم، دار المعارف، مصر، ط 3، 1966م.

- ديوان حسان بن ثابت الأنصاري: تحقيق: د. وليد عرفات، دار صادر ـ بيروت، 1974م.

- ديوان الخنساء: دراسة وتحقيق: د. إبراهيم عوضين، القاهرة، مطبعة

السعادة، ط 1، 1405هـ ـ 1985م.

- ديوان شـعر حاتم الطائي، دراسة وتحقيق: عادل سليمان جمـال، مطبعة المدني، القاهرة، 1975م.

- ديـوان عـروة بن الورد، شـرح ابن السـكيت (يعقوب بن إسـحاق، ت 244هـ)، تحقيق: عبد المنعم الملوحي، طبعة وزارة الثقافة والإرشـاد القومي، سوريا، 1966م.

- ديوان عنترة: تحقيق ودراسـة: محمد سعيد مولوي، المكتب الإسلامي، القاهرة، 1964م.

- ديوان النابغة الذبياني، تحقيق: محمد أبو الفضل إبراهيم، دار المعارف، مصر 1977م.

- ديـوان الهذليين: نسـخة مصورة عن طبعـة دار الكتب، الـدار القومية للطباعة والنشر، القاهرة، 1965م.

- الرؤى المقنعة (نحو منهج بنيوي في دراسـة الشـعر الجاهلي): د. كمال أبو ديب، الهيئة المصرية العامة للكتاب، القاهرة ـ مصر، 1986م.

- الرحلـة في القصيـدة الجاهلية: وهب رومية، مطبوعـات اتحاد الكتّاب والصحفيين الفلسطينيين، ط 2، 1975م.

- الرمـز والرمزيـة في الشـعر المعاصـر: د. محمـد فتوح أحمـد، دار المعارف، القاهرة، مصر، ط 2، 1978م.

- الزمن في الشعر الجاهلي: د. عبد العزيز محمد شحادة، إربد ـ الأردن، 1995م.

- السبع المعلقـات (مقاربة سيمائية أنتروبولوجية لنصوصهـا): د. عبد الملك مرتاض، منشورات اتحاد الكتّاب العرب، دمشق، 1998م.

- شرح ديوان عنترة بن شداد: سيف الدين الخطيب وأحمد عصام الكاتب،

دار مكتبة الحياة، بيروت، لبنان.

- الشـعراء السُّـود وخصائصهم في الشـعر العربي: عبده بـدوي، الهيئة المصرية العامة للكتاب، القاهرة، 1973م.

- الشعراء الصعاليك في العصر الجاهلي: د. يوسف خليف، دار المعارف بمصر، 1959م.

- شعر تأبَّط شرّاً، دراسة وتحقيق: سليمان داود القره غولي، وجبار تعبان جاسم، مطبعة الآداب، النجف، العراق، 1973م.

- الشـعر العربي المعاصر، قضايـاه وظواهره الفنيـة والمعنوية: د. عز الدين إسماعيل، بيروت، لبنان، ط 3، 1981م.

- الشعر والشعراء: ابن قتيبة، تحقيق: أحمد محمد شاكر، القاهرة، مطبعة دار المعارف، 1966م.

- صور الخوف في اعتذاريات النابغة الذبياني: د. سلامة عبد الله السويدي، حوليات الآداب والعلـوم الاجتماعية ـ حوليات جامعة الكويت، الحولية (26)، الرسالة (235)، 1426هـ ـ 2005م.

- الصـورة الشـعرية في النقـد العربي الحديث: بشـرى موسـى صالح، بيـروت، لبنـان، ط 1، 1994م .

- الصورة الشـعرية ونماذجها في إبداع أبي نواس: د. ساسـين عسـاف، المؤسسـة الجامعية للدراسات والنشـر والتوزيع، بيروت، لبنان، ط 1، 1982م.

- الصورة في الشـعر العربي حتـى آخر القرن الثانـي الهجري: د. علي البطـل، دار الأندلس للطباعة والنشـر، بيروت ـ لبنان، ط 2، 1401هـ ـ 1981م.

- الصورة والبناء الشعري: د. محمد حسن عبد الله، دار المعارف، مصر، القاهرة، 1981م.

- ظاهــرة العَـذُل في شــعر حاتم الطائـي: د. علي أبو زيـد، مجلة جامعة دمشق، المجلد (18)، العدد الأول، 2002م.

- عاهات الشــعراء في الجاهلية والإســلام (طبيعتها وأثرها في مســتوى النص الشـعري): عدنان عبد النبي البلداوي، مطبعة الشــعب، بغداد، ط 1، 1977م.

- العَذُلُ في الشــعر الجاهلي: حسـني عبد الجليل يوسـف، مكتبة الآداب، مصر، 1409 هـ ـ 1989م.

- العصـر الجاهلـي: د. شـوقي ضيـف، دار المعارف، مصـر، ط 15، 1992م.

- عصر القرآن: محمد مهدي البصير، دار الرائد العربي، بيروت، لبنان، ط 4، 1990م.

- العقد الفريد: ابن عبد ربه الأندلسـي، تحقيـق: أحمد أمين، وأحمد الزين وإبراهيـم الابيــاري، القاهرة، طبعــة لجنة التأليف والترجمة والنشــر، 1372 هـ ـ 1952م.

- عنتـرة بيـن الواقع والأسـطورة: د. عفيف عبد الرحمـن، مجلة الأقلام (بغداد)، العدد الحادي عشر، السنة الحادية عشرة، آب، 1976م.

- غوايــة التراث: د. جابر عصفور، كتاب العربي، العدد (62)، الكويت، ط 1، 2005م.

- الفروسـية في الشــعر الجاهلي: د. نوري حمودي القيسي، عالم الكتب، مكتبة النهضة العربية، بيروت ـ لبنان، ط 2، 1984م.

- فلسـفة الوعي بالزمن، وأثرها في العمل الأدبي: لوذ زيميريا ولوزوك، ترجمة د. محمد هناء متولي، مجلة الثقافة الأجنبية، بغداد، العدد الثاني، السنة الثانية، صيف 1982م.

- فن الشعر: إحسان عباس، دار الثقافة، بيروت، لبنان، ط 2، 1959م.

- فن الوصف وتطوره في الشعر العربي: إيليا حاوي، دار الكتاب العربي، بيروت، دار الكتاب المصري، القاهرة، ط 3، 1980م.

- في تاريخ الأدب الجاهلي: د. علي الجندي، دار الفكر العربي، القاهرة، 1987م.

- في رحاب الخنساء: فتحي الكواملة، دار الجليل، دمشق، سوريا، ط 1، 1998م.

- قراءة جديدة في معلقة عنترة بن شداد العبسي: أنور عليان أبو سويلم، مجلة كلية الآداب، جامعة الملك سعود، (السعودية)، المجلد 15، العدد 1، لسنة 1408هـ ـ 1988م.

- كولردج: محمد مصطفى بدوي، القاهرة، 1958م.

- لسان العرب: ابن منظور، (ت 711 هـ ـ 1311م)، دار صادر، بيروت، ط 3، 1414 هـ ـ 1994م.

- المتوقع واللامتوقع في شعر المتنبي: د. نوال مصطفى إبراهيم، دار جرير للنشر والتوزيع، عمّان ـ الأردن، ط 1، 1429 هـ ـ 2008م.

- مجمع الأمثال: أبو الفضل الميداني (ت 518هـ)، تحقيق: محمد محيي الدين عبد الحميد، دار المعرفة، بيروت ـ لبنان، 1374هـ ـ 1995م.

- مدخل إلى بنية اللغة الشعرية: د. علوي الهاشمي، مجلة البيان، (الكويت)، العدد (284) لسنة 1410هـ ـ 1989م.

- معجم البلدان: ياقوت الحموي، دار صادر، بيروت ـ لبنان، 1977م.

- المفضليات: المفضل الضبي (ت 164هـ/780م)، تحقيق: عبد السلام هارون، وأحمد محمد شاكر، دار المعارف ـ مصر، 1963م.

- مفهوم الأدب في النقد العربي المعاصر: د. عمار زعموش، مجلة الآداب، جامعة قسنطينة، الجزائر، العدد (3)، السنة 1417هـ ـ 1996م.

- مقالات في الشعر الجاهلي: يوسف اليوسف، دار الحقائق للطباعة والنشر والتوزيع، بيروت ـ لبنان، ط 3، 1983م.

- موسوعة الشعر العربي (الشعر الجاهلي): خليل حاوي وآخرون، شركة الخياط، بيروت ـ لبنان، 1974م.

- نظرية الأدب: أوستن وارين، ورينيه ويليك، ترجمة: محيي الدين صبحي، مراجعة د. حسام الخطيب، مطبعة خالد الطرابيشي، المجلس الأعلى لرعاية الفنون والآداب والعلوم الاجتماعية، 1392هـ ـ 1972م.

المحتويات